U0640106

陇上学人文存

LONGSHANG XUEREN WENCUN

陇上学人文存

李含琳　卷

李含琳 著　邓生菊 编选

甘肃人民出版社

图书在版编目（ＣＩＰ）数据

陇上学人文存. 李含琳卷 ／ 范鹏，马廷旭总主编 ；
李含琳著 ；邓生菊编选. -- 兰州：甘肃人民出版社，
2022. 12 (2024. 1 重印)
ISBN 978-7-226-05896-1

Ⅰ. ①陇… Ⅱ. ①范… ②马… ③李… ④邓… Ⅲ.
①社会科学－文集 Ⅳ. ①C53

中国版本图书馆CIP数据核字(2022)第224261号

责任编辑：肖林霞
封面设计：王林强

陇上学人文存·李含琳卷

范鹏　马廷旭　总主编
李含琳　著　邓生菊　编选

甘肃人民出版社出版发行

（730030　兰州市读者大道 568 号）

德富泰（唐山）印务有限公司印刷

开本 890 毫米×1240 毫米　1/32　印张 12.375　插页 7　字数 311 千
2022 年 12 月第 1 版　　2024 年 1 月第 2 次印刷
印数：1001～3000

ISBN 978-7-226-05896-1　定价：60.00 元

《陇上学人文存》第二辑

编辑委员会

《陇上学人文存》 第四辑

编辑委员会

《陇上学人文存》第七辑

编辑委员会

《陇上学人文存》第八辑

《陇上学人文存》第九辑

《陇上学人文存》第十辑

编辑委员会

主　　任：范　鹏　王福生
委　　员：刘永升　安文华　马廷旭　王俊莲
　　　　　王　琦　董积生　李树军　李庆武

学术指导委员会

马建东　王宗礼　王学军　王海燕　尹伟先
田　澍　刘进军　杨文炯　张先堂　陈晓龙
李朝东　赵利生　姜秋霞　韩高年　蔡文浩

总 主 编：范　鹏　马廷旭

编 辑 部 主 任：刘玉顺　周小鹃
编辑部副主任：赵　敏　胡圣方
学 术 编 辑：卫春回　邓生菊　孔　敏　王思文
　　　　　　　田　澍　刘治立　孙文鹏　何　苑
　　　　　　　肖学智　岳庆艳　郝希亮　董积生

总　序

陇者甘肃，历史悠久，文化醇厚。陇上学人，或生于斯长于斯的本地学者，或外来而其学术成就多产于甘肃者。学人是学术活动的主体，就《陇上学人文存》（以下简称《文存》）的选编范围而言，我们这里所说的学术主要指人文社会科学研究。《文存》精选中华人民共和国成立以来，甘肃人文社会科学领域成就卓著的专家学者的代表性著作，每人辑为一卷，或标时代之识，或为学问之精，或开风气之先，或补学科之白，均编者以为足以存当代而传后世之作。《文存》力求以此丛集荟萃的方式，全面立体地展示新中国为甘肃学术文化发展提供的良好环境和陇上学人不负新时代期望而为我国人文社会科学事业做出的新贡献，也力求呈现陇上学人所接续的先秦以来颇具地域特色的学根文脉。

陇原乃中华文明发祥地之一，人文学脉悠远隆盛，纯朴百姓崇文达理，文化氛围日渐浓厚，学术土壤积久而沃，在科学文化特别是人文学术领域的探索可远溯至伏羲时代，大地湾文化遗存、举世无双的甘肃彩陶、陇东早期周文化对农耕文明的贡献、秦先祖扫六合以统一中国，奠定了甘肃在中国文化史上始源性和奠基性的重要地位；汉唐盛世，甘肃作为中西交通的要道，内承中华主体文化熏陶，外接经中亚而来的异域文明，风云际会，相摩相荡，得天独厚而人才辈出，学术思想繁荣发达，为中华文明做出了重要贡献。

近代以来，甘肃相对于逐渐开放的东南沿海而言成为偏远之地，反而少受战乱影响，学术得以继续繁荣。抗日战争期间作为大后方，接纳了不少内地著名学府和学者，使陇上学术空前活跃。新中国成立之后，人文社会科学领域的专家学者更是为国家民族的新生而欢欣鼓舞，全力投入到祖国新的学术事业之中，取得了一大批重要的研究成果，涌现出众多知名专家，在历史、文献、文学、民族、考古、美学、宗教等领域的研究均居全国前列，影响广泛而深远。新中国成立之后，人文社会科学几次对当代学术具有重大影响的争鸣，不仅都有甘肃学者的声音，而且在美学三大学派（客观派、主观派、关系派）、史学"五朵金花"（史学在新中国成立之后重点研究的历史分期、土地制度史、农民战争史等五个方面的重点问题）等领域，陇上学人成为十分引人注目的代表性人物。改革开放以来，甘肃学者更是如鱼得水，继承并发扬了关陇学人既注重学理求索又崇尚经世致用的优良传统，形成了甘肃学者新的风范。宋代西北学者张载有言："为天地立心，为生民立命，为往圣继绝学，为万世开太平"，此乃中华学人贯通古今、一脉相承的文化使命，其本质正是发源于陇原的《易》之生生不已的刚健精神，《文存》乃此一精神在现代陇上得到了大力弘扬与传承的最佳证明。

《文存》启动于中华人民共和国成立六十周年之际，在选择入编对象时，我们首先注重了两个代表性：一是代表性的学者，二是代表性的成果，欲以此构成一部个案式的甘肃当代学术史，亦以此传先贤学术命脉，为后进立治学标杆。此议为我甘肃省社会科学院首倡，随之得到政界主要领导、学界精英与社会各界广泛认同与政府大力支持，此宏愿因此而得以付诸实施。

为保证选编的权威性，编委会专门成立了由十几位省内人文社会科学领域著名学者组成的专家指导委员会，并通过召开专题会议研讨、发放推荐表格和学术机构、个人举荐等多种方式确定入选者。为使读者对作者的学术成就、治学特色和重要贡献有比较准确和全面的了解，在出版社选配业务精良的责任编辑的同时，编委会为每一卷配备了一位学术编辑，负责选编并撰写前言。由于我院已经完成《甘肃省志·社会科学志》（古代至 1990 年卷，1990 至

2000 年卷）的编辑出版工作，为《文存》的选编提供了坚实的基础和基本依据，加之同行专家对这一时期甘肃人文社会科学发展的研究，使《文存》能够比较充分地反映同期内甘肃人文社会科学的基本状况。

我们的愿望是坚持十年，《文存》年出十卷，到 2019 年中华人民共和国成立七十周年之际达至百卷规模。若经努力此百卷终能完整问世，则从 1949 至 2009 年六十年间陇上学人以"人一之、我十之，人十之、我百之"的甘肃精神献身学术、追求真理的轨迹和脉络或可大体清晰。如此长卷宏图实为新中国六十年间甘肃人文社会科学全部成果的一个缩影，亦为此期间甘肃人文社会科学学术业绩的一次全面检阅，堪作后辈学者学习先贤的范本，是陇上学人献给祖国母亲的一份厚礼。此一理想若能实现，百卷巨著蔚为大观，《文存》和它所承载的学术精神必可存于当代，传之后世，陇上学人和学术亦可因此而无愧于我们所处的伟大时代，并有所报于生养我们的淳厚故土。

因我们眼界和学术水平的局限，选编过程中必定会出现未曾意料的问题，我们衷心期望读者能够及时教正，以使《文存》的后续选编工作日臻完善。

是为序。

2009 年 12 月 26 日

目 录

编选前言

李含琳先生,男,汉族,生于 1956 年 2 月,甘肃省庆阳市西峰区人①。1969 年 3 月,全家从城镇回乡落户,1973 年 12 月于庆阳县后官寨公社南佐九校高中毕业,1977 年考入兰州大学经济系政治经济学专业。1982 年大学毕业后,先后在兰州大学经济学院、甘肃省委党校工作,2021 年 2 月退休。工作期间,曾经先后任甘肃省委党校科研处副处长、《甘肃理论学刊》副主编、副教授;兰州大学经济学院硕士研究生导师;甘肃省委党校(甘肃行政学院)经济社会发展研究所所长、教授、校学术委员会副主任、决策咨询首席专家。

先生一生志向高远,博学笃行,勤勉求真,著述等身,学术造诣极其深厚, 始终驰而不息地以极高的社会责任感和使命感投身于社科研究事业,在国内具有很高的学术影响力,已获得的国家级和省级荣誉称号主要有:全国"百千万人才工程"首批入选专家、享受国务院政府特殊津贴专家、全国宣传文化系统"四个一批"人才、中国文化名家、国家哲学社会科学规划办公室"民族问题研究"学科组专家,担任全国生产力学会理事、全国人口学会理事;甘肃省领军人才第一层次

---

①现在的甘肃省庆阳市西峰区在计划经济年代,是庆阳县的一个镇,叫做"西峰镇",改革开放以后改为西峰市,从庆阳县的行政区划中独立出来,后来又改成"西峰区"。同时,在将"西峰市"改为"西峰区"的同时,将原来的"庆阳县"改为"庆城县"。这里在文字上是按照当时的行政区划名称所做的概述。特此说明。

专家、甘肃省优秀专家、甘肃省宣传文化系统拔尖创新人才；还担任甘肃省委、省政府专家顾问团专家、甘肃省政府国民经济与社会发展规划专家组成员、甘肃省区域经济发展咨询组专家，甘肃省多个市州、县区的经济顾问；另外，还曾经担任省里某些社会团体的职务，比如，甘肃省宏观经济学会副会长、甘肃省人口学会副会长、甘肃省工商学会副会长等。同时，还兼任西北师范大学、兰州理工大学、西北民族大学、兰州文理学院、兰州城市学院、甘肃省社会主义学院的兼职教授。

一、学生时代的先生

青少年时期，先生目睹人生百态，饱尝生活艰辛，由此不仅磨砺了先生坚韧勇毅、务实苦干、甘于奉献的精神，更激发出他强烈的勤奋好学、担当作为、矢志报国的社会责任感和历史使命感，成为先生一生永不懈怠执着奉献于社会科学研究事业的根本原动力。

先生祖籍是庆阳市西峰区后官寨乡南佐行政村杜家咀自然村。在先生的青少年时代，正值中华人民共和国成立后经济最困难和政治形势最复杂的两大时期。"三年困难"时期，全家只有父亲在庆阳行署财政科工作，母亲作为家庭妇女没有收入，家里还有两个哥哥在上学，日子过得非常艰难。"文化大革命"时期，当别人家的孩子乘机肆意玩耍虚度光阴，荒废了学业的时候，先生却胸怀大志，一方面懂事地帮家人干些力所能及的活，尽量减轻父母负担，另一方面更是想方设法借书看书，涉猎广泛，沉醉其中。1969年3月，是先生人生的重要转折点。这一年，根据国家政策，响应"我们也有两只手，不在城里吃闲饭"的口号，先生随母亲回到老家庆阳县后官寨公社南佐生产大队（现在叫做南佐行政村）杜家咀生产队（现在叫做杜家咀村民小组）插队落户。从1969年3月到1975年9月参加工作，先生都是在南佐村度过的。那个年代农村学校的教学名存实亡,政治学习和政治运动不断,学生每周还要去附近的生产队或者学校农场劳动,先生努力克服各种干扰和困难,在南佐九校完成了初中和高中的学业。他不仅学习勤奋努力,成绩一直是全班乃至是全校最好最优秀的,还热爱体育锻炼,常在校运动会上拿 100 米、200 米、跳远和手榴弹投远等比赛的前一、二名。先生组织沟通协调能力强,长期担任副班长和学习委员,干起农活来也不甘落后,常常积极参加且一学就会,样样农活都能干得很好。

先生在 1974 年 1 月高中毕业到 1975 年 9 月参加工作的一年多时间里,作为地道农民,积极参加生产队的劳动。在劳动之余,利用业余时间博览群书,学习写文章,练毛笔书法。由于他的文笔好文化好,生产大队和生产队有文书类的工作基本都会叫上他。由此,成为当地的文化名人,也为他以后参加工作打下了坚实的业务基础。

二、李先生的基本工作阅历

先生的经历精彩丰富。当行政干部,使他养成了注重把握宏观政策、注重经济社会实地调查、注重用社会科学理论解决现实问题的思维;接受高等教育和当高校教师,奠定了他深厚的理论功底、超强的逻辑思维能力、敏锐独特的研究视角和严谨治学的工作作风;党校教学科研工作,使他如鱼得水,有了更好地综合发挥其"理论、政策和决策咨询"能力的平台。先生的经历看起来顺其自然,水道渠成,但实际上一切的机缘都笃定是因为他孜孜以求的上进精神和持之以恒的不懈奋斗。

1975 年 9 月,先生参加了工作,一步从农村青年到庆阳县委办公室报道组工作,既给领导当秘书,也做记者的工作。按照现在的国家政策,每个人参加正式的工作都要讲所谓的"入口",即参加工作的渠道。先生参加工作的过程大致是这样的:县委办了一个通讯员学习班,20来个人,学习几天,然后就去农村、企业和单位做社会调查,写通讯、报道等。半个月过去了,先生写得比较多,质量也比较好,县委一共留下了4个人,他就是其中之一。按照当时的国家政策规定,先生工作的第一年,没有干部身份,属于"以工代干",每月30元工资,第二年占用自然减员的名额才转干,定为25级行政干部,工资38.5元,当时把这类干部俗称为"三八五旅"干部。

说到参加工作情况,先生非常感慨。当时有这样一个工作机会能够落到他的身上,由一个农民变成干部,原因很多,但是最主要的还是个人能力。先生从小就喜欢看书写字、写文章,所以,从个人条件来说,那个时候的先生具备了三项基本的工作才能:一是个人工作和劳动勤快、工作热情高;二是文章写得好,出手比较快,文章质量高,在当时后官寨公社的时候就是全社"著名"的文人,能写小说,能写领导讲话,能写工作总结,是个多面手;三是字写得好,特别是毛笔字写得不错。从先生身上我们深刻感受到了学习和把知识转化成工作能力的重要性。

从1975年到1978年3月,在报道组工作期间,先生的工作内容并不限于新闻稿的写作,他还经常跟随县领导做社会调查,写报告、简报、讲话、总结等,有些相当于现在的"政府研究室"的工作。根据先生的介绍,在县上工作的时候,是先生一生当中最快乐、最轻松、最有成就感的时候,他写了大量的新闻稿、简报、总结、讲话、典型材料等。他说,那个时候的干部与现在也大不一样,工作起来没有时间概念,没有待遇概念,没有地点概念,只有任务概念,接受工作任务从来不讨价还价,心里只有一个念想,就是把工作做到极致,让组织满意,让领导放心。

1977年国家恢复高考。先生听到这一消息后兴奋不已,毅然决定参加 77 级高考,单位也专门给放了 10 天的"假"支持他复习。他夜以继日埋头苦学,每天晚上都学习到深夜 2 点多,最终以总成绩列庆阳地区第 14 名、文科排名处前列的水平脱颖而出,如愿考上了兰州大学经济系政治经济学专业。当年参加高考的人年龄差距很大,全国有 11 届高中生报考大学,而全国大学录取率仅为 4.8%,竞争异常激烈,对于一个青年来说,能考上大学简直是做梦。大学四年间,先生每天沉浸在书的世界和思考的海洋,上课、阅读、做笔记、查阅资料等,虽然生活平淡,但内心富足。1981 年 12 月先生顺利获得政治经济学学士学位。

从兰州大学毕业后,组织分配先生到甘肃省委党校工作,那个时候还是计划分配。从 1982 年 1 月到 1988 年 7 月,先生在经济学教研室工作,讲授政治经济学原理、马克思的《资本论》、社会主义经济问题、中国改革开放专题等,教学效果非常好。1988 年 8 月先生被调整到甘肃省委党校科研室,后改成科研处,主要是编《甘肃理论学刊》和开展科研管理工作。1992 年,先生开始任《甘肃理论学刊》副主编、科研处副处长。1994 年 8 月调到兰州大学经济系工作,任副教授和硕士研究生导师。1999 年 6 月又调回省委党校,此后一直在研究所工作,1999 年任教授,2000 年任副所长,2002 年任所长。这个研究所成立于 1987 年,当时就叫研究所,没有明确的研究方向和内容,后来于 2000 年正式改名为"经济社会发展研究所"的。

先生的工龄有 48 年。他实际参加工作时间是 1975 年 9 月,就是从"以工代干"开始算起。但是,档案中参加工作的时间是 1973 年 12 月。其原因是 1986 年国家落实知识青年政策,先生在农村高中毕业到参加工作这段时间,是作为"回乡知识青年"来对待的,算作工作时间,连续计算工龄。而自此到 2021 年 2 月退休,工龄达到 48 年。说到知识青年,现在很多人不了解当时的国家政策。当时中国的知识青年分成两大类:插队知识青年和回乡知识青年。如果是一个人下乡到知识青年点上去,那属于插队知识青年;如果随家到农村插队落户,那就属于回乡知识青年。对于这两种情况,国家的政策是同等对待,没有区分的。

先生一生工作的大部分时间是在党校度过的。党校是中国共产党培养领导干部的最高学府,是培养和培训党员领导干部的专门学院,对学员的要求高,对教师的要求也很高。同时,党校又是党和政府的主要"思想库""智囊团"和决策咨询平台。所以,对教学和研究人员来说,不仅要懂得基本的专业知识,理论功底要扎实,而且要时时刻刻关心国家大事,了解党中央、国务院方针政策的最新变化,还要能把这些变化和信息通过教学活动及时地传达到学员当中去。先生曾经在兰州大学经济学院工作过一段时间,比较大学与党校的教学,他认为差异很大,大学的部分老师也许一辈子只讲授一、两门专业课就行了,负担很小;而党校的老师不仅要懂得专业知识,而且要把国家的方针政策和地方政府的应对策略等都贯通起来,一起讲授给学员,每天都不能懈怠,时时刻刻都有学习和工作压力。

三、研究风格和研究领域

先生一生投身于所热爱的哲学社会科学研究事业,勤勉务实,笔耕不辍,锲而不舍。在学术研究风格方面,先生历来倡导务实创新的精神、实事求是的精神、先当学生的精神,不仅将它们贯穿于自己从事学术研究和工作的全过程,而且极其热忱而毫无保留的将自己的经验分享给青年一代,占用自己宝贵的休息时间耐心细致地为他们答疑解惑,提供教学科研方面的指导,为党培养了一批批青年教育和科研人才。

按照先生的解释,所谓"务实创新",就是说,一个正式的和希望有所成就的学者,必须扎扎实实地学好基础理论、基本概念和基本原理,切不可投机取巧,走所谓的捷径,要老老实实地做学问。先生认为,所谓"学术研究"其实是两个方面的内容。一方面是"学","学"就是指各科学问、知识、常识,这也可以俗称"文化"。"学"的最重要的规定性就是专业化、系统化和现代化,任何社会科学的专业知识都需要吸收新时代的营养,充实和提升学科层次。另一方面是"术","术"就是指做学问的规矩、规律、要求和规则。做学问要实事求是,要谦虚谨慎,要追求原创性,要突出第一手资料,要讲师生之情、讲理论和精神传承。把这两方面结合起来,就是规范的"学术研究",就是作为一个优秀的社会科学工作者必须具备的素质要求。

先生经常讲,他是搞经济学研究的,一辈子就学了个《资本论》。他认为,《资本论》中的知识太丰富、太深厚、逻辑性太强了。真正掌握了,学懂学活了,就可以应用自如。另外,还需要充分掌握经济学的理论来源和演变过程,把理论学派和脉络理清楚。先生本人就详细学习和研究过经济学说史、当代西方经济学流派、中国经济思想史等重要学科。同时,一个合格的社会科学工作者必须要有创新的思维和创新的能力,这就是要善于通过研究发现前人理论和政策观点的不足,创新地提出新的思想、新的观点、新的政策建议、新的战略想法。

深入研究和了解国家政策导向,随时掌握党委和政府的重大战略决策。先生经常给青年教师讲,在改革开放的新时代,作为一个能够被时代融合的社会科学工作者,必须又是政策专家,不了解国家政策、不知道当地党委政府的政策导向,做经济学学问那是不行的。为此,先生多年以来,始终把经济学理论与经济政策摆在同等重要的位置,一方面继续深入研究经济学前沿问题,另一方面时刻关注国家和地方的政策变化。并且,把两方面有机地结合起来,将政策研究、战略研究、规划研究置于创新经济学理论充实的基础上,使得提出的政策和战略主张更加充实和可靠,有相当的说服力。

经济学社会科学工作者要有充实的逻辑和心理学知识功底。先生经过长期的学术研究和政策研究实践,得出了许多值得现在的中青年学者学习和借鉴的研究技巧。先生认为,要做好社会科学研究工作,同时又要不断有高质量的成果出来,必须在几个方面努力:

1. 增强逻辑性。先生讲,在大学学习期间,他就自学了逻辑学。他认为,社会科学研究工作者最重要的研究方法就是逻辑分析方法。逻辑就是推理、推导、说理。不论是文章或者课题的题目,还是文章的结构实际上都是逻辑分析的产物。如果能够很好地运用逻辑分析方法,就可以使得题目和结构更加合情合理,通顺恰当。而先生的论著也都充分体现出严密的逻辑推理特点。先生认为,一个好的文章和课题题目最好选择一个主题、一个关键词,不要搞成两个以上、甚至三个以上。许多学者写的文章题目,为了显示自己知道得多,把题目搞成多个关键词的组合,这是特别不好的习惯。

2. 注意心理动态。研究问题、提出问题、表达问题等,都要考虑读者的心态感受。比如,在表达思想和观点的时候,最好能够直接、直观、清楚,不要含糊其词。再比如,如果你是研究政策问题,如果是要给领导干部看,就需要考虑短小精悍,不宜长篇大论,需要直接到位,领导没有那么多的时间。如果你写的问题和文章是要给学者看,就可以搞成"阳春白雪"的产品,如果是给领导看的,就不宜这样,就需要搞成普遍产品。给领导看的东西,一定要保证能够解决问题,或者对解决问题有启示和借鉴意义。

3. 关键是要掌握研究规律和表达模式。先生总结自己做学问的经验后谈道,很多学者总感觉写的文章编辑看不上,或者领导不喜欢。这中间可以有很多原因,其中一个重要原因是没有掌握好研究规律和表达模式问题。学者思考问题,写文章,做课题,最重要的是要掌握写高层次文章、做大课题的规律是什么,这就需要在一个文章、一个课题的实践过程中多思考、多修改、多精炼。一旦你写好一个高层次文章,你就掌握了写高层次文章的规律;同样道理,你做好一个高层次课题,也就掌握了做大课题的规律。所以,先生特别强调,初学者一定不要怕麻烦、怕折腾、怕导师批评,要经得起反复修改。只要掌握了规律性,以后就轻松了。

4. 自己设问与价值判断问题。先生说道,做学问、写文章、做课题,有一个重要的方法,就是自问自答。先生由于工作的关系(他长期担任《甘肃理论学刊》副主编、中共甘肃省委党校要报的主审),经常看别人的文章和课题,他也经常参加省社会科学优秀成果评奖、省政府中长期规划验收、地方政府规划鉴定等工作。他发现,许多学者对文章的题目不是太重视,这很不好。实际上,一个成熟的学者来选择一个好的文章题目、研究主题,必须事先对题目进行"自审""自判",也就是对你的题目、主题和内容多问几个为什么,有价值吗,谁有兴趣读,这样反复几次,你的题目肯定会更加成熟和有吸引力。

5. 规范要领。先生经常给中青年老师讲,做学问写文章,一定要规范正式,这需要具备多方面素质:一是一定要掌握社会科学与自然科学文章不同的格式要求。不少学者写文章比较随心所欲,不按照规范要求去写。实际上,自然科学与社会科学的文章格式是完全不同的,要特别注意。二是一定要掌握学术论文与调查报告、政策咨询文章的写作的不同要求,差异性非常大,不宜按照一贯的做法都搞成一个模式。三是要特别注意研究习惯和表达规范。比如,引用别人的观点、数据、事例等,一定要清楚地表述,加上脚注或者尾注。四是要注意不同文章的关键点。比如,学术论文最重要的是要把你的新观点表述清楚,调查报告最重要的是要有案例、样本、数据、事例,政策咨询最重要的是要有解决问题的明确想法。

6. 要有新闻记者的敏锐观察眼光。先生早年做过地方记者,记者最显著的特点就是敏锐的观察力,能够发现事物和问题最有价值的东西。先生说过,一个好的文章是从一个好的题目开始的,有一个好的题目,文章就成功了一半;如果题目不好,做得再认真,也可能仍然是废品。所以,先生经常告诫他的学生和青年教研同事,做文章要把时间分成三部分,也可以叫做"三三制",即要用 1/3 的时间推导题目的价值和研究主题,判断研究主题的社会价值、能够成为高层次成果的可能性;用另外一个 1/3 的时间查找相关资料,做社会调查,充实学术资源;用最后一个 1/3 时间,才进行写作和修改。

先生多年以来,还坚持把学术研究与培养中青年学者紧密结合,把自己所学所用的经验毫无保留地传给中青年学者。这些年以来,在先生的帮助下,许多中青年学者申报国家哲学社会科学基金项目、省哲学社会科学规划项目、学写文章和做咨询研究方面,取得了突出的成就。比如,从 2011 年到 2015 年,李先生帮助兰州市委党校中青年老师申报国家哲学社会科学基金项目,连续五年获准立项 8 项国家课题,在国内创造了一个奇迹,其中,还有一名县委党校的老师也获准了一项国家课题。在甘肃省委党校范围内,也帮助 10 多位中青年教师获得国家哲学社会科学基金项目,获得 20 多项甘肃省哲学社会科学规划项目、省软科学项目。另外,这些年以来,在先生的指导和帮助下,有 5 位中青年教师获得博士学位,有 20 多位中青年教师实现了职称晋级。

四、主要研究领域

先生一生经历了中国经济思想、经济理论和经济实践发生重大变革的时代,这个时代有许多经济领域的重大问题处于激烈讨论和多方实践探索中,先生将其作为自己学术研究的广阔沃土。先生一生不仅博览群书、知识储备丰富、研究视野宽广、研究主题涉猎广泛，如政治学、历史学、社会学、政策学、人口学等众多领域，擅长于跨学科综合研究复杂问题，提出了许多经得住时间和实践检验的独特见解；而且专注于经济问题深度剖析研究，以专业理论视角和敏锐眼光独立思考，其成果或着眼理论突破、或着眼政策完善、或着眼解决现实经济社会重大实践问题，每项成果都经过深入思考、直击问题本质、论证有理有据、大胆质疑勇于创新，提出了很多真知灼见。由于先生学术理论层次高、政策把握精准、实践调研深入，因此，其研究成果的理论性、前沿性、时代性、原创性、前瞻性、实践性特点极其突出。

先生一生的主要研究领域聚焦于经济理论和经济政策方面，回应了许多重大理论和现实问题。主要有：

1. 政治经济学研究。先生早期深入研读经济学经典著作，主要是围绕《资本论》和政治经济学、产业经济学、经济学说史等，并结合它们的"中国化实践"深入思考，推出了一批极具原创性的基础理论研究成果，在国内学术界引起了很大关注。一是关于商品经济问题。包括商品经济与市场经济的关系、商品经济与计划经济的相互渗透、商品经济的基本规定性等。二是重新认识魁奈的再生产观点、资本与资产、有机构成与技术创新等。三是深入研究了计划与市场的相关性，主张计划与市场的结合要充分考虑多方面因素。先生在此方面发表了多篇论文，其中一篇还刊登在《经济研究》上。四是提出了政府调节与市场调节的综合配置理论。此外，先生还编写了《政治经济学原理》《经济学说史史话》《隐形经济问题》等著作。

2. 改革开放研究。先生的一生不仅见证了中国改革开放的伟大实践，感受了改革开放的巨大变迁，更通过深入研究改革开放相关问题，积极参与到推动我国乘风破浪的改革发展进程中。多年以来，先生围绕改革开放做了大量研究，基本观点有：一是在 20 世纪 80 年代中期就提出了市场经济与私有制改革的问题，认为将计划经济体制转化成市场经济体制，就必须在法律和政策上承认私有制经济的合法性和社会地位，给私有制经济(现在普遍叫做民营经济)比较大的生存空间；二是主张政府要大力支持民营经济主体的培育工作，认为在农村要把农户改造成经济实体，扶贫首先要扶持农村发展农民公司、农民企业，创新农村微观经济基础；三是国有企业改革必须把资产资本多元化作为主攻方向，判断国有企业改革是否到位的一个主要标志就是国有企业能够吸纳外资和私人资本，提出要区分国有资本、国有资产与国有财产概念；四是政府体制和管理模式的改革是建立社会主义市场经济体制的前提条件，要把行政命令型政府变成服务型政府；五是研究了中国经济体制改革的成本问题，认为体制改革既要考虑体制需要，也要考虑制度成本；六是经济开放必须坚持"双向开放"的原则，用对内开放促进对外开放。这些观点具有很强的理论性和前瞻性，在现在看来都有很强的现实意义，对于改革开放过程中明辨是非、廓清迷雾、明确方向，有效推动改革开放进程有重要价值。

3. 贫困与反贫困研究。先生从小就饱尝生活的困苦，立志通过自己的努力为改变地方经济社会贫困面貌出份力。因此，多年以来，他将研究中国西部农村、西北农村的贫困与反贫困问题作为实证研究的重点，在经常去农村做社会调查的基础上，在反贫困方面完成了大量成果，最突出的有：一是以新颖的视角结合制度经济学理论深层次分析根源性问题，在国内最早提出了"制度贫困"的概念，认为造成贫困的根本原因不宜只考虑资源、环境、经济和人口因素，还要充分考虑体制的作用，小农经济、一家一户、经营方式落后等是中国农村贫困形成的主要原因；二是于1998年完成了《贫困与反贫困经济学》研究，并正式出版，是国内最早将贫困问题系统纳入经济学研究范畴的成果;三是提出用制度创新扶贫的观点,认为贫困农村培育扶贫产业、发展特色经济和实施政策支持等,都需要充分发挥市场机制的作用,培育市场经营主体,建设农村市场体系,疏通城乡资源流动机制。

4. 资源环境研究。从 2002 年开始,先生将"人口、资源与环境经济学"研究生专业作为主要学术研究方向,一方面在甘肃省党校系统开设这个研究生专业,部署研究生课程计划,培养中青年专业教师。另一方面,围绕"人口、资源与环境经济学"进行学科研究,出版了大量本专业的教学著作和学术成果。比如,出版了《资源经济学》《人口学基础理论与政策》《环境理论与环境保护》《中国节能型经济与宏观调控》《西部地区人口发展战略与规划》《中国西部财政供养人口适度比例研究》《中西方经济发展国家核心战略比较研究》《甘肃省十大绿色生态产业发展路径探索》等。这些成果对于研究生的参考学习非常必要。同时,围绕这个专业方向,还开展了大量社会调查,承担了部分地方政府的发展规划编制工作。

5. 人口经济学研究。2000 年以来,围绕计划生育工作,先生把大量精力投入到人口发展和计划生育政策的研究上,并发表了 20 多篇学术论文和社会调查报告,出版了 5 部著作,主持和完成了部分课题。2005 年,由先生任课题组组长,完成了《甘肃人口发展战略研究》重大课题,该课题成果由中国人口出版社正式出版发行,获得甘肃省科技进步奖二等奖,同时获得全国人口委科技进步二等奖。2008 年,由先生主持社会调查和研究工作,完成了《西藏人口发展战略研究》课题,该课题为西藏自治区政府委托给甘肃省政府的。为了高质量完成这个课题的调查与研究工作,先生先后三次去了西藏。该课题成果最终得到当时的国家人口委的高度评价和肯定。

6. 生态问题研究。先生很早就关注到生态问题,特别是认识到生态问题对西部、对西北地区的经济社会发展至关重要。为此,先生用业余时间自学生态学、人口学问题,并带领团队开展了大量这方面的社会调查与研究工作。主要成果有:一是关于黄土高原生态现象和生态战略研究,认为实施黄河流域生态综合治理工程,必须把"黄河"与"黄土"的"二黄"作为战略重点。二是在学术界第一个提出了"数量生态与质量生态"的命题,认为工业化和城市化中的生态现象和生态污染属于质量生态问题,而农村和农业的生态现象属于数量生态问题,治理生态重点应该放在城市和工业当中。三是在国内第一次提出了"教育移民"的问题,教育移民是高层次的移民扶贫举措。四是提出了"贫困人口集中区与生态敏感区耦合"的问题,认为在这个区域扶贫难度更大。五是提出黄河流域生态保护与建设要围绕治源(水源区)、治土(黄土高原)、治通(干流支流河道)、治型(植被)、治污(城镇和工业)等"五个重点"进行的观点。

7. 经济政策研究。先生认为,经济政策是现代经济学研究的主要内容,经济学不研究经济政策是没有现实意义的。为此,他非常关注中国特色经济政策体系的创新问题,在这方面的研究主要体现在:一是强调经济政策的宏观性,认为经济政策最重要的是管理一个国家经济全局的问题,经济政策必须服务于调控宏观经济发展的大方向、大原则和大战略;二是经济政策必须与政府管理体制创新紧密结合,认为政府功能的许多方面质量上就是政策执行问题,政府就是政策的代表,政策要体现政府管理与服务的基本宗旨;三是经济政策必须随着改革开放的进程不断进行创新、修正和完善,政策要反映时代的变化,反映民生的需要。先生的这些思想主要反映在其专著《现代宏观经济政策学》和大量关于政策研究的文章中。

8. 决策咨询研究。先生历来认为,决策咨询研究是经济学家的主要研究任务之一,一个合格的经济学家,必须在基本经济理论、经济政策、经济发展规划等方面都有建树,都有触及,不宜单科独进。特别是在中国发展进入新时代的时候，经济学家更应该关注中国现实经济发展问题的实证研究。这些年来，先生特别重视实证研究工作，在政府政策、发展战略、发展规划、决策咨询、典型调查等方面，都有大量高水平的成果，特别是在参与省政府中长期发展规划的审定、讨论、验收方面，先生几十年来一直参与其中，为甘肃省和某些地方政府提高发展规划的编制质量作出了贡献。

五、主要学术成果的社会评价

这些年来，先生在学术研究上成果丰硕。据不完全统计，这些年来先生在国内公开出版发行的刊物和报纸上共发表学术论文 500 多篇，出版专著、编著、合著等 30 部，主持和完成国家哲学社会科学基金项目 4 项、中共中央宣传部"四个一批"人才资助项目 1 项、甘肃省哲学社会科学规划项目和省软科学项目 18 项，地方政府、企业的横向课题 20 多项，获得国家级、省级科研奖励 20 多项，可谓著作等身。先生还多次担任全国和甘肃省的相关评委。如全国宣传文化系统"四个一批"人才评委、国家哲学社会科学基金项目的立项和成果评委、甘肃省哲学社会科学最高奖的评委、甘肃省哲学社会科学规划项目立项评委、甘肃省国民经济与社会发展规划验收专家、甘肃省软科学项目成果评委等。

根据细致统计，在先生的学术成果中，有国家权威和核心报刊论文 66 篇（即 C 刊以上），被中国人民大学报刊复印资料全文转载的共有 44 篇。先生发表过文章的主要杂志有《经济研究》《民族研究》《中国农村经济》《中国农村观察》《中国人口科学》《中国工业经济》《农业经济问题》《中国社会科学院要报》《光明日报》《经济日报》《新华文摘》《经济学家》《学术月刊》《江汉论坛》等，这些都是当前我国高层次的学术刊物和报纸，社会影响和学术地位都比较高。

先生的研究成果不仅数量多，层次也比较高，涉及面很广，也得到了全国社会科学界、特别是经济学界的一致认可和高度评价。先生的研究成果曾获得多种奖励，主要的有：全国生产力学会优秀科研奖、全国人口科技进步奖、甘肃省"五个一工程奖"、甘肃省社会科学最高奖、甘肃省科技进步奖、全国党校优秀科研成果奖等多种奖励。先生不仅科研成果丰硕，学术影响力极高，而且经常在甘肃省委党校主体班、研究生班、社会各类培训班上授课或作学术报告，得到受众的高度评价，也多次获得省委党校"优秀共产党员""优秀教师"和"先进科研工作者"等称号。

在这些获奖的成果中，先生说，他最满意的是1997年承担的甘肃省哲学社会科学规划项目"甘肃省贫困与反贫困问题研究"，这个课题虽然只是个省级项目，但是，最终成果《贫困与反贫困经济学》（专著，50多万字）由甘肃省人民出版社正式出版发行。该书1999年获得甘肃省第六届甘肃省哲学社会科学优秀成果最高奖（兴陇奖）一等奖第一名①。此外，像《西部贫困地区财政供养人口适度比例研究》获得甘肃省哲学社会科学优秀成果最高奖二等奖，同时获得甘肃省科技进步三等奖；《甘肃省人口发展战略研究》获得甘肃省科技进步二等奖，同时获得中国国家人口委科技进步二等奖；《西部民族地区大开发的宏观环境和政策影响》获得甘肃省"五个一工程奖"。当然了，获奖的还有很多。

在先生的学术研究经历当中最为主要的一个项目是2005年甘肃省政府的"援藏项目"——《西藏人口发展战略研究》，这是甘肃省

---

① 关于目前的"甘肃省哲学社会科学优秀成果最高奖"，在上个世纪的90年代后期的几次评奖中，甘肃省哲学社会科学评奖委员会将奖项的名称改为"甘肃省社会科学'兴陇奖'"，后来又改回到原来的名称。特此说明。

政府接受西藏自治区政府的一个特别委托项目。甘肃省政府和当时的甘肃省人口和计划生育委员会委托先生担任课题组组长，组织和带领一批专家去西藏调查和研究。为此，他曾经三次去西藏做社会调查、问题研究、课题汇报、课题评审等工作。在西藏工作非常艰苦，海拔很高，氧气稀薄，可是他连续去了三次，最后比较顺利地完成了课题的研究任务，受到当时的西藏自治区人民政府主席江把平措先生和西藏卫生厅、人口委的高度评价，也得到国家人口委领导的一致认可，最终成果获得全国人口科技进步奖。

六、代表性研究成果

这些年以来，先生的许多研究成果都引起了国内学者的关注。比如，在《经济研究》1990年第2期上发表了《论计划调节与市场调节的历史演变及合理配置》一文，就是先生经济学研究成果的一个里程碑。根据调查统计，中华人民共和国成立以来，能够在《经济研究》上发表文章的非常少。这篇文章的核心意思是讲，从计划经济体制向市场经济体制的过渡不可能很快完成，需要一个过程，在这个过程中，实际上是计划手段与市场手段"共存"的阶段，既不可能都是计划手段，也不可能都是市场手段。为此，在这个阶段中的宏观调控必须"兼容"，二者共同存在并且合理搭配，协调完成国家宏观调控的任务。

在项目研究方面，先生所涉猎的研究领域和问题比较广泛，承担了大量的国家级、省级、地方政府、企业的研究项目。与此同时，还承担了中宣部理论局的委托研究任务，比如，关于理论面对面、政策面对面等方面的研究和文稿起草。总体来看，这些年来，先生所做过的主要项目有国家哲学社会科学基金项目、全国宣传文化系统"四个一批"人才资助项目、国家民委项目、甘肃省委委托项目、甘肃省政府委托项目、甘肃省哲学社会科学规划项目、甘肃省软科学项目、甘肃省援藏项目、地方政府委托项目、企业发展项目等。项目来源很多，层次也比较高，研究任务比较重。

在这些项目中，最有代表性的如：2000年承担和主持了国家哲学社会科学规划项目《西部贫困地区经济增长与财政供养人口适度比例研究》，2009年承担和主持了国家哲学社会科学规划项目《甘肃陇南市灾后重建与人口迁移的现状和对策研究》，2015年承担和主持了国家哲学社会科学基金项目《西北民族地区合作构建出口清真食品产业体系对策研究》，2020年承担和主持了国家哲学社会科学基金项目《"三区三州"拓展国民义务教育典型案例与经验研究——以甘肃省临夏回族自治州为例》。此外，由于先生主持和高质量完成了甘肃省的人口发展战略项目，由此又主持和完成了西藏人口发展战略研究的项目。2007年，先生又承担了国家人口委的项目《中国藏区人口发展战略研究》项目，担任课题组副组长。

经过多年的学习、研究、探讨和咨询，先生的学术研究发生了深刻的转变，即由过去主要研究纯学术性的理论问题转向更多研究比较现实的政策问题。特别是自2015年以来，先生由于年龄原因退居"二线"之后，把更多的精力投入到了对政府重大规划和决策的讨论和论证方面。当然了，纯粹的经济学理论研究也做一些，并没有完全停止。比如，近年来，先生研究了农民工返乡、工商资本投资农业、农村新型经营主体培育、农村实用人才开发。针对产业政策与创新发展不对称的现象，先生提出了工业部门"三分法"，即装备制造业、重加工业和轻加工业。他认为装备制造业是现代生产力的发源地，是先进生产力的创造源，中国要提高自主知识产权，关键是要大力发展装备制造业，而不是重加工业和轻加工业。这个观点彻底改变了过去多年国内外关于工业部门"两分法"即重工业与轻工业的传统理论的传统认识，对决策和制定创新政策非常重要。

七、理论宣讲工作

作为我国知名的经济学家和中共中央宣传部干部局的专家,从党的十四大以来,先生几乎每次都被确定为省委宣讲团的主要成员之一,几乎参加了所有中央和国家重大理论、重要会议、重大战略和政策的宣讲活动。因此,理论和政策宣讲成为先生工作的重要组成部分和主要的创新部分。先生是全国"四个一批"人才第二批成员,2014年又成为全国"百千万人才工程"的第一批入选专家。先生通过多年的宣讲活动,总结出来如下几点工作体会:

1. 围绕宣讲大局。先生认为,理论研究和宣讲是社会科学工作者的本职工作之一,维护国家统一,维护党中央的集中统一领导,维护党中央确定的指导思想和主导理论,是所有社会科学工作者的职责。改革开放以来,随着国家体制改革进程的深入,不断产生的新思想、新观点、新思维、新战略,不仅需要得到社会上专业人员的理解和认可,更需要得到城乡公众的理解和认可,让一般老百姓大致了解党和国家的大政方针,知道如何比较科学地、准确地和辩证地理解社会热点问题。这些就是理论宣讲的起源和目的。作为甘肃省讲师团的主要成员,这些年以来,先生始终将宣讲作为一项最重要的本职工作内容,围绕国家和省上的发展重点、大局问题、难点和热点、新政策等,积极参与省委和单位安排的宣讲活动。粗略估算,平均每年都在20次以上。

2. 坚持正面宣讲。通过多年的参加理论和政策宣讲活动,先生深刻认识到,理论宣讲不是简单的讲课,一般的讲课是要求你把所要讲的课程内容按照教案讲清楚就基本可以了。但是,宣讲就比一般的讲课要复杂得多。原因主要有:一是宣讲内容的可塑性特别强,对于理论观点、政策理解、规划思路等,不同的人有不同的认识,很难统一起来,甚至是同行也很难要求一致。二是听课对象的可塑性特别强,理论宣讲经常会遇到同一个题目,多个听课对象的问题,你的授课水平需要同时满足大多数听课人的要求是很难的。三是环境和条件因素的影响。不同的听课人员、不同的家庭条件、不同的社会背景等,都会直接影响你授课的效果。所以,先生的宣讲往往比较接地气,敢于提出新思想和新观点,宣讲有理有据,敢于说真话,大家都比较感兴趣,也很愿意听。

3. 探索宣讲方法。先生认为,宣讲成员必须想方设法地探索适宜的宣讲方法,根据宣讲对象的不同特点,选择不同的宣讲方式,努力提高宣讲的效果。在这些年的实践中,先生主要采取了以下几种方法。一是根据对象选择方法。对于党委和政府的干部们,由于理论水平和政策水平普遍比较高,宣讲以有理论层次、有政策水平、有战略眼光、有研究意义为主;对于学校的学生们则以正面宣讲为主,讲横向优势,讲发展潜力和希望;对于农村农民和企业的工人们则以现实热点为主,讲政策变化和发展机遇。二是结合工作特点不断创新宣讲方式。不能只是上级有了宣讲题目和任务就讲,平时就应该创造机会多讲。比如,在干部大会上讲战略选择,在群众大会上讲政策变化,在学者大会上讲理论创新。三是不断丰富讲课的方式和方法。既可以是报告式的方法,也可以是 PPT、对谈式、互动式的方法。方法多了,宣讲效果就会更好。

4. 提高宣讲水平。先生认为,要成为一名名副其实的专家型宣讲人员,必须不断提高理论水平、政治水平和政策水平。只有水平提高了,才能高效地完成宣讲任务。更为重要的是,要宣讲好国家的方针政策,宣讲好战略和思路,一方面,不仅要提高理论水平和政策水平,另一方面,确实需要经常深入基层、农村、企业做好社会调查。换句话说,就是要"顶天立地",既要了解上面的政策,又要知道下面的实情。为此,在这方面先生主抓了四方面工作:一是不断学习新知识和新理论,及时了解国内外的理论动态和理论动向,对自己的理论和知识进行更新和"充电";二是不断地和及时地学习掌握中央政府、地方政府的战略、规划和政策变化;三是不断参与地方党委和政府的战略决策、规划编制工作,将自己的思想和观点直接传输到基层领导和一般干部身上;四是发现和总结基层在改革开放方面的先进经验和发展模式,及时总结成典型,用于宣讲事例。

5. 坚持实地调查。通过这些年的努力,先生已经调查遍了甘肃省的 14 个市州、86 个县(区),以及部分乡镇和行政村,跑遍了省内的主要大型企业。这些都对提高思想认识、发现问题、体验实际、把握政策、总结典型等方面提供了保证。作为国家级专家,多年以来,先生不仅认真做好宣讲工作,而且善于总结和把宣讲的东西升华成科研成果。比如,先生将通过社会调查得到的资料,再联系国家大政方针,编著了《农村政策面对面》《农村实用人才开发与管理》等。这些书籍已经作为甘肃省"农家书屋"的必选书目,目前已经发行 3 万多册。另外,结合宣讲政府战略和政策导向,还编著出版了《多极突破与区域经济增长》《抢抓"一带一路"机遇,打造"五个制高点"》《甘肃省十大绿色生态产业发展路径探索》《甘肃与兄弟省份协同发展路径探论》等。

八、决策咨询工作

按照中央关于智库建设、社会科学工作要为地方政府发展和决策服务的要求,这些年来,先生始终把决策咨询、服务发展、谋划对策等放在工作的突出位置。众所周知,中央对于党校的工作定位在过去多年都是培养党员干部。党校是党性锻炼的熔炉,是研究和宣传马克思主义、毛泽东思想、邓小平理论的主阵地,是党委和政府决策的"思想库"。2011 年以来,随着中央新的党校工作条例的颁布,党校理论研究的定位开始发生了极大变化，这就是中央明确提出了"智库建设"的新要求，很显然，要把党校建设成国家重要的智库和咨政研究基地。

也正因为这些原因，最近几年来，先生把主要精力放在智库工作上，围绕智库建设从事直接的决策咨询研究。当然了，先生从事这些工作也有比较好的条件，因为他长期担任甘肃省委和省政府的经济顾问、甘肃省国民经济与社会发展规划专家组的核心成员、多个市县的政府经济顾问，因此决策咨询成果比较多，层次也比较高。由于决策咨询成果基本都是以内部文件和刊物的形式完成的，还有领导批示等，都有一定的保密要求。所以，在选编本书的附录的时候，将决策咨询成果没有在成果目录中选入。

这里只对党的十八大以来，先生在决策咨询方面的研究情况、领导批示和运用情况做个简单介绍。从 2012 到 2021 年，先生对甘肃省咨政研究的成果主要有四个方面：一是已经明确在省委、省政府的决策咨询刊物上刊登的文章，或者已经上报省上有关部门，比如省委办公厅办的主要给省委领导看的《甘肃信息——决策参考》《甘肃信息——今日上报》《送阅件》《智库专呈》《调查与研究》等；二是已经在国内公开的报刊上发表的关于甘肃区域经济发展战略决策、区域规划和空间布局的文章；三是接受省委、省政府和单位领导下达的专题研究任务，并形成上报成果；四是在各种会议上，尽量及时畅谈个人对甘肃发展的意见和建议。

多年的决策咨询研究工作使先生的智库影响力更加提升。他也经常给大家讲，做智库工作，除必须具备扎实的理论功底之外，必须高度关心民生、高度关注形势、高度关心政策。要时时刻刻对国家的方针政策进行研究和学习，掌握国家政策和战略的新变化、新动态、新问题、新导向，这是做好智库工作的起码条件，也可以说是必须具备的素质。党的十八大以来,先生的多个决策建议被省上决策采纳。比如,关于产业扶贫、产业富民、三化并进(指工业化、信息化和产业化)、向西开放、乡镇企业集中向园区搬迁、发展直销农业、建设兰州金融中心、建设兰州特大城市、建设大兰州经济圈、规划建设甘肃东西开放"门户城市"、加强地方财源建设、整治整合工业园区、整体融入"一带一路"、加快发展民族县域经济等。这些建议已经在省委和省政府的有关规划、报告、文件中多次出现,形成决策理念。

先生的经历和学术成就,可能是甘肃多个哲学社会科学家的一个缩影。先生是至今还奋斗在甘肃大地上的诸多哲学社会科学家的杰出代表。先生一生勤奋求学、勤奋工作,对专业的浓厚兴趣、对社科研究事业的执着热爱、对国家对社会的责任担当成为他一生不懈奋斗的不竭动力。先生工作 48 年,始终初心不改,一直保持着昂扬奋进永不懈怠的精神。几十年来,先生几乎没有过过一个完整的春节和节假日,他已习惯于将日常的"休息日"变成他的"加班日",由此才取得了这样丰硕的成果和卓越的成就,也成为我们青年一代毕生学习的楷模。目前,先生已正式退休,但是,由于工作需要仍然被单位返聘,还在坚持为党工作,坚持为深化经济学研究和促进甘肃发展继续奋斗!继续做贡献!

邓生菊

2022 年 8 月 16 日

政治经济学研究

深化对马克思关于经济时代划分标志理论的研究

在《资本论》这部宏伟巨著中，马克思曾在许多地方多次论述了如何区分"各种经济时代"、"各个不同的经济时期"和"各种社会经济形态"的问题，并以分析资本和剩余价值为主线从三个角度提出了划分社会经济时代的标志。这三个标志是：

第一，生产力标志，即从生产力的角度来划分各种经济时代。马克思在《资本论》第一卷第五章第一节《劳动过程》中阐明了这一观点。他指出："各种经济时代的区别，不在于生产什么，而在于怎样生产，用什么劳动资料生产。劳动资料不仅是人类劳动发展的测量器，而且是劳动者借以进行的社会关系的指示器。"①在资本主义社会，劳动资料既是劳动者和劳动对象的中间环节，又是资本家迫使工人生产剩余价值的一种手段。在这里，马克思主要是从生产力的角度分析劳动过程，以便为分析价值增殖过程作好准备。那么，为什么劳动资料可以作为划分经济时代的标志呢？这是因为劳动资料是社会生产力中一个必不可少的起决定作用的因素。众所周知，生产力包括人的因素和物的因素两个方面。马克思认为，最强大的一种生产力是革命阶级本身，并指出："一般说来，劳动过程只要稍有一点发展，就已经

---

① 《资本论》第 1 卷第 204 页。

需要经过加工的劳动资料。"①所以，没有劳动者，便没有生产力；同样，没有劳动资料，也就没有生产力。同时，就劳动资料本身的结构来说，也是各种各样的。马克思在《资本论》中把它们划分为机械性的劳动资料和只充当劳动对象的容器的劳动资料两大类。前者为石器、青铜器、铁器及蒸汽机等生产机械，"其总和可作为生产的骨骼系统"；②后者如管、桶、篮、罐等生产容器，"其总和一般可称为生产的脉管系统。"③此外，广义的劳动资料还应包括劳动过程所需要的一切物资条件，"它们不直接加入劳动过程，但是没有它们，劳动过程就不能进行，或者只能不完全地进行。"④值得注意的是，虽然马克思说过劳动资料是生产力中的一个物的因素，根据"用什么劳动资料生产"来区别各种经济时代，也就是根据生产力中物的因素来区别各种经济时代。但马克思还指出，机械性劳动资料比只充当劳动对象容器的劳动资料"更能显示一个社会生产时代的具有决定意义的特征。"⑤所以，划分经济时代的劳动资料不是一般的劳动资料，而是处于成熟阶段上的有代表性的机械性劳动资料。只有这种劳动资料才能作为一个成熟社会的物质技术基础和划分标准。

马克思还认为，劳动资料不仅是人类社会和自然界发生关系的中介，不但是人类社会改变劳动对象，改造自然界的一种手段，而且是衡量人类社会控制自然、改造自然、利用自然的天然尺度。在社会生产力中，劳动者是首要的、能动的因素，劳动资料则是社会生产力

---

①见《资本论》第 1 卷第 204、205 页。
②见《资本论》第 1 卷第 204、205 页。
③见《资本论》第 1 卷第 204、205 页。
④见《资本论》第 1 卷第 204、205 页。
⑤见《资本论》第 1 卷第 204、205 页。

发展水平的物质标志。"动物遗骸的结构对于认识已经绝迹的动物的机体有重要的意义，劳动资料的遗骸对于判断已经消亡的社会经济形态也有同样重要的意义。"①依据出土文物中的特殊劳动资料，可以判断该劳动资料是什么社会经济形态的标志或产物。一般说来，根据石器可以推出原始社会；根据青铜器可以推出奴隶社会；根据铁器可以推出封建社会；而根据蒸汽机则可以推出资本主义社会。所以，马克思在《哲学的贫困》中说道："社会关系和生产力密切相联。随着新生产力的获得，人们改变自己的生产方式，随着生产方式即保证自己生活的方式的改变，人们也就会改变自己的一切社会关系。"因此，"手推磨产生的是封建主为首的社会，蒸汽磨产生的是工业资本家为首的社会。"②

第二，生产方式标志，即从生产方式的角度划分各种经济时代。马克思在《资本论》第二卷中指出："不论生产的社会形式如何，劳动者和生产资料始终是生产的因素。但是，二者在彼此分离的情况下只在可能性上是生产因素。凡要进行生产，就必须使它们结合起来。实行这种结合的特殊方式和方法，使社会结构区分为各个不同的经济时期。"③这就是生产方式标志，它是从社会生产方式的角度来区分各个不同的经济时期。不论生产的社会形式怎样，劳动者和生产资料始终构成生产的基本因素。它们表示生产力的发展水平。在不同的生产力水平下，人的因素和物的因素的结合方式和方法是不相同的。"在当前考察的场合，自由工人和他的生产资料的分离是既定的出发

---

① 《资本论》第 1 卷第 204 页。
② 《马克思恩格斯选集》第 1 卷第 108 页。
③ 《资本论》第 2 卷第 44 页。

点。"①在资本主义生产力条件下,自由工人和生产资料是处于分离的状态,所以,二者的结合是进行剩余价值生产的既定前提。另一方面,劳动者和生产资料又构成生产关系的因素,它们表示生产关系的性质,也形成了生产关系,即形成了生产过程中人对人的关系。在劳动者和生产资料相结合,发生人与人以及人与物之间的特殊关系的时候,必须同时回答什么样的劳动者与什么样的劳动资料相结合的问题,又回答生产资料归谁所有、占有、支配和使用以及劳动者和生产资料各以什么样的身份,在什么样的经济条件下结合起来的问题。"为要从事生产,人们便发生一定的联系和关系,只有经过这些社会的联系和关系,才会有他们对自然界的关系,才会有生产。"②因此,劳动者和生产资料结合的特殊方式和方法,必然造成生产过程中人与人的关系的特殊内容和形式,形成特殊的生产关系。有的同志认为马克思在这里是以生产资料所有制形式划分经济时期,这是不符合马克思的原意的。因为生产资料所有制形式不等于生产要素的特殊结合方式,后者不论是在内容上还是形式上都要比前者丰富得多。结合方式即生产方式,既包括生产资料的所有制形式,也包括劳动力所有制形式;既包括生产力,又包括生产关系。而生产资料所有制形式主要是指生产资料的归属问题。因此,所有制形式不等于生产方式,这是十分明确的。

第三,生产关系标志,即从生产关系的角度来划分各种经济时代。马克思还指出:"使各种社会经济形态例如奴隶社会和雇佣劳动的社会区别开来的,只是直接从生产者身上,劳动者身上,榨取这种

①《资本论》第2卷第44页。
②《资本论》第1卷第67页。

剩余劳动的形式。"①从剩余价值的榨取方式出发,也就是从生产关系的角度来划分各种社会经济形态。这一论述本身只适合于奴隶社会、封建社会和资本主义社会这三种社会经济形态。因为在这三种社会经济形态中才谈得上剩余劳动的榨取问题。不过只要将这一论述推而广之,将其理解为:使各种社会经济形态区别开来的,只是对直接生产者剩余劳动的占有形式,那么它就适用于一切社会经济形态了。历史证明,原始社会基本上是没有剩余劳动的,也正是因为没有剩余劳动,所以这才成为人类社会的原始时代;在奴隶社会,奴隶的剩余劳动直接归奴隶主无偿占有,他的全部劳动都表现为无酬劳动;在封建社会中,农民的剩余劳动采取了封建地租和超经济强制的形式归封建主无偿占有;在资本主义社会,工人的剩余劳动采取了剩余价值及其各种转化形式如利润、利息、地租等形式归资本家和大土地所有者无偿占有,货币关系掩盖了雇佣工人的无偿劳动;在社会主义社会,劳动者的剩余劳动则采取税金、企业留利等形式由社会或企业所支配,直接或间接地归劳动者所有;在共产主义社会,直接生产者的剩余劳动归社会所占有,同时也就是归劳动者所占有。由此可见,剩余劳动的占有形式,也就是剩余产品的分配方式。它是生产关系的一个重要方面。马克思曾说过,分配关系本质上和生产关系是同一的,根据剩余劳动的占有形式。便可以发现生产关系的社会性质。因此,从占有剩余劳动的形式来区分各种社会经济形态。也就是从本质上从社会生产关系的角度区别各种社会经济形态。

各种社会经济时代的产生和存在、变化和发展是极其复杂的,各种社会经济形态的依次更替又是比较确定的。由于各种社会经济时

①《资本论》第 1 卷第 244 页。

代所具有的生产力状况、生产方式,以及剩余劳动的占有形式有不同的特点,三者之间又存在一定的内在联系。所以,根据生产力、生产方式、生产关系这些标志来区别不同的经济时代在本质上是一致的,并不存在矛盾。我们既可以把这三个标志放在一起,综合划分各种经济时代,也可以用这三个标志中的任何一个标志来划分。同时,这个标志内部也存在着作用与反作用,决定与反决定的联系。一般说来。生产力决定生产关系,生产方式又决定于生产关系。生产力标志是最基础、最本质的标志,它制约着和决定着生产方式标志和生产关系标志。因此,我们寻找不同时代的区别点时必须首先从生产力出发,只有这样,才能从本质上解决不同经济时代的划分标准问题。

既然在生产力、生产方式和生产关系这三个标志中,生产力是最基础最本质的标志,所以,我们有必要深化对马克思关于生产力标准问题论述的研究,以便从更深的层次上为研究和确立我国社会主义初级阶段的生产力标准而奠定理论基础。

众所周知,长期以来,由于各种原因我国经济理论界只从一般意义上对马克思的生产力标准理论作抽象的静态的分析,而不能从历史的、发展的角度和系统论的观点对生产力标准作深层次的研究,从而导致对社会主义生产力标准问题的研究成效甚微,至今还没有形成比较成熟的观点。这一方面是由于我们对社会主义生产力本身认识不够,另一方面,更重要的是由于我们对马克思关于生产力标准理论理解的简单化和公式化。例如有的同志试图从马克思说过的手推磨和蒸汽磨中硬性推断出社会主义生产力标准;有的同志从目前我国生产力落后于西方资本主义国家的现象出发,对社会主义生产力标准是否存在产生疑问;有的同志甚至由此而对社会主义制度抱怀疑态度和失望态度。这些观念的产生绝不是偶然的,但要澄清这些观念也同样绝非易事。根本的出路在于重新学习和深化对马克思关于生产力标准理论的研究和认识，理论上的疑团只有靠澄清理论产生的本源才能消除。

那么，究竟应该从哪些方面深化对马克思关于生产力标准理论的研究呢？我认为有以下几个方面是至关紧要的。

第一，要破除生产力标准速成论，树立生产力标准的渐进论。有的同志依据马克思说过的"手推磨产生的是封建主为首的社会，蒸汽磨产生的是工业资本家为首的社会"的话，就认为机器是资本主义社会生产力的一个永恒的标准，这是不对的。事实上，资本主义社会制度的确立和资本主义社会生产力标准的确立不是同时完成的，而是有先有后的。对此，马克思在《资本论》中曾多次强调指出，资本主义生产力标志——机器的产生是经历过一个漫长的历史发展过程的，虽然资本主义制度的确立是伴随着封建手工业和个体私有制的解体，并且这种解体和导致这种解体的基因——机器大工业的产生是在同一过程进行的，但这一过程却历时两个多世纪。马克思说过，资本主义时代是从 16 世纪开始的，1579 年建立的联省共和国荷兰是17 世纪标准的资本主义国家，但当时的荷兰使用的仍是封建社会的铁器手工工具。英国早在 1640—1648 年就进行了资产阶级革命，建立了资产阶级专政，成为人类社会开始从封建社会经济时代进入资本主义经济时代的标志，但是经过一个多世纪的历程，直到工业革命前为止，英国的主要劳动资料仍然是封建社会遗留下来的手工工具，工厂手工业的物质技术基础仍然是手工技术。只是在 18 世纪 60 年代的工业革命以后，才出现了以机器为主体的工厂制度，蒸汽机的隆隆噪声才正式宣告了资本主义生产力标准的确立。由此可见，划分经济时代的生产力标准不是速成的，而是在不断发展的渐进过程中形成的。任何社会的生产力标准都是作为革命的结果而产生，而不是作为革命的前提而存在。正像不能说 17 世纪的荷兰不是标准的资本主义国家,1648 年至 18 世纪 60 年代的英国不是典型的资本主义国家一样,也不能说现在的中国不是社会主义国家;就像资本主义经济时代从它的产生开始,直到工业革命完成为止。经历了三个比较小的发展阶段,即简单协作→工场手工业→机器大工业一样,社会主义经济时代从它产生开始,直到完全建立起自身的物质技术基础为止,也必然要经历几个比较小的历史发展阶段。

第二,要破除生产力标准公式论,树立生产力标准的阶段论。有的同志依据马克思说过机器大工业是资本主义时代的生产力标志,就认为机器是资本主义生产力的一个永恒的标准,并把这一标准公式化,这是不对的。实际上,马克思在《资本论》等著作中作为标志所论述的包括资本主义社会在内的"各种经济时代",主要是指成熟阶段的经济时代,并且各种经济时代用于生产过程的劳动资料是指该时代的主要劳动资料,即作为生产的骨骼系统和肌肉系统的机械性代表性劳动资料,而并非指这种劳动资料是该社会经济时代整个发展阶段的生产力的统一标准。从发展的观点看,人类社会任何一个经济时代的内部发展,一般都可以分为三个既相互联系又相互制约的发展阶段:即该经济时代的初级阶段、成熟阶段和转化阶段。在不同的发展阶段上,由于社会政治经济和科学文化条件的不同,又具有不同的生产力标准,即初级阶段的生产力标准、成熟阶段的生产力标准和转化阶段的生产力标准。这一方面说明了生产力标准的阶段性和复杂性,另一方面说明任何一个社会经济时代内部,生产力标准不是一个僵化的公式,而是一个可变的标准。马克思所说的手推磨和蒸汽磨是封建社会和资本主义社会生产力的标准,也是针对成熟阶段的劳动资料而言的。所以,马克思所列举的石器、青铜器、铁器和手推磨、蒸汽磨等物质生产要素,就是分别指原始社会、奴隶社会、封建社会和资本主义社会在其成熟阶段所使用的主要劳动资料。而我们今天的社会主义社会还处在初级阶段，距离成熟阶段还有很长的历史时期。因此，在目前我国要寻找出一个能够同资本主义成熟阶段或转化阶段生产力标准相比较的生产力标准，就是不现实的和不可能的。如果硬拿我国初级阶段的劳动资料同资本主义的转化阶段的劳动资料相比较，就会得出社会主义不如资本主义的结论，就会犯教条主义的错误。

第三，要破除生产力标准的静止论，树立生产力标准的发展论。社会经济发展史证明，一般说来，在各种经济时代的初级阶段，一直到它的成熟阶段为止，该社会经济时代还不可能具备本时代的物质技术基础，也就是不可能拥有能够作为经济时代标志的劳动资料，它不得不运用上一个社会经济时代遗留下来的劳动资料从事社会生产。正如马克思所指出的那样，每一后代的人们所找到的都是先前各代人们已经取得的生产力，而这种生产力则供他们作为原料继续进行生产。只有等到该经济时代发展到它的成熟阶段，能够标志这一经济时代的劳动资料也就会应运而生，资本主义的经济发展史也充分证明了这一点。以英国为例，英国自 1640—1648 年资产阶级革命胜利到 18 世纪 30 年代，工农业生产仍以手工劳动为基础。工业革命开始后，于 1733 年发明了飞梭，1764 年制成了珍妮纺纱机，1769 年制成水力纺纱机，1779 年制成"骡机"。这四项发明使英国棉纺织业劳动生产率成倍提高。与此同时，于 1776 年瓦特研制出单动式蒸汽机，1782 年又制成复动式蒸汽机，1789 年英国的棉纺工业开始采用蒸汽机作动力。随着棉纺织生产的机械化和蒸汽机的大量使用，净棉机、梳棉机、漂白机、染整机等，也相继出现在纺织系统的工厂中，组成了有复杂分工的机器体系。在纺织业的带动和刺激下，毛纺织业、麻纺织业、丝织业也开始从手工业向机器大工业过渡。其他轻工部门如造纸业、印刷业等也纷纷采用机器，实行技术改革，同时也推动了重工业和交通运输业中技术装备的革新。到 19 世纪 30 年代末 40 年代初,英国的基本工业部门才大都建立了以机器为主的工厂制度,工业革命到此完成。资本主义的发展才进入它的成熟阶段。

　　总之,随着人类社会的不断进步,特别是在第二次世界大战以后,社会生产力的发展速度,生产力标准的综合性和结构性,都要比马克思时代快得多,复杂得多,生产力不论是从深度还是从广度,不论是工业生产力还是农业生产力,都比从前有很大的进步和提高,人们认识和判断生产力的难度也越大了。这就要求我们要拓宽思路,放开眼界,从更广阔的领域、更深的层次领会马克思关于生产力标准的论述。

　　(原载于《攀登》1988 年第 4 期;中国人民大学报刊复印资料《政治经济学(总论部分)》1989 年第 3 期全文转载)

论社会主义有计划商品经济的基本规定性

社会主义在其经济改革和经济发展中,出现了一个明显的趋势,即从实物经济向有计划的商品经济的大转折。在这个历史性的转折过程中, 很有必要对社会主义商品经济的基本规定性做深入的理论探讨。

一、理论上的新突破

要突破商品经济在本质上具有盲目性的观点, 树立社会主义商品经济是有计划发展的观点。价值规律的作用、特点和后果是同社会经济条件联系在一起的。价值规律不仅在微观经济领域起调节作用,而且在宏观经济领域也起调节作用。在微观领域价值规律要求社会必要劳动决定价值,在宏观领域价值规律要求按比例分配社会劳动。宏观经济领域中按比例分配社会劳动在分散的私人生产组织占统治的社会里是通过价值规律的自发作用实现的,带有盲目性;而在生产力和生产组织形式已经社会化的社会中, 人们可以自觉地利用价值规律来实现。因此,不能笼统地把价值规律看作是盲目的自发力量,把盲目性看作是商品经济固有的本性。

要突破社会主义商品经济是旧社会遗留痕迹的观点, 树立社会主义商品经济所体现的是完全新型的社会主义生产关系的观点,商品经济作为一种经济形态,其性质取决于生产资料所有制的性质。社会主义商品经济,是建立在社会主义生产关系基础上的,是一种新的社会经济形式,绝不是"旧社会的遗留物"。

要突破社会主义商品具有直接社会产品属性的观点。直接社会劳动是指不需要经过迂回曲折的道路而直接被社会承认的劳动,也就是不需要经过商品交换就能实现的劳动。因此,直接社会劳动是同生产商品的劳动相对立的。产品具有直接的社会性,就不可能具有商品性;反之亦然。联合劳动可以是直接社会劳动,也可以是生产商品的劳动。不能把联合劳动与直接社会劳动等同起来。计划指导下的劳动,可以是直接社会劳动,也可以是生产商品的劳动,把二者混同起来,也是没有根据的。把社会主义产品看成是直接社会产品,是我们过去实行超越社会发展阶段的直接社会产品经济体制模式的重要理论根据。实践证明,这是一种同社会生产力发展要求不相适应的体制模式。

要突破社会主义商品经济具有过渡性的观点,树立社会主义商品经济存在于社会主义全过程的观点。社会主义经济制度的建立,并不表明商品经济开始走向衰亡,而是向更高阶段发展。为了实现迅速发展社会生产力的根本任务,在整个社会主义历史阶段,始终都要努力发展商品经济。

社会主义国家发展商品经济是改革与发展目标的重要方面,它包括五个方面的主要内容:生产要素商品性、生产过程商品性、产品流通商品性、产品分配商品性和商品经济的多元发展等。

二、生产要素的商品规定性

生产要素的商品化是有计划商品经济发展的首要环节。在这个问题上,要彻底抛弃斯大林的有限制商品论,树立生产要素和劳动产品都是商品的观点。斯大林认为,社会主义制度下的商品,只能局限于个人消费品,不包括生产资料,斯大林的这种观点后来虽然受到苏联、东欧和中国一些经济学家的批评，但其影响远没有消除。在原有的经济体制中，生产资料实际上完全没有当作商品来对待，在现有的体制下也并不是所有生产资料部是商品。尽管有些人接受了生产资料是商品的观点，但并没有完全解决社会主义制度下商品范围受到严格限制的实际问题。直到今天，不少社会主义国家的经济学家们还坚持生产资料非商品化的观点，并把它看作是区别于资本主义商品经济的重要特征。

我认为，在社会主义制度下，土地、资源、国有企业的财产等，仍然是商品。理由是：第一，生产资料作为商品或生产资料具有商品属性是形成与社会化大生产相联系的商品经济的基本因素，生产资料失去了商品属性，实际上就等于否定了商品经济的存在。这是因为商品是各种生产要素在生产过程中有机结合并进行物质变换的结果。如果劳动产品是商品，而生产资料不是商品，那么商品的价值就无法确定甚至成本也无法计算。第二，生产资料在现实经济运行中已经突破了不是商品的界限。这种突破不是由人的主观意志造成的，而是商品经济发展的客观需要。实践也证明，不把生产资料作为商品来对待，要大力发展商品经济是不可能的。

生产资料的商品化，必然会带动劳动主体的商品化、劳动力商品化或劳动市场的形成，将使每一个劳动者真正成为劳动的主体。但在社会主义国家的改革中，生产资料商品化的困难比劳动力商品化的困难要小得多。这可能有三个方面的原因，一是旧的劳动制度造成的种种困难，其中最大的困难莫过于由于机构臃肿效率低下所形成的重新就业的困难。二是观念上的障碍，劳动商品化，就业市场化是不是等于资本主义的雇佣制度，没有在理论上加以区别，社会主义可不可以存在失业，等等。三是理论上的障碍，认为劳动商品化必然会造成劳动者与国家之间雇佣与被雇用的现象。

对上述问题如果我们转换一下分析问题的视角，即从商品经济的一般规律上来探讨劳动商品化的问题，就不难想通了。在社会主义国家，劳动商品化、就业市场化是劳动平等、报酬平等这一根本原则的实现。所谓劳动平等，就是就业机会的平等。要实现这种平等、就不能没有竞争。在没有真正竞争的条件下，必然发生工作能力强的人得不到就业机会，没有什么工作能力者反倒能够就业等等现象，这不仅不平等，而且违背效率的要求。所谓报酬平等就是报酬与劳动对称。要实现这种对称，也要借助于竞争的劳动市场。这些都是商品经济的基本要求。雇佣制度只是劳动商品化、就业市场化的一种形式，不是唯一形式。社会主义国家可以通过国家定向培养、定向分配、合同制、招聘制等多种形式实现劳动主体的商品化。

资金商品化是生产要素商品化的又一重要方面。从宏观上讲，社会主义国家资金的非商品性是经济生活中一切重大矛盾的总根源，这些矛盾的解决在很大程度上取决于资金商品化的进程。如投资膨胀、通货膨胀、经济效益低下等，都与资金的非商品性有关。所以，加快资金商品化的进程势在必行。

资金商品化是有一定范围的，并非所有的资金都要商品化。财政资金运用的一个突出特点就是无偿性，因此，财政资金不能商品化。资金商品化的范围大致有五个方面：即中央银行对专业银行再贷款资金的商品化，专业银行相互之间融通资金的商品化，专业银行与一般企业之间信贷资金的商品化，一般企业之间直接融资的商品化，企业与个人之间以及个人之间直接融资的商品化。根据我国的实际，实行资金商品化应包括四方面内容：一是资金的供给者与资金的要求者是平等的商品契约关系，不存在超经济强制关系，资金的需求和供给都是自愿的和自由的；二是资金的需求者必须按期还本付息，并且还本付息只能由税后留利支付；三是资金的价格即利率由市场供求关系来决定，不存在行政干预；四是资金的需求者到期不能还本付息，又没有其他补救的办法，就只能破产偿还。

要实现资金商品化，必须相应改革国有资产的管理制度，实行资产所有制。第一，在国家所有制的条件下，企业财产都归国家所有，企业用国有资产偿还企业对国家的债务，这在理论上是说不通的。在实践上这种抵押放款形式对企业的借款行为也不构成任何制约作用。第二，资金商品化的一个重要内容是实行企业和银行的破产制度。但在国家所有制下，企业和银行的财产都是国家的，企业和银行的破产也就只能是破国家的产，这显然是不恰当的。所以说，实行资金商品化必须与国有资产管理体制改革结合起来进行。具体办法：一是把国有资产以承包、租赁、股份投入的形式，把其使用权交给企业；二是把企业由贷款所形成的资产所有权留给企业，形成企业的自有的产权实体，以此来完善和实现真正的资金商品化。

生产要素的商品化的内容除上面提到的外，还有技术商品化、信息商品化、房地产商品化的问题，这几方面综合起来就构成生产要素商品化的总体关系。

三、生产过程的商品规定性

生产过程的商品化是指按照价值规律的要求和市场取向来决策产品生产过程的各种具体对策，加强企业管理，提高经济效益。也就是说商品生产者要用投入与产出的比差来衡量企业经营的好坏，而不是仅仅用产值或产量来分析企业的经营状况。从商品经济运行本身讲，企业效益集中表现在求得投入与产出的最优比例，即以最小投入量获取最大的产出量；从商品经济运行的社会性来讲，企业的效益又表现在经济的发展能够满足人们日益增长的物质文化生活的需要。要实现经济效益和社会效益的有机统一，必须使企业牢固树立价值衡量和节约的经济观念。具体来说,企业为了追求效益的最大化,要从四个方面做起:一是企业要根据市场供求关系的变化和社会消费的动态趋向,来决策企业的产品类型、产品结构和产品数量,以便把产品的生产量与社会化比例的劳动需求量之间的误差降到最低程度;二是改进工艺流程,运用先进生产设备,通过降低物化劳动消耗,增加第一利润源;三是加强劳动管理,优化劳动组合,通过提高劳动生产率,减少活劳动消耗,增加第二利润源;四是缩短流通时间,减少流通环节,通过降低流通消耗,减少流通费用,增加第三利润源。这四方面的有机结合就是生产过程的商品化,就是企业的经济效益观和节约观。

生产过程的商品化不单纯是企业微观经济效益的问题,它与国家的宏观指导密不可分。这是因为,国家也是一个投资主体,要对其投资增值负责;国家作为政权机构,要保证决策科学化、民主化,避免或减少宏观损耗。同时,还要提高社会有效产品率,消除总供给中的水分。社会有效产品是指一个时点上为社会支付能力所实际需要的一切劳动产品的总和。有效产品率即一定的时点的社会有效产品量与产品供给量之比。提高社会有效产品率必须坚持综合治理,建立社会有效产品良性循环的基本条件。这既是市场机制作用的结果,也是国家宏观决策与指导的问题。

对社会主义的生产过程,不仅要研究它自身的商品化即微观经济运行的问题,而且要深入探讨社会主义商品经济运行的宏观现象即经济发展周期性问题,确立经济运动的平衡观念。一般说来,经济运行的每一个周期将包括这样的过程:即从"高峰"算起,经历下降阶段,到达"谷底",再经历上升阶段到达高峰,从一个高峰到另一个高峰为一个经济周期。

关于商品经济周期性形成的原因,我们首先应立足于商品的两个因素进行分析。第一,商品价值具有增殖性,而且要连续不断地增殖,同时这种增殖带有贪婪性和投机性,因而商品价值增殖在运行中会产生这样的循环模式:价值增殖促使企业增加投资→企业进货增加→市场存货减少→社会投资总量增加→投资利润下降→企业减少投资→企业进货减少→市场存货增加→社会投资总量减少→投资利润下降。第二,商品使用价值存在寿命周期,由于商品寿命周期的变化引起产业结构的变动,从而引起投资结构的变动,这样就会形成"投资结构变动产业结构变动投资结构变动"的循环圈。

如果我们再进行深入分析,就会发现经济周期的形成在于生产结构和需求结构的矛盾运动。这一矛盾运动使社会生产能力发挥作用处于时大时小的增长状况中。当生产结构与需求结构协调时,经济增长显然要快,由于产业结构变动的显著性,引起生产结构与需求结构之间的矛盾,使部分生产能力处于需要调整的"暂闲"状况,经济增长则处于低速之中。由于商品经济周期形成原因的自发性、客观性,因此,我们不可能从根本上消除停滞和低谷现象,但可以通过一系列的措施减少停滞的次数和缩短经济处在低谷的时间。社会主义商品经济从总体上看,存在着总需求大于总供给,而不是总需求不足。在这种情况下,很容易形成企业为了获取潜在利润而盲目扩大生产规模,从而导致总需求结构中固定资产投资膨胀和结构性失调。只要这种结构性失调现象继续存在,持续的经济增长就必然会遇到障碍。所以,经济运动周期的出现是社会主义经济发展阶段投资需求过大所引起的必然结果。为了把经济中失调的比例矫正过来,使周期"淡化",仍需要从投资上动大手术,采取果断措施,通过投资结构的调整使产品结构、产业结构趋于合理。

四、产品流通的商品规定性

社会主义产品流通的商品化是经济发展商品化的又一重要内容。流通的商品化关键是要按照有计划商品经济的要求健全市场体系，完善市场机制，疏导市场与计划在调控经济中的作用方向和作用力度。

流通商品化的首要问题是健全市场体系。随着生产要素和生产过程的商品化，社会主义国家应建立如下一些市场：商品市场、服务市场、技术市场、信息市场（以上为一般市场）、资金市场和外汇市场（即特殊市场）、房地产市场、劳动力市场和资源市场（即虚拟市场）等。由这几个方面组成社会主义市场体系的有机整体。在这个体系中，一般市场是基础，其他市场都是围绕这一轴心市场运行的。特殊市场和虚拟市场在很大程度上起着导向、左右经济全局的作用。

在健全市场体系的基础上，要充分完善市场机制。市场机制是市场体系的动态描述，是价值规律通过市场对各种经济活动进行调节的统称。市场机制的运行一般有两条轨迹：一种是供不应求→价格上升→利益结构改变引导竞争→资金流入→供求相对平衡；另一种是供过于求→价格下降→利益结构改变引导竞争→资金流出→供应相对平衡。市场机制运行的轨迹表明，市场运行所追求的目标是建立起社会生产和社会需求之间的一种动态平衡，而这种动态平衡是在价格、竞争、供求等要素之间互为因果、互相制约的联系的作用的过程中实现的。完善的市场机制一般包括市场主体元素机制和市场环境结构机制两个基本方面，这两方面要按正常程序协调运转，必须具备三个条件：一是市场各要素必须处在市场运行体系之中；二是市场必须对供求、价格及其他经济参数的变动具备能动反馈信息的功能；三是企业对市场信号和其他多种经济参数必须具备灵活、主动、合理的反应功能。

诚然，社会主义各国在近几年的改革当中已经逐步建立了不同程度和层次的市场体系，但水平还比较差，突出表现在资金市场、技术市场和房地产市场等发展缓慢。市场机制中的市场秩序、市场规则等还需进一步健全，经济立法还不完善，因此，必须在理论上和思想上进一步明确认识商品经济就是市场经济的观点，树立流通导向的观念，在市场建设中采取更加得力的对策。

1. 要坚持以等价交换为尺度建立良性循环和市场运行机制。等价交换作为一种总的趋势是在无数次不等价交换中实现自己基本要求的。要使无数次不等价交换顺利地实现等价交换，必须有开放的市场环境。因此要打破部门条条分割和地区块块封锁，坚持市场商品的统一性；要彻底摆脱产品经济和自然经济的思想束缚，不断扩展商品流通范围，把一切应该纳入流通的产品和劳务都实行商品经营。

2. 坚持以流通为导向改造企业组织体系，现有企业组织体系的改造要以节约交易费和运输费为目标。进一步促进社会分工的精细化和企业组织体系的合理化。同时，政府要通过多种经济的、法律的和行政的手段来组织、协调、控制和监督市场；通过改变市场的多种经济参数来改变企业的市场环境，从而改变企业的行为；通过多种商业法规来维持市场秩序，保护企业的合法经营和合理竞争，以及规范企业的行为方式。

3. 加快发育市场，提高市场组合功能。发育市场最直接的是提高农产品的商品率和加速城乡经济货币化的进程。市场体系的核心是市场功能组合，国家在组建、协调和控制多种市场时，要有意识地进行功能选择，通过改变市场功能作用的条件来弱化或强化某种市场功能。同时，国家应对市场进行分层次的管理，市场宏观管理主要是实现宏观市场平衡，市场微观管理主要是对各类市场和市场流通主体进行直接和具体的管理。

五、产品分配的商品规定性

首先,在有计划的商品经济条件下,劳动者尽管劳动的具体形式多种多样,但付出的脑力和体力却是同质的,由此而形成的价值量也能够在不同的劳动者之间进行比较。所以我们认为,在有计划的商品经济条件下,分配已不是按使用价值分配,而是按价值进行分配。也就是说,在有计划的商品经济中的分配对象只能是价值,而不会有第二个东西可以充当分配对象的构造实体。

其次,在有计划的商品经济条件下,分配的原则也不同于产品经济和自然经济。在产品经济条件下,分配实际上是平均分配或供给制,与劳动者的劳动付出没有什么直接关系,劳动多的分配得不一定多,劳动少的分配得不一定少;不劳动者不一定不得。在自然经济条件下,农村的小生产者和城市小手工业者都是由家长进行统一分配,家庭内部实行统一核算,并不存在真正意义上的分配关系。在商品经济条件下,劳酬直接挂钩就成了分配的基本原则。同时,劳动者从企业主那里取回价值代表——货币工资的未来命运也不是固定在消费品一个范畴上,随着生产社会化和商品经济整体水平的提高,劳动者的货币收入的支出范围逐渐由消费领域扩展到生产领域和流通领域,已远远超出了消费资料的界限。

与此同时,在商品经济条件下,分配的形式也是多种多样的,如按经营成果分配,按资金分配、风险分配,非劳动收入等。所以,社会主义应在经济改革的同时深刻反思分配理论,认真研究产品分配商品化的问题。按照有计划的商品经济的要求改革分配体制,理顺分配关系。

六、社会主义有计划的商品经济的多元性

在我看来,社会主义有计划的商品经济不仅是多元的,而且是多层次的。现阶段社会主义国家多元的所有制结构、多种经济形式并存,决定了商品经济的多元性,既有社会主义性质的商品经济,也有资本主义性质的商品经济,还有个体经济性质的商品经济和国家资本主义性质的商品经济。各种所有制形式质态的相对独立性,决定了各种性质的商品经济具有自己独特的内在属性和目的性,有自己独特的发展规律。而各种所有制形式质态的相互渗透性,则又决定了各种性质的商品经济在运行过程中的相互交融和相互替代,在发展上的相互影响和相互促进。

社会主义国家现有的多层次、多梯度的生产力状态则决定了商品经济的多层次性,既有现代商品经济,又有传统商品经济和简单商品经济。总之,商品经济的多层次性则是与生产力发展的多层次性、小梯度相联系,而商品经济的多元性则是与所有制的多元状态和多种形式并存相联系。同时,就目前来说,社会主义有计划的商品经济是以公有制为主体的,以现代商品经济为导向的多层次的混合型商品经济。就其基本性质看,社会主义性质的商品经济占据主导地位,它影响和制约着其他性质的商品经济的存在和发展;而就其发展的规模和程度看,高度发达的现代商品经济在社会主义国家的经济中占一定比重,但它在商品经济的发展中起着威慑全局的作用。这一混合状态的商品经济与原有的自然经济和半自然经济及一定数量的产品经济一起,便构成了当代社会主义国家经济发展的基本态势。

从动态状态来看,社会主义国家多元性的商品经济的发展具有不均衡性、不稳定性和不协调性的特征。这就要求我们要从两方面采取相应的发展对策。一方面是社会主义的市场体系不仅要全方位开

放,而且要多梯度开放。这包括两个要点:一是市场结构上的完整性。适应社会主义多元的多层次商品经济的客观要求,不仅要建立和发展适合现代有计划商品经济的较高层次的市场,而且要建立和发展适合传统商品经济和简单商品经济的较低层次的市场。二是市场布局的合理性。根据生产力和商品经济发展的不同情况,应在各不同地区形成不同类型的市场。在农村集镇形成适应简单商品经济发展的初级市场,在县城和一些中小城市则应形成一定范围的中心市场,而在大城市则应形成大区域市场,并在此基础上形成全国统一市场和通往国际市场的广阔渠道。另一方面是国家对多元和多层次的商品经济的调节手段要多重不能单一。既要有经济手段,又要有法律手段和行政手段。不同手段在不同地区或不同时间应有所区别。对于属于现代商品经济的大中型企业,应将经济的、法律的、行政的调节手段并用;对属于传统商品经济的中心企业,则应施以经济和法律的手段,辅之以行政手段;而对个体经济则应主要应用经济和法律的手段进行调节。

(原载于《贵州社会科学》1990年第11期;中国人民大学报刊复印资料《政治经济学(社会主义部分)》1990年第11期全文转载)

论计划调节与市场调节的历史演变及合理配置

要深化对计划与市场问题的研究，必须对计划与市场的历史演变过程进行全面细致的考证，并突出探明现代商品经济中调节方式的根本特征，在此基础上，才能对社会主义计划与市场的配置和操作做出准确的对策抉择。

一、社会经济宏观调控方式的历史转换

现代经济的运行机制及其轨迹表明，不论对西方发达的资本主义还是对社会主义来说，宏观调控都是经济控制的基本形式。现代经济宏观调控的形式主要有两种：一种是经济指标，包括国民经济近期、中期、长期的发展规划、经济发展的产值指标、利润指标、实物指标、收入指标、消费指标等。这些指标可以通过宏观管理体制分解到各个生产部门、各个行业以及各个企业，作为生产发展的参数指标和约束指标。经济指标是相对性的定量控制指标，在一定时期内它对社会各经济单位的控制施以静态性的经济约束。另一种是经济参数，包括由国家及各级政府直接操作控制的投资政策及投资指标、货币政策及货币投量、价格政策及价格系数、信贷政策及利率系数、财政政策及税收制度等。经济参数是相对性的变量控制指标，在经济调节上更具有间接控制的意义，它是经济指标控制的又一层调节补充手段，是宏观调控的"再控制"。

由经济指标和经济参数构成的宏观调控体系是人类社会宏观调

控方式的一大飞跃。从历史的视角看,人类社会经济的宏观调控大约有三种基本形式。第一种是国家微量调控。即国家还没有足够的经济实力和内外部环境条件进行宏观自觉控制,只能通过税赋等极简单的手段对经济施以非常直观的调控,经济发展和运行主要依靠微观的能量去实现。这种形式主要集中在奴隶社会和封建社会。第二种是国家随机调控。即国家宏观控制平时并不对市场活动施以影响,而只是当市场的自我协调难以保证市场本身及国民经济平衡运行时,国家宏观控制才施以调节政策。这种形式主要集中在封建社会末期和资本主义自由竞争时期。第三种是国家间接调控。即国家不再规定各个企业的具体市场活动,是让企业自由进入市场并形成市场总体活动,把市场的总体活动作为控制对象,而市场总体活动的集中反映是市场信号,因而这种控制模式对市场的控制就集中表现为对市场信号的直接规定,如制定经济发展战略和实施规划,规定价格、利率、税率等。这种对经济的控制方式已具有明显的间接性质,是现代经济宏观调节的基本形式。

我国社会主义经济是以间接调控为改革的目标模式的,这种模式与过去国家完全直接控制经济的旧式宏观调控相比较有以下特征:

第一,调控的战略性。旧式宏观调控侧重于近期随机经济政策的研究,其主要目标是保障国民经济近期战略实施和年度计划的实现,因而属于战术性调控模式。间接宏观调控则侧重于中长期经济战略的研究,其经济指标也不具有行政强制力,只是指导性、参考性、约束性的弹性的定量指标. 而经济参数也只是对近期经济发展与平衡做出必要的控制协调,所以属于战略性调控模式。战略性调控的重点是制定基础投资和公共投资计划,并且通过多种方案的比较预测,选择出最优化的战略方案。方案的制定和出笼也是建立在充分的市场分析基础之上。

第二，调控的间接性。旧式宏观调控的主要内容是制定近期经济发展的各项具体指标，以校正经济运行中的各种随机经济变量，使其符合国家短期战略目标，即短期经济的平衡发展，故而必然采取直接调控的形式才能奏效。间接宏观调控的主要内容是制定中长期经济发展战略以及相应的经济指标，目标是保证经济发展的长期平衡与持续增长，故而必然采取间接调控的形式才能奏效。直接调控与间接调控的根本区别在于调控的各种经济指标和经济参数有无弹性和长期效应。

第三，调控的民主性。旧式宏观调控是以国家及政府为主体的，是高度集中体制或国家权力的突出体现，这不仅反映在社会主义的产品经济体制中，而且反映在西方国家的保护贸易、税收政策及其他宏观政策中。间接宏观调控中的计划是由政府、企业家、专家以及工人等各阶层代表的广泛参与和反复协商，使计划的制定过程与执行过程有机地结合起来，通过灵活性与协商制的结合，把计划变成真正的间接控制手段，从而体现计划的民主性。宏观调控的民主性使计划的制定过程本身演变成经济利益相互协调的过程。

第四，调控的规范性。在旧式宏观调控中，政府及主管部门的意见及偏好起着举足轻重的作用，从而导致调控的随意性和不可预见性。也就是说，旧式宏观调控缺乏规范性和客观性。间接宏观调控不仅要实现向战略性、间接性、民主性的转换，而且要实现调控形式自身的科学化和规范化。规范化的宏观调控既有利于降低宏观调控中的主观因素，提高宏观调控的质量和长期效应，又有助于形成政府宏观调控的健全体系及其运行机制，从而创造人们辨别和评估宏观调控水平及误差的标志，有利于形成对宏观调控进行反向监督的社会环境。

总之，由于社会生产力、生产专业化、社会再生产的交错互补等因素的影响,使社会经济的调控形式及其职能也发生了显著变化。概括地讲,社会主义的经济调节方式是由宏观调节和微观调节两方面组成,即由自觉调节和自发调节组成。社会主义有计划商品经济的调节控制是双向调控,而不是单向调控,既不是完全市场条件下的市场自发控制,也不是纯粹产品经济条件下的计划自觉控制,而是两方面的有机配合。但是,必须引起重视的是,社会主义宏观调控由直接向间接、由战术向战略、由随机向规范的转换,并不是宏观调控力度削弱而是加强;在新的宏观调控机制中,虽然战术性调节减少了,但战略性调控增多了;虽然实用政策减少了,但宏观的导向作用加强了;虽然政府的直接干预减少了,但经济指标和经济参数的综合约束力增强了。过去,宏观调控是单向(即由上至下)型,而现在是双向结合型(即由上至下和由下至上)。所以说,宏观调控由直接向间接的转换并没有削弱而是加强了宏观调控。不同的只是宏观调控的内容、形式、目标和手段等发生了改变而已。

二、市场调节及其功能形式的沿革

商品经济是通过市场表现出来的,所以市场调节就自然成为商品经济的主要调节手段。这一原理是贯穿于整个商品经济历史时期的,它不会因为商品经济的具体形态(如简单商品经济、资本商品经济、有计划的商品经济)的相继更替而发生基本职能的转变,只不过在不同的商品经济形态中,市场调节的具体形式和运行规则有差别罢了。

只要仔细分析,我们就会发现,商品经济与市场调节是相辅相成的关系,商品经济一经产生,市场调节就随之在起作用,但其作用的具体形式在商品经济的不同发展阶段是不同的。在简单商品经济阶段,市场调节以自发调节的形式起作用,商品生产者的生产和销售完全由市场供求关系来支配。这时,由于社会经济条件的制约,国家或政府的宏观自觉调节还很脆弱,不会对商品经济产生较大的控制力量,所以市场调节从一定意义上讲成了调节经济的根本力量。这就不可避免地会发生市场调节过度的问题。在资本经营式的商品经济中,由于社会整体水平的提高,国家或政府的自觉控制越来越重要,从而使经济的调节格局发生了质的转换,计划调节和市场调节开始成为调节经济必须同时并举的调节形式。当然,在资本主义条件下,计划调节更多的是反映经济战略的制定和中长期经济政策的研究上,而短期经济活动及运行则主要依靠市场调节的力量。在社会主义的商品经济中,市场调节会由于国家或政府的宏观功能的加强而受到很大的限制,但并不能也不应当取消市场调节。由于我国社会主义经济本质上仍是计划型的商品经济,所以市场调节不论你承认与否都是客观存在的范畴。在现代社会主义商品经济中,计划调节与市场是紧密结合的,在这种结合中反映出了市场调节的若干新的特征:(1)市场调节的社会性和广泛性。社会主义的市场调节由于与计划调节相结合,因而市场调节的力量开始渗透到了宏观调控机制之中。也就是说,社会主义的宏观调控是充分遵循和按照价值规律的要求去发挥作用的,计划调节是充分考虑市场调节的作用的。(2)市场调节的时空效应。社会主义经济的有计划按比例发展构成了计划调节和市场调节的共同目标和前提,市场调节在计划调节的引导下,可有助于促进国民经济发展的短期比例平衡以及长期稳定发展。(3)市场调节的规范性。社会主义的市场调节并不像在资本主义自由竞争时期那样漫无边际、无规则可循,而是按照宏观导向的目标有规律、有限制地进行调节。

为了进一步深化对社会主义计划与市场的认识,很有必要对二者的关系作深度的理性思考,以便澄清理论界及实业界长期以来在计划与市场问题上的种种模糊观念。

第一，市场调节的真实含义。市场调节在简单商品经济和资本主义自由竞争阶段，的确是无计划、无政府式的调节形式。企业生产什么、生产多少、怎么生产，最终都是由市场行情决定和支配的。那么，市场调节在现代商品经济中其功能和作用形式是否与前述相同呢？起码理论界目前仍是这种观点。我认为，对于市场调节，首先应该肯定它的功能和作用是客观的，不论有无计划还是有无政府，它都会强行地起作用，有计划和有政府并不与市场调节相对立相矛盾。其次，市场调节的真实含义也不只是调节生产项目和生产量，市场调节的真实含义或基本功能在于：通过价值规律和市场机制的调节作用，来协调包括宏观和微观在内的各种经济比例关系、各经济单位和经济人之间的生产关系以及各经济主体之间的利益分配和利益平衡等。最后，在没有国家统一宏观计划调节的条件下，并不能消除市场调节中微观计划调节的存在。实际上，尽管社会宏观角度不存在所谓的计划调节，但企业或行业的自我计划调节仍是客观存在并且是相当周密的。所以说，在商品经济时代，经济调节的形式是多向的，既有自上而下的计划调节，也存在自下而上的计划调节，现代商品经济中的计划调节不只是宏观计划调节一种形式。

第二，市场调节的地位和作用。计划调节与市场调节在不同的商品经济形态中，的确有不同的结合形式，有不同的组合机制。但是，计划调节与市场调节之间绝不存在所谓的"一主一辅"（即计划调节为主市场调节为辅，或市场调节为主计划调节为辅）的关系。把计划调节与市场调节人为地割裂开来，并给它们各自划定明确的活动区域，划定主次关系，这是不尊重客观规律的突出表现。实际上，在商品经济的调节机制中，其基本调节形式应当有三种，即政府的计划调节、运行中的市场调节和经济主体企业的自我调节。这三种调节形式又往往是交织在一起的,你中有我,我中有你,交错互补式地发挥职能。它们之间根本不存在所谓的主次关系,因为规律的作用从来都是客观的,而不是主观的东西。计划调节与市场调节之间不存在等质和等量的关系,它们之间的区别仅仅在于对同一经济活动调节的角度和功能不同而已。此外,经济活动和经济运行在不同的时期或不同的问题上会呈现出千姿百态的状态,对不同经济问题的调节会要求采取不同的调节形式,这也是"主次论"所无力解决的。所以,现代商品经济的调节格局界定,只宜提双向调节,而不宜分为主次调节。

对市场调节含义及功能界定无非是要说明,在社会主义商品经济的研究中,对市场调节的认识要深化,要赋予市场调节以更新的内容。从历史的发展趋势看,商品经济越是向高层次靠近,宏观计划调节的范围和功能就越强。与此同时,市场调节的范围和功能也随之加强,从而形成计划调节、市场调节"两头强化"的调节格局。但是,由于在这种调节格局中,计划调节与市场调节是交错融合的,所以说,强化计划调节与强化市场调节并不矛盾。问题的关键在于人们是否能寻找到计划与市场的最佳结合点或结合部,即计划调节能适合市场调节内涵的要求,而市场调节又能与计划调节相吻合。

三、政府功能的演变与调节方式的合理配置

商品经济中调节形式及调节功能的转换,是随着政府功能的演变而完成的。在小商品经济时代,由于一方面是中央的高度集权体制,另一方面是极度狭小零散的个体经济,故而政府的宏观调控功能只能通过强有力的行政体制和行政手段去完成,这就不可避免地会引起宏观政策和微观机制的矛盾。在资本主义自由竞争时代,中央高度集权的体制被逐渐削弱,宏观计划管理的经济体制初步形成,政府的宏观调控功能也随之有条件通过经济体制和经济手段去完成。但

这时的政府宏观经济调控体制和调控机制还是很不健全的，所以计划与市场、宏观与微观的矛盾就时有发生。社会主义商品经济根本不同于历史上的商品经济，这不仅是因为社会主义商品经济在体制构造、运行规则、调节机制等方面都大大高出于历史上的商品经济，而且是因为社会主义商品经济中的政府功能与历史上的政府功能有根本的不同。从现实情况分析，不论是当代资本主义政府还是当代社会主义政府，它们在商品经济面前都已不再担当"守夜人"的角色，它们不但具备了调节社会经济的全面的功能，而且还掌握了进行这种调节的高超的艺术。

社会主义经济的宏观调节之所以有效，其根本原因在于它较好地解决了社会经济运行的两个最重要的方面，即动力机制和协调机制问题。从动力机制来看，社会主义经济与资本主义经济一样，都是建立在发达或比较发达商品经济的基础上的。商品经济关系是一种利益关系，而利益的差别又导源于财产关系。随着城乡两权分离即承包责任制的广泛推行，企业和农户的相对独立的物质利益问题越来越重要。社会主义条件下的国家利益、企业利益和劳动者利益的根本一致性会促进国家的宏观调节与微观的企业及劳动者的自我控制有机配合和互补式发挥作用，从而从两方面解决经济发展的动力源泉及其融合问题。从协调机制来看，社会主义商品经济也是一种货币一体化的经济。一方面，货币的一体化使社会的供求关系在结构平衡的基础上产生了总量平衡。总供给与总需求的平衡，主要是货币的供给总量与需求总量的平衡。在这种情况下，调节市场上的货币量就成为宏观调节的主要目标。另一方面，现代的货币工具是纸币，而调节纸币数量的主要机关是中央银行。上述两方面的原因结合在一起，就使得中央银行登上了宏观调节的主控者地位，成为国家宏观经济调节的主要机关。当代社会主义国家的宏观调节，正是巧妙地利用了货币一体化的这种内在要求,通过货币的投放机制和存款准备金制度,公开市场业务与再贴现率,以及货币政策、财政政策和收入政策的相互搭配,形成了一种比较完善的宏观调节机制和宏观调节网络,保证了商品经济的正常运行。

政府功能的演变表明,政府已不再单纯是管理国家的行政权力机构,而且是对国民经济进行宏观控制与调节的机构,是协调宏观经济与微观经济、计划调节与市场调节、总供给与总需求的主要力量。现实也充分证明,由于宏观调控的改进与加强,社会经济运行的协调功能的确比以往任何商品经济形态下的协调功能都要大。我国走过的改革之路,从一开始就是逐步缩小计划调节范围并同时扩大市场调节范围,试图以此建立有计划的商品经济体制,然而实践并没有按照这种设计顺利实现,也不可能按照这种设计直接实现。因为,单纯缩小计划调节范围,而不改进计划调节方法,单纯扩大市场调节范围,而不优化对经济的宏观调控,只能导致计划的失落和市场秩序紊乱。具体来说,造成计划调节和市场调节关系紊乱的原因主要有以下几个方面。

第一,对市场调节的理解过于简单。我国经济体制改革的最终目标是要建立起有计划的商品经济体制,这是不容怀疑的。但要实现这一目标,应如何扩大市场调节的范围,以及采取什么形式的市场调节?我们的认识还很不清楚。改革的实践表明,我国对市场以及市场调节的理解还停留在自由竞争时期的水平上,还没有认识到现代商品经济中的市场调节是一种受宏观严格控制与引导的市场调节,是约束型的市场调节,而不是自流型的市场调节。这就必然导致在计划调节缩小和市场调节扩大上有不少过量和过度的问题。

第二,对计划调节的认识不足。以计划调节为显著特征的宏观调控是现代商品经济的根本保证,它的重要作用对资本主义和对社会主义是相同的。所以，要发展商品经济，必须建立完整的宏观调控系统，运用新型的计划调节方式和方法，如以间接调控为内容的货币政策、信贷政策、财政政策以及税收政策和价格政策等。而我国的计划体制改革或多或少带有把自由竞争时期的政府干预与计划调节等同起来的因素，把许多必不可少的宏观调控的经济项目和政策统统推到市场上去。结果，该放的权没有放，该继续保留的权却转向社会。也就是说，至今我们并没有彻底弄清楚计划调节和市场调节各自的范围和程度界限。

第三，计划调节与市场调节关系配置上的板块论。由于我们对现代商品经济中计划与市场问题理解的简单化，导致了在计划调节和市场调节配置关系中的板块倾向，即只从空间上或时序上考虑计划调节和市场调节的配置问题，给计划调节和市场各划定界限分明的活动区域。这是值得探讨的。因为现代商品经济中的计划与市场是相辅相成的关系，并不是截然对立或界限分明的，所以我们在配置调节方式时，重要的不是划清它们的调节范围，而是计划调节与市场调节、宏观控制与微观自控的关系协调及作用互补问题。

社会主义经济中的计划与市场的交错互补是通过三种基本形式实现的。计划调节的职能在于确定宏观经济发展战略、控制国民经济发展方向、性质、基本格局和重大比例关系，引导市场运行和企业的行为；企业的微观自控调节是根据宏观调控的要求，编制微观经济发展战略，控制企业的发展方向、发展规模和发展速度等，企业的微观自控要同时接收计划调节和市场调节两种因素的影响；市场调节的职能是通过市场供求和市场机制等形式及时校正计划调节和企业自控，使宏观与微观两方面调节控制力量更加靠近客观经济规律的要求。

我国的经济从总体上讲是有计划的商品经济，根据商品经济调节形式及功能的要求，我国经济的调节方式的配置和操作应注意下述几点。

第一，经济调节方式的配置不宜偏颇，对计划调节、市场调节和自控调节要平等对待。商品经济的这三种调节方式各有特长，各有其不容替代的功能，它们同时对经济运行和经济发展，从不同角度或侧面进行调节控制，它们的共同调节功能是互补的，我们只能从调节功能的差异中得出其调节方式的不同，而不能得出你主我次的结论；调节范围和程度的大小只能说明调节的重点和问题不同，而不能说明调节形式本身的高低。

第二，经济调节方式的配置是相对的，不是绝对的。尽管对计划调节、市场调节和自控调节不能划分主次，但调节方式的具体操作仍是有所偏重的。例如计划调节要用于调节控制宏观经济的有关问题，保障经济总体上的平衡稳定发展；企业自控调节主要用于调节控制微观经济的有关问题，保障企业经济的正常增长；市场调节主要用于检验、调节宏观与微观经济战略的偏差和失误，引导宏观和微观随时调整战略对策。调节方式的上述划分，只能是相对的，而不是绝对的，在现实经济运行中这三种调节方式往往是交错起作用的。

第三，经济调节方式配置是可以转化的。经济系统的运行在不同时期或不同部门会有不同的特征。因此，在调整时期需要多用一些计划调节，在另一个时期也许需要多用一些市场调节，就成为必然的调节方式选择。这就是说，经济调节方式的配置不是一成不变的，而可以根据经济发展的变化特征来及时调整配置格局。经济调节方式与经济运行一样都是动态因素，都会由于内外部条件的改变而进行自我调整。

第四，经济调节方式的操作要灵活使用。一方面，计划调节、市场调节与自控调节的功能主要的不在单向作用上，而是在三种调节方式的综合作用上。因此,对调节方式的实际操作不宜固定呆板,而应灵活运用。另一方面,社会主义商品经济的运行也会出现各种各样难以预料的问题。不同经济时期、不同经济部门也会出现某种偏向或失误,这就必然要求灵活运用调节方式,对不同的问题采取不同的调节对策,实施不同的操作方案,以保证充分发挥不同调节方式的最大调节功能。

(原载于《经济研究》1990 年第 2 期)

中西方宏观调控理论比较研究

一、宏观调控理论的思路比较

自由竞争式的市场调节促进了资本的形成和发展，同时也导致了经济周期波动和经济危机，于是反经济周期理论和国家能动调控市场运行的宏观经济学悄然兴起。目前，西方经济学关于这方面问题的研究学派很多，但根据各学派对待资本主义市场机制的态度大体上可双分为两大经济思潮，一是认为市场机制存在重大缺陷，国家干预能弥补市场功能不足，这可称为国家干预论经济思潮；一是认为市场机制是高效率的，国家不应该干预或尽量减少干预市场的观点，可称为市场自由经营论思潮。前者的主要学派有凯恩斯学派、新古典综合派、新制度学派与瑞典学派等；后者的主要学派有新自由主义、货币主义、理性预期学派、供给学派等。这两大学派长期以来围绕市场机制是否存在缺陷，国家有没有必要干预以及在多大程度上、以何种方式干预市场等问题展开激烈的论争。但这并不意味着这两大学派是根本对立的和不可调和的，它们之间的争论不论有多大分歧，其出发点和最终目标都是一致的，即都是为了发展市场经济和保障市场经济。从国家干预论与市场自由经营论两大经济思潮的趋势看，思路对立是表面的，而思路融合则是必然的，这表现在三个方面：一是市场自由经营论是立足于市场机制的主调节观点，偏重于市场本质规律的作用和内在机制功能释放的分析；国家干预论立足于市场功能缺陷,偏重于政府调节的能动性研究,都是紧紧围绕市场展开讨论并以市场经济的健康发展为归宿的。二是两者有兼容的客观条件,市场自由经营论逐步由"自由放任"向承认国家部分干预的合理性转变,而国家干预论也逐步承认市场经济的公平与效率,并注重将国家干预同市场调节结合配置。三是西方国家的政府在择用经济理论指导经济实践时也不是断然否定自由经营论或国家干预论,而是兼而用之,致使国家干预论与市场自由经营论之间论争的焦点越来越多地集中到国家干预经济的具体政策及其效果上,而不是单纯停留在是否要国家干预的选择争执上。

我国宏观调控的理论思路与西方国家相比较具有明显的差异,这集中表现为以计划平衡论作指导思想,而不是采用市场平衡论。即宏观调控的出发点是首先保证计划平衡,市场运行平衡是计划平衡前提下的另一层目标任务;宏观调控的对策选择是用计划调节机制约束市场调节。正是由于我国的宏观调控是从计划平衡角度出发的,所以在调控体制、调控机制、调控对策等方面无不表现出突出的计划特征。①理论思路上为计划主控论。无论是"计划调节为主,市场调节为辅"的提法,还是随后提出的"计划调节与市场调节相结合"、"计划经济与市场调节相结合"以及"宏观调控与市场调节相结合"都明显地强调计划手段。②计划与市场的条块配置论。条块配置是我国计划和市场配置的主要形式和思路,如将国营经济规定为主要使用计划调节,城乡集体经济、个体和私营经济、农村农户经济统归市场调节的观点,将财政税收制度改革为地方财政包干制和分税制观点等。实质上条块配置属计划调节的转换形式,无论是条条为主还是块块为主,都属于行政分权,行政区划的问题是中央集权经济的主要特征。③在宏观调控理论思路上是从计划出发进行宏观调控,而不是从市场出发进行宏观调控。在我国,是坚持计划平衡还是坚持市场平衡会直接影响整体经济运行的性质和目标问题,因此,从计划平衡出发就会得出计划调节为主体的结论,从市场平衡出发就会得出市场调节主控论。

根据上述比较分析,我国在宏观调控理论思路上的启示有以下几点:①根据我国要建立的社会主义市场经济体制的模式,宏观调控的出发点应从计划平衡转向市场平衡。②正确处理计划调节与市场调节的关系,二者不是对等的范畴,建立市场经济体制就是市场调节主控论,也即以市场机制作为经济运行的基础性机制。③国家或政府对市场的干预要以市场运行的高速、高效和稳定健康为前提,不应当用计划来统制、束缚市场。

二、宏观调控的制度基础比较

西方发达资本主义国家的宏观调控体系是建立在市场经济的制度基础之上并为市场经济的健康发展服务的。众所周知,市场经济理论作为自由竞争时代资本主义商品经济的基础理论,有力地促进了资本的形成和扩张,但市场自由经营的消极面也是严重的,时常导致经济发展的周期波动和经济危机的规律性爆发。但是,经济危机所造成的破坏在自由竞争资本主义阶段毕竟是有限度的,而在垄断资本主义阶段爆发的经济危机,其破坏力远非过去所能比拟,这时继续沿用市场经济的自由竞争机制,不仅收不到预期效果,反而会由于市场过度竞争造成的宏观失调失衡加剧。因此,凯恩斯主义等主张加强国家干预的学派及其学说竭力主张国家采取适当的宏观经济政策,把国家的随机干预转换为规范干预,从而形成了把国家宏观控制与适当发挥市场经济作用结合起来的现代资本主义经济的管理理论、管理体制、管理机制和管理方法的新体系。须强调指出的是,尽管西方国家的干预理论在自由竞争阶段与垄断阶段有差别,但在遵循市场基本原则问题上变化不大,垄断资本并没有否定市场经济的本质,宏观调控的加强非但没有取代市场调节,反而使市场调节的消极作用大为降低,经济的周期波动幅度和经济危机的破坏力程度比自由竞争时代低多了。因此,无论是自由竞争阶段,还是垄断阶段的资本主义市场经济,都坚持以私有制为基础,其差异并不是市场经济制度,而是竞争的性质、价格制度的功能,以及国家干预的途径、形式和程度,这些差异不会影响市场经济运行的制度基础。

与西方国家相比较,我国宏观调控的历史背景和实现机制要复杂得多,差别也就更大。①我国的宏观调控体系形成于五六十年代的计划经济体制,其制度基础是公有制,这种模式的宏观调控完全不同于西方国家的宏观调控模式,一开始就是按照计划发展的要求设计的,它是非市场性、非商品性、非竞争性的。②西方国家的宏观调控体系是市场配置资源的伴随物,而我国的宏观调控是同计划配置资源的模式合为一体的,如统购统销、统收统支、统调统运以及供给制、配额制、分等制等。计划配置的核心问题是平衡而不是效率。③改革时期我国对宏观调控体系进行了分阶段多层次的改革,如建立计划经济制度基础之上的宏观调节与市场调节机制;建立有计划商品经济制度基础上的"国家调节市场,市场引导企业"机制;计划经济与市场调节相结合的机制;社会主义市场经济制度基础之上的宏观调控与市场调节相结合的机制等。但是,在宏观直接调控向间接调控的转换过渡中没有正确认识市场经济的性质,在对策上没有把市场经济摆到应有的位置,对计划体制进行彻底改革,致使在调控经济运行的过程中或多或少地使用着计划调节经济的某些手段,如行政机关对企业的各种形式的不规则干扰等,最终结果必然是导致市场运行无序和资源配置效率的降低。

通过分析中西方宏观调控制度基础的差异,我们需要注意的问题是:①重建宏观调控的制度基础。我国经济改革的目标模式是要建立市场经济体制,因此,我们必然首先建立现代企业制度,采取国有国营、国有民营、国有合营、国有股份经营等具体形式,把国有经济迅速培育成市场主体。②宏观调控体系的建设要以市场为依托,按照市场的发展要求来进行。宏观计划的平衡要以市场平衡为前提,因此对配额制度、供给制度以及投资审批权制度等进行彻底改革,做到计划只管宏观平衡,不再直接管理经济运行的具体事项。③正确认识私有经济、股份经济、合作经济的地位和作用,大力发展股份合作经济和个体私营经济。

三、宏观调控的基本功能比较

西方资本主义国家在宏观调控权力机制和职能方面与我国相比较,既有共同之处,又存在差异。从共性来看,主要有这样几点:①宏观调控的主体都是国家及其权力机构。不论西方国家还是我国,国家对社会经济的宏观调控均处于主导地位。这是由社会化大生产的要求和国家的性质及其特征所决定的,其他任何形式的机构都不具备这种能力。②宏观调控的内容大致相同。国家都有权根据整个社会发展的需要,制定经济社会发展战略、经济计划和方针政策;制定资源开发、配置、经济技术的重大变革方案;进行产业结构、产品结构和区域结构的调整;布置重点工程的建设,协调地区、部门、企业之间的经济关系;汇集和传播经济信息,掌握对外经济技术交流和合作;制定经济政策、经济法规,对市场运行进行监督和引导等。③宏观调控的实现途径大体相同。如中西方国家都掌握一定数量的国有企业和银行(也包括国家股份资本),作为国家直接干预市场运行的经济基础;通过国家预算将国民收入中相当大的部分予以集中使用,并利用预算支出的分配对经济增长速度和产业结构施加影响;利用国家权力,制订有关计划法令,设置计划机构;培植监督机关和人员,对国民经济进行调节,履行国家的责任和职能。

从差异来看,主要表现为:①宏观调控权限的差异。西方国家的宏观调控权力范围和权力界限是十分有限的,国家干预仅限于与宏观经济平衡关系密切的经济比例、产业政策、税收政策、外贸外汇限制等领域,国家一般不直接干预企业的经营活动。而我国则不同,我国的政府调节不仅在宏观领域是主控者,而且在微观领域具有很强的调节作用,尤其是地方政府及其经济主管部门的权限会通过各种途径直接浸透到企业内部,国家和地方政府实际上是企业的半个经营者。②行政干预分量的差异。行政干预是国家干预的重要手段,但在西方国家行政干预受到种种限制而使用较少,如国会和议会的干涉、社会团体的监督、宪法和各种经济法规等的约束等。但在我国,由于传统的计划管理体系的惯性和市场基础的薄弱,行政权力和行政干预往往会变成宏观调控的主要形式,并且难以接受其他方面的限制和约束,如人大的限制、社会团体的监督等经常显得无力,同时在我国还有另一种情况发生,这就是行政干预奏效不大时,政府会将行政命令干预转换成经济政策导向、思想理论导向的形式来付诸实施。③宏观调控稳定性和一贯性的差异。保证经济运行的稳定性和政策的持续性,是调控的重要目的之一,但在这方面,中西方存在明显不同。西方发达国家的宏观调控政策,除发生战争、改选国会和议会、改选总统和重新组阁等重大政治事件外,基本上对宏观调控政策不作大的调整,要调也是微调。特别是自资本主义经济进入垄断经营时代之后,宏观政策的变动就更小了。相比之下,我国的宏观经济政策的变化频繁,稳定性较差,缺乏规范性。

比较中西方宏观经济调控的权力结构和基本功能,有助于我们从中吸取经验,建立适合我国国情的、与市场机制相适应的宏观调控的权力结构和功能结构。①建立国家宏观调控权力的约束机制。现在我国在宏观调控权限问题上最大的难点是监督约束不够,人大、社会团体、企业三方面的自主工作权力和反调节权力(社会和企业乃至个人对国家机关的监督权、诉讼权、约束权等)太小,不足以制约、规范行为,常使政府的权力延伸到微观经济活动领域,这种状况要迅速改变。②行政干预和行政权力要尽量在行政工作的范围内行使,对市场的干预要通过经济手段和法律手段来进行。同时要真正赋予社会和企业自主权,其中要包括社会团体和企业对国家及其工作机构的监督权和反控权。③采取相应措施保证和提高宏观调控政策的稳定性,在基本制度形成以后,宏观调控政策的调整要坚持微调为主的原则。

四、宏观调控的规范机制比较

西方国家干预和规范的指导思想,是通过资本主义市场经济的基本原则体现出来的,即遵循主体平等原则、绝对物权原则和契约自由原则。这三大基本原则从不同的侧面对市场经济的主体行为加以规范。三大原则是一个有机整体,其中以绝对物权原则为核心,而主体平等和契约自由是物权的必然外延。其实,这三大原则并不是资本主义市场规则的全部内容,在三大原则之间以及三大原则之下还有许多细致的、具体的原则规定,如强调禁止滥用权利的"合法化"原则和过失责任原则;强调社会公共道德和公共利益的守法原则和诚实信用原则等。对现代资本主义来说,其市场规则又可以分为形式上的市场规则和实质上的市场规则两种形式。形式上的市场规则主要由经济行政法规、民法典和相应的单行法规中与市场经济相关的部分,商事法典及其各种单行法规所构成。按各种规则的归属关系,形式上的市场规则由有关的经济行政法、民法和商法三部分组成。实质上的市场规则是指一切能够规范市场经济主体、客体及其相互作用关系的法律、法规、约定、惯例和原则的总称。它的内容更加丰富,包括对多方面的主要规范内容,目的是要对市场主体构造及其权力、经济主体的活动方式、市场竞争关系和竞争方式、经济主体进入市场和退出市场的条件、各类市场的交换行为和交换关系、市场运行条件、保护消费权利益、国际贸易方式和关系,政府作为市场管理主体的行为方式以及有关产权界定和处理侵权责任等方面的权责利关系,进行有效的规范、监督和处置。由此可见,西方现代资本主义国家的市场规则正在实现全面化、完整化、惯例化和完善化。

与西方国家相比较,我国的市场规则建设就显得非常落后,主要表现在:①对市场管理中政府的权力和行为的规范机制不健全。西方国家中政府也参与市场管理,但仅是规定和监督执行市场规则,有时也作为市场的调控者,利用行政手段和法律手段直接干预经济运行。而我国的某些政府机关或有实权的官员却是直接进入市场活动之中进行经营和牟取高额利润,社会对此无力监督。②对经济主体活动方式的规范机制不健全。市场经济中经济主体的活动方式主要表现为形成契约和履行契约,进入市场和退出市场。这方面我们存在的问题主要是企业进入市场容易,但退出市场困难,特别是国有企业的破产制度难以实行。主体之间签订的合同缺乏规范性,合同履行也没有法律保障,法律规范和规则规范的软约束大量存在。③对垄断经营和过度竞争的双重存在没有进行很有效的规范和治理。一方面地区割据和资源封锁在加剧,另一方面重复投资和过度竞争又在继续,国家对此没有比较好的对策。④对市场运行中的不合理甚至违法的行为约束不力,导致市场无序和关系混乱。如对假冒伪劣商品、地下工厂、黑市交易、走私贩毒等打击不力,法律约束较弱。

从对西方现代市场规则和我国具体情况的分析中,我们应在市场规则建设上解决好三方面的问题:①把国有企业推向市场,使国有企业都成为独立经营的市场主体,这是市场规则建设的重点和难点,既要规范国家资产所有者代表的行为, 也要规范经营者尤其是厂长经理的行为,规范的重点是责任必须与权力统一。②保证非国有经济单位的合法权利和合法经营, 保护国有经济与非国有经济在市场竞争中的平等地位和平等权利。③正确处理政府调节与市场调节的关系。在市场运行中不断地对市场机制运行状况和经济变化趋势进行监测和预测,合理把握政府调节的范围和力度,并运用市场规则节制和规范政府的干预行为。

(原载于《江汉论坛》1994 年第 6 期)

论经济增长冲动与经济增长陷阱

一、引言

从英国古典经济学到现代经济学，世界各国的经济学家们的研究思路和成果，无不是围绕经济发展思路、战略和政策的主题，给中央政府和相关决策部门出谋划策、增加国家财富、保持高速度、提升经济实力，目的都是为了在世界上的 210 多个国家和地区之间的竞争中处在优势和领先的位置，大家都在争取优先的排位。

可是，总结和回顾自 1750 年英国产业革命前后到现在的世界经济增长态势和规律，世界经济也罢，区域经济也罢，都显示出强劲的增长势头。与此同时，在经济增长的过程和结果中，又表现出许多弊端和无奈，速度越高对资源和能源的利用越多，对生态环境的压力也就越大，人们生存的空间和机会似乎又越来越少，越来越多的国家面对越来越紧张的增长压力和生态恶化似乎束手无策，接着必然采取更多的非科学和理智的发展办法。

我们今天所要讨论的问题是：当经济增长可以保证大多数人的温饱或富裕生活质量的时代，我们还需要追求高速度吗？经济增长攀比和经济地位竞争就那么重要吗？对人类来说，是增长重要还是生存环境和生存质量重要？人类能否越来越少地采取逆环境的增长策略？不增长难道就是落后吗？经济总量在世界上的排位就那么重要吗？降低经济增长速度难道就会影响生活质量吗？我们要不要重新认识和判断经济增长文明问题？我们权且将这些讨论话题归为经济增长冲动和经济增长陷阱问题。

二、"二战"以来的世界和中国经济增长概况

根据有关统计显示，1968 年，中国 GDP68 亿美元；2018 年，中国 GDP1.17 万亿美元；经历 50 年时间，中国的 GDP 增长了 172 倍。从 1949 年中国开始进入经济建设的增长时期到现在 50 年来，我们的经济总量翻了 10 倍，但是资源消耗量却翻了 40 倍以上。2001 年，中国 GDP 大约为 11 万亿元人民币。从 2001 年"入世"到现在，中国 GDP 大概增长了 6.7 倍，2016 年达到 74 万亿元人民币。

第一财经记者统计显示，从 1978 年到 2017 年，福建、广东和浙江三个东南沿海省份经济增长超过了 400 倍，改革开放红利在这些地方体现最多。另外，凭借近十年的快速增长，西部的贵州等地增速也位居前列。这其中，增速最快的是东部沿海地区中山地最多、平原最少的省份福建，1978 年以来 GDP 增长了 485.6 倍，高居第一，在全国的排名也从第 23 位上升至第 10 位，是位次上升最多的省份。目前，在中国的经济大盘中，广东省、山东省、江苏省、浙江省等处在前几位。一个广东省的经济总量相当于 13 个甘肃省的经济总量。从 31 个省市自治区的人均 GDP 来看，差异就更大了。

李稻葵在《人民公开课》发表的文章中指出，中国经济结构调整已经发生了重大变化。李稻葵认为中国经济长期增长的潜力还是比较大的，预期是高于目前的增长速度的。到了 2049 年，中国将达到美国人均 GDP 的 75%，经济总量将是美国的 3 倍。人类知识增长，19 世纪要 50 年，现在只需 1 年。19 世纪人类的知识量大约 50 年翻一番，20 世纪初则缩短为 30 年，20 世纪中叶为 20 年，到 80 年代只需 3~5 年。世界的重大发明在 16 世纪只有 26 项，17 世纪增至 106 项，18 世

纪 156 项,19 世纪 546 项,进入 20 世纪,仅前 50 年就达到 961 项,比此前的总和还 127 项。

中国人均 GDP 在世界各国的排位 50 年中上升 100 位, 目前大约在 71 位左右。中国经济总量占世界经济的比重,1000 年为 22.7%,1500 年为 25%,1600 年为 29.2%,1700 年为 22.3%,1820 年为 32.9%,1870 年为 17.2%,1913 年为 8.9%,1950 年为 4.5%,1973 年为 4.6%,1998 年为 11.5%,2017 年上升到 15%。在总量增长快速的基础上,中国的农业占世界的比重已经达到 25.4%,工业占到 22%,服务业占到 12%。目前,我国仍然是继续实施强劲增长战略,根据 6%~7% 的速度预测,中国的经济总量再过 10~15 年,就有可能赶上美国,这就促使"赶超意识"愈演愈烈。

三、经济增长冲动表现

像中国这种追求速度、总量和人均的模式,在世界上大多数国家中都存在,是世界性的普遍现象,几乎形成一种规律和固定模式。也就是说,经济增长的冲动不是个别现象,而是普遍规律。所谓"经济增长冲动"可以解释为国家之间、区域之间和企业之间为总量和人均的排位而采取的超常规的增长行为和增长结果。从国家意义上看,经济增长冲动可能与多个要素相关,产生于多个有一定问题的增长因素。

（一）经济实力就是统治力

现在,每个国家都有提升经济总量和人均等"经济实力"的提法,多数都把所谓的经济实力解释为总量的大小和人均指标的高低。长此以往,自然就形成了国家之间、区域之间、企业之间,甚至个人之间拼速度、拼增长、拼人均的势头和格局。这实际上可以叫做"经济形式主义"和"经济堂吉诃德主义"。说是经济形式主义,就是说经济总量和人均水平是表现国家实力的主要指标和判断水准。经济总量大了,世界排位靠前了,就有了对其他国家的统治力、影响力、威慑力。为了达到这个目的, 许多国家都将经济增长的数量变化作为发展的核心问题,核心战略主要考虑数量增长速度,而轻视质量增长,追求经济的表面繁荣,由此也助长了泡沫经济问题的泛滥成灾。

(二)经济增长就是战斗力

从世界历史和中国历史上看,除个别是为了报仇、报复和解决权力和地位的变化之外,其他几乎所有的战争都是为了掠夺投资空间、资源、能源、土地、市场空间、劳动力等经济发展要素。这就是著名的经济列强意识。近代以来的两次世界大战,其实就是为争夺经济增长要素而发生的战争。一个国家的经济实力强了,就有可能通过战争得到更多更好更有利的发展空间和资源,一个国家的经济实力弱了,就有可能丧失这些资源。所以,不少国家瞄准经济增长,其实在许多情况下主要不是为了提高本国人民群众的生活质量,而是为了战争,为了占有别的国家的发展资源,为了在国际竞争中处在有利地位。过去对此曾经有过比较形象的说法, 比如,"打仗就是打钢铁""战争就是拼石油",这在一定程度上可以说明经济增长特殊的目的性。

(三)经济增长就是破坏力

虽然每个国家和地区都有经济增长的冲动,但是,有些有一定的经济增长条件,而有些则没有起码的经济增长条件。这就完全有可能产生"非条件性""非资源性"和"非能源性"等非保障性的增长问题。从中国现实经济增长过程来看,这种情况非常普遍,对宏观经济的稳定持续和高质量增长破坏性很大。一是不少地区的经济增长基本不考虑有条件与没有条件、有资源与没有资源、有能源与没有能源、有技术与没有技术、有人才与没有人才、有创新与没有创新等问题。二是破坏行为就是为了经济增长。比如城乡道路使用周期是 20 年以上,框架结构的建筑物使用周期是 70 年,而几乎每个地方都存在五年左右就拆了建的现象，而且往返重复，似乎只有破坏行为才能拉动经济增长。三是许多贫困地区根本没有起码的经济增长条件，也提出"赶超目标"。中国近年来大多数地方的经济增长基本就是靠"破坏"来拉动的。

(四)经济增长就是冲击力

对于经济增长的冲击力，可以看作是国家、企业和部分民众的经济冲击意识非正常强烈，直接影响和决定宏观决策和政策导向。国家要在世界上处在经济增长的前列，地方要处在国家内部经济增长的前列，民众需要不断提高经济地位和消费水平。甚至什么都不管，什么都不顾。在这方面，这些年以来，中国的冲击力一路走强。比如，改革开放以来的城市化过程就是如此。中国科学院院士王浩曾经计算和研究过，中国最近 22 年(1995—2017 年)出现的城市化程度，英国用了 120 年，法国用了 100 年，美国用了 40 年。国务院有关部门的数据显示，截至 2016 年 5 月份，全国县以上新城新区超过 3500 个，规划人口规模达到 34 亿。另外，完全可以估计到，目前中国城镇建成的商品楼肯定能够将中国所有人口都容纳下来。

(五)经济增长就是影响力

直接将经济总量和人均水平作为政府工作业绩的国家不在少数，中国更是如此，中国可能是当前世界上将经济增长直接等同于政府工作业绩最为严重的国家之一。在短缺经济时期，中国将经济增长作为考核政府工作业绩的主要指标，在改革开放的年代更是如此，增长政绩、总量政绩、人均政绩、投资政绩等似乎得到了大多数政府和政府领导人的认可。为了满足提升政府工作业绩的目标，许多地方政府不顾一切想方设法地提高经济指标。有的造假伪造数据，有的搞泡沫经济，有的搞形象工程，有的不顾成本和代价无限优惠外资和外商，把招商引资变成优惠政策"全民竞赛"。根据有关调查资料，在西部许多地区,甚至到目前还存在政府将招商引资任务分配到每个不同级别的领导干部身上,签署所谓的任务书、责任保证书等,可笑至极。

四、经济增长的陷阱和恶性循环

从经济冲动到实际的经济增长,必然形成经济增长的恶性循环,也就是经济增长陷阱问题。所谓经济增长陷阱就是讲无序的或者说是冲动的经济增长,必然带来多种不良的经济增长结果和社会、生态问题。问题的严重性更在于,我们许多的经济学者现在讨论最多的仍然是如何保证增长,而不是如何理智地科学看待这些增长现象和这种模式的增长。

(一)增长等于浪费

由于科学技术和创新能力的低下,一定的经济增长必然造成一定的资源和能源的过度浪费。从国家经济关系的角度来看,当你大量进口(资源)的时候,实际影响了国际价格,也影响了在国际市场的份额,这就叫做改变国际经济秩序。2017 年,中国的经济总量约占世界的 15%,而消耗了全世界 34% 的钢铁、30% 的矿产、40% 的水泥、20% 的木材、46% 的煤炭。这当然会引起国际社会相当强烈的反应。实际上,中国的经济增长消耗的还包括大量超过其经济比重的天然气、有色金属、电力等。可是,我们一般只考虑比重和排位,基本不考虑增长后面的问题。

(二)投资等于浪费

经济冲动必然造成投资旺盛,而在投资旺盛中又潜在各种无效投资。根据世界银行的报告,当前,中国的资本形成也可以叫做"投资拉动型增长",对于 GDP 的贡献是 47%。而英国是 19%,德国是 19%,日本是 21%,美国是 19%,韩国比较高是 29%,俄罗斯也比较高是

20%,印度也比较高是30%,但是没有一个接近50%的。这说明,中国的经济增长对资源和投资的依赖性非常大。再根据对甘肃省2000—2017年固定资产投资增长与经济增长的关系看,经济增长速度平均在10%左右,而固定资产投资的年平均增长速度在20%以上[①],说明近一半的投资没有形成经济增长效果。

(三)增长等于倒退

由于我们在宏观决策上不能很好地贯彻实事求是、量力而行和实在实惠的原则,导致许多地方政府的经济决策严重失误。这方面的主要表现有:一是盲目建设产业转移承接地。这项工作从20世纪90年代就开始了,现在还在盛行。主要有两种提法,一种是指将发达国家的淘汰产业转移到中国沿海,第二种是将沿海的产业转移到内地或者西部。难道中国和西部就是"产业垃圾"的回收站吗?二是有些地方政府不顾生态安全,盲目引进环境污染严重的工业项目,导致严重的污染后果,治理成本非常高。最可怕的是,由于企业破产和流失,大多数地方现在根本找不见污染主体。三是由于特殊的体制和政府管理模式,上届政府与下届政府之间多数难以形成思路和战略的延续,往往是换届换领导必然换思路、战略和规划。这样一来,倒退和"致乱"就是必然的和自然的。

(四)过剩等于闲置

中国从1997年开始出现短缺经济向过剩经济的转型现象,现在的过剩已经越来越严重。根据国家统计局的资料,目前我国制造业的平均产能利用率约为60%,低于全球制造业71.6%的平均水平。工信

---

①甘肃省统计局编:《甘肃统计年鉴》,北京:中国统计出版社,2000年至2017年。

部公布的最新统计数据显示,在中国目前 24 个行业中,22 个存在着严重的产能过剩。过剩首先发生在投资领域和项目建设失控。根据统计数据,从 2000 年到 2016 年,全国的"全社会固定资产投资"年均增长率在 20%~25%,是经济增长的 1.0~1.5 倍。部分省区的投资年均增长率高达 30%多,是经济增长的 3 倍多。最为可怕的是,一方面是严重的过剩,1/3 的过剩产能没有好办法消化,另一方面仍然是强劲的投资势头,政府的压产和限产政策似乎不起多大作用,因为不是从源头解决问题,关键在于控制投资和项目建设。

(五)繁荣等于依赖

2017 年中国经济总量已经占到世界经济的 15%左右,但是,却消耗了全世界 1/3 以上的资源和能源。而且对外部资源和能源的依赖性越来越强。工信部节能与综合利用司副司长杨铁生在 2017 年贵州数博会分论坛中国绿色数据中心发展论坛上说,2016 年中国能源消费总量达 43.6 亿吨标准煤,工业大宗资源消耗量达到全世界的 90%。另外,2016 年我国进口管道气 380 亿立方米,进口液化天然气 343 亿立方米,约占世界的 11%。煤炭消费量约 39 亿吨,占全球煤炭消费量的 50%。另外,中国近年来每年进口粮食达到 1.2 亿吨,占国内粮食消费量的 17%,人口增长又基本放开,每年新出生人口从 1300 万提高到 1500 万,耕地只有 18 多亿亩,粮食安全形势不容乐观。

(六)强硬等于逃避

改革开放以来,在中国的经济增长中还存在一个长期没有得到有效解决的痼疾,这就是工业"三废"处理体系没有科学地建立起来。我们到现在仍然是坚持"个体为主,自我循环,节能减排",并且附之以非常强硬的政策和制度约束。这样一来,处理成本上去了,罚款增加了,政府收入提高了,但是,问题却没有得到彻底解决,多数企业仍然愿意接受罚款,而不愿意处理设备。这实际上是政府在逃避责任。西方发达国家和现代化国家的经验和模式告诉我们,工业"三废"集中处理是大趋势,既节约成本,集中公共服务配套,又实惠高效。前提是工业企业必须按照"城市分工原理"对产业和企业进行集中布局,将工业"三废"的无害化处理交由社会的和专门的、专业的和实体的企业去集中处理,政府的责任就是扶持治污企业发展,但不是收费和罚款。把工业污染的责任全推给企业是不客观的和不公正的,更是不合理的。

五、经济增长的伦理和道德问题

前面对于中国经济增长问题的讨论实际上就是讨论经济增长的"适度""伦理"和"道德"问题。从英国古典经济学到当代经济学,似乎更多的只是研究有关经济增长的规律、速度、规模、人均、要素、环境等,很少研究经济增长的合理性和适度性问题,到了数量经济学或者说是数理经济学阶段,似乎经济学问题变成了数字游戏和模型翻版。产权经济学和制度经济学的研究似乎触及经济伦理和经济道德问题。著名的科思定律已经充分讨论了经济伦理问题,如应该与不应该、合理与不合理、有影响与没有影响的问题。科思定律已经说明了,一个企业和理性人的决策和行为不能影响别的企业和个人的收益。

将经济增长的合理性和适度性结合起来,实际上就是经济增长的伦理概念,或者可以说成是道德概念。从理论来源上看,我们强调经济伦理和经济道德,在一定意义上与可持续发展理论相关。但是,经济伦理和经济道德确实又不是持续发展理论。因为,持续发展理论所强调的只是现代行为不能影响后代发展。而经济伦理和道德所要讨论的问题,实际上关键就是经济增长的"度",即要不要增长、增长多少合理、增长影响别人吗、增长的外部影响力是正作用还是负作用,等等。客观地看,古典经济学的经济增长主要考虑资本和劳动要素的作用,而综合经济学派则又充实进了科学技术要素,现代经济学又加进了产权、结构、信息和模型等新的要素。但是,无论如何,轻视经济伦理和经济道德的问题一直存在。

所谓经济增长的"度",就是指适度、合理、合适,内部和外部处于正作用的场合的经济增长现象。从英国古典经济学到现在,几乎没有经济学家思考过这样的问题:经济不增长就不行吗? 一个国家经济占世界的比重下降了,这个国家就无法生存下去了吗? 收入降低一些就不行,就必然会影响生活质量吗? 我们是要以追求经济增长的质量为主,还是要以追求经济增长的数量为主? 人们为什么要相互攀比,为什么总是要争先? 中国当前存在的大量的拼房产、拼存款、拼豪车、拼地位等攀比行为有价值吗? 在现代社会条件下,我们不是也羡慕"世外桃源"式的生产和生活方式吗?

纵观世界经济的发展历史,有不少国家和地区在发展的某些阶段曾经出现过降低现象,经济发展在一个阶段处于比较低的水平非常正常。但是,这并不影响这些国家的未来发展。从个人来说,在一定情况下工资降低也不一定影响生活质量。在这方面,我们首先要区分两种生产和两种消费,即基本消费品和工业品的生产与高端奢侈品的生产、生存和生理消费与奢侈消费。对于一个国家或者个人来说,只要能够保证基本产品的生产和基本消费的需要满足,其他的就可以有多种选择了,不一定必须是高速度增长,都要得到事实上的保证。这就是经济增长的适度性和合理性。

马克思的经济伦理概念比较少,更多的是资本伦理、阶级伦理、剥削伦理、不公平伦理、不公正伦理、社会伦理等问题。马克思在研究和论述资本形成与剩余价值生产过程的时候,就没有充分考虑经济伦理问题。比如,马克思在研究资本和剩余价值的时候,集中大量笔墨讨论货币如何转化为资本、两种剩余价值究竟是如何生产出来的。但是,马克思对资本家的投资风险收入、管理收入、智力劳动价值等都剔除了,只讨论剩余价值所反映的资本的剥削本质。这明显不合乎伦理分析的概念,不实事求是。马克思在《资本论》第一卷分析剩余价值生产的两种方法的时候,实际上就基本没有考虑经济伦理问题。这对以后的马克思主义理论研究产生了致命的误导。

市场经济最讲竞争,但是竞争主要有三种基本模式:一种是无序竞争。乱七八糟,竞争带有拼命的架势,互相攀比,不管不顾,破罐子破摔,不计代价,不算成本,搞成什么样子就什么样子。二是数据竞争。经济增长主要目的是为了单纯追求高速度、高人均、高收入、高消费,翻番战略遍地开花,为增长而增长,这种模式必然会带来严重的环境污染和资源能源的过度消耗。三是质量模式。有一定的经济增长速度,质量和效率突出,增长的代价比较小,对生态的影响有限。总体来看,现在世界上大多数国家的经济增长都属于前两种模式,中国基本属于第二种模式,而发达国家多数属于第三种模式。

经济伦理并不是多么深奥的理论问题,现实生活中许多现象都表明了经济伦理的选择对于一个国家发展的重要性。实际上我们长期以来所说的城乡关系就是最大的经济伦理问题。比如,在大多数国家的宏观经济政策中,都有支持"三农"的规定,我国自改革开放以来,出台的扶农政策可以说是百花齐放和百家争鸣。但是,我们回过头来仔细琢磨,到现在为止,我们建立的城乡经济秩序仍然是不平等和不平衡的。不管你如何说道,农民生产的农产品最终还是到了城市消费者那里, 到底是农村从城市获取得多, 还是城市从农村获取得多,这个命题似乎没有必要讨论。同时,如果不注意经济伦理问题,还会助长严重的经济运行"腐败现象",形成腐败条件。比如,几乎在大多数企业的生产和消费的过程中,多数只考虑自身利益最大化,而不顾及别人利益的得失问题，有些时候根本不考虑人类的行为对自然环境的影响。这也就是我们平常所说的"损人利己"和"损人不利己"。在中国的经济运行过程中，大量存在投机取巧，非法集资，盗用商标，地下工厂，假冒伪劣，建了拆、拆了建等现象，充斥整个经济运行的全过程。经济伦理和经济道德还表现在"搭便车"上，特别是在计划经济领域，或者用现在流行的概念"体制内"来看，仍然很多。

六、坚持理智文明的经济增长

问题讨论到这里，我们似乎清楚了讨论的核心，就是本文作者希望全世界的经济学家们重新认识经济增长，重新认识经济实力，重新判断我们的经济决策行为，重新评估经济增长的得与失，换一种思维看待高速度、高收入、高比重和高消费。也就是说，我们今天这个社会急需深入研究"经济文明"和"增长文明"问题，也急需培养全社会的经济伦理理念和因素，提高我国经济增长的道德含量。

（一）思想和意识文明

中国的经济发展不仅仅要强调生态文明，还需要强调经济伦理和经济道德问题，也就是增长速度、收入水平和消费方式的伦理内涵。要达到这种目的，就需要对全社会的公民进行经济伦理和道德教育。实际上，对于这个问题中国古代就解决得比较好，有许多提法和理念值得我们借鉴。比如，"三十亩地一头牛，老婆娃娃热炕头""男耕女织""男主外女主内"、随遇而安、适者生存、量力而行等。在这些古代的经济理念中，就包含着丰富的经济伦理和道德思想。因此，必须把培育经济伦理理念作为人民群众思想教育的一个重要内容，使得广大民众增加伦理意识，增强满足感，降低急躁心理，增加平等和协调意识。

（二）决策和规划文明

在现代社会条件下，经济发展和增长能够保持一个什么样的状态,更多的是决定于政府的主导方式,政府是一个国家经济发展伦理和模式的主要创造者。因此,提高一个国家的经济伦理和道德水平,首先要提高政府和主要决策者的伦理和道德水平。在经济发展问题上,政府首先不能犯急功近利和盲目冒进的毛病,要有长期打算,要制定适度和合理的发展规划,用于引导全社会的经济增长文明。经济决策要突出长期性、战略性、前瞻性、可行性和区域性,区域差别大没有关系,这是由资源和环境条件决定的,可以通过转移支付进行适度调整。同时,要保证我们的规划和重大决策的权威性和稳定性,不以某些领导人的改变而改变。

(三)指标和目标文明

要适度改革评价经济增长和经济人均的指标体系,不能只考虑围绕高速度确定经济发展的目标,片面追求增长要素,还要充分考虑经济伦理,增加评价增长适度性和合理性的指标,不仅仅要有评估生态状态的指标,还要有评估伦理水平的指标。比如,发展的外部性、经济结构的协调性、收入的合理性、消费的满足感、公共服务的保障水平等。如果我们不加强对经济发展伦理的评价和约束,就必然导致经济速度上去了,比重和地位提高了,收入增加了,但是人们的危机感、不公平感和预期也增加了。从中国的国情和资源来看,我们保持世界中等水平就已经很不错了,没有必要去赶超。

(四)政策和战略文明

纵观改革开放以来中国的经济政策和战略,多数属于促发展促投资促增长的政策,而促文明促协调促理性促道德的政策比较少。在全国31个省市自治区中,不论条件如何,大家都要追求高速度和高增长,否则就没有政绩。所以,在政策和战略上就出现"拼命现象",拼资源、拼能源、拼优惠、拼关系、拼权力,有条件上,没有条件也要上成为普遍的"增长哲学"。为了保证经济发展的可持续性和合理性,我们要改变目前这种局面,在政策和战略上提倡自主自立,一方面我们要给市场做减法,另一方面也要给地方政府做减法。

(五)模式和措施文明

客观地说,我们现在的经济增长模式已经很多,缺少的就是经济伦理和经济道德模式。实际上,这里的关键问题是速度问题,只要我们把速度降下来,也许许多问题自然就解决了。从经济发展的规律来看,在过去的几十年中,经济增长必须高速度这个"弦"我们绷得太紧,赶超心理太重,而适度增长、理性指标和合理心理等被严重忽视了。我们要提倡适度经济、适度增长、适度收入和适度消费。反对超条件和能力的速度和指标,反对"拆东墙补西墙""寅吃卯粮"。要严格控制地方政府的债务规模,严格控制信贷增长,严格控制"圈地运动",打压泡沫经济,打压虚假经济,打压"统计经济"。

参考文献:

[1]改革开放40年,这三个省份经济增长超400倍[EB/OL].(2018-06-09)[2018-08-02].http://finance.eastmoney.com/news/1350,20180609885820783.html.

[2]李稻葵.2049年,中国经济总量将3倍于美国[EB/OL].(2017-08-11)[2018-08-02].https://finance.china.com/news/11173316/2017-0811/31075608.html.

[3]温铁军.中国的资源消耗速度有多惊人?[EB/OL].(2017-01-19)[2018-08-04].http://wemedia.ifeng.com/7388671/weme-dia.shtml.

[4]杨铁生.去年中国工业大宗资源消耗量达全世界90%[EB/OL].(2017-05-27)[2018-08-05].http://news.cctv.com/2017/05/27/ARTIhX4In7rzpBncAwCZPUFN170527.shtml.

(原载于《甘肃社会科学》2018年第6期;中国人民大学报刊复印资料《国民经济管理》2019年第5期全文转载)

习近平"百年未有之大变局"重要论述的历史形成逻辑

一、问题的提出

基于对当今时代潮流和国际大势的正确认识，着眼于中国未来中长期发展，2017年12月，习近平总书记在接见回国参加2017年度驻外使节工作会议代表时，首次提出了"百年未有之大变局"的重要论断[1]。2018年12月，在中央经济工作会议上，习近平总书记提出在"变局中危和机同生并存"[2]。此后，习近平总书记又在一些重要会议和场合多次强调"百年未有之大变局"这一论断。

自此以后，我国学术界、政府研究部门等对"百年未有之大变局"的研究成果较多。纵观国内学者对"大变局"的认识和分析，代表性观点主要有：一是世界多极化发展使得国际力量对比更趋平衡，呈现了"东升西降""新升老降"的趋势；二是"百年未有之大变局"是世界战略格局进行重大调整的结果，国际关系正在进入一个新的大调整周期；三是"百年未有之大变局"的主要原因是经济全球化、政治多极化和国际力量多元化；四是新一轮科技革命加速重塑新的世界发展动力格局，对所有国家、特别是发展中国家带来多方面的影响，不仅仅影响经济发展，更影响政治态度和民族关系[2]。从以上这些观点中可以看出，目前我国学术界关于"百年未有之大变局"问题的研究和认识，主要集中在现代以来国际关系的变化和国际影响上。

我们认为,习近平总书记提出的"百年未有之大变局"重要论述的理论价值和时代价值不仅仅在讲中国面临的国际关系和国际秩序变化,也在讲中国在近代以来国际地位和国际角色的大变化、大改变、大提升,特别是自 1978 年实施改革开放战略以来,中国随着经济体制的持续转型、对外开放、招商引资、市场建设和科技创新,经济发展的动力不断增强,综合国力持续提升,到 2010 年,中国的经济总量超过日本,成为世界第二经济大国,到 2019 年,中国经济总量占全世界的比重提高到 16%,对世界经济增长的贡献率达到 30%,人均 GDP 第一次超过 1 万美元,达到 10276 美元,总体上开始步入中等发达国家的建设阶段。这些都直接提高了中国的国际地位,增强了中国的国际影响和国际自信,这才是习近平总书记提出"大局观"的关键所在。

另外,习近平总书记特别强调说:"要认真学习党史、国史,知史爱党,知史爱国。"[3]习近平总书记多次强调指出,党员干部要学习好"四史",包括党史、新中国史、改革开放史、社会主义发展史等。这就告诉我们,深刻理解习近平总书记"百年未有之大变局"重要论述,还要从党史、新中国史的意义上去把握,从新中国的发展历史上考察 72 年以来在不同历史阶段条件下,中国共产党中央领导集体是如何根据国际局势科学把握中国对外思想、对外战略和外交政策的。本文的基本观点是,深刻理解习近平总书记的"大变局"重要论述,一方面要从中国的近代史中去把握"大变局"的历史演变规律,另一方面也要从新中国史和改革开放史的角度去进行研究,这样才能更加深刻地认识习近平总书记重要论述的历史背景、形成逻辑和变化规律。

二、新中国时期中国国际地位的四个角色

习近平总书记的"百年未有之大变局"重要论述,首先是中国国

际关系和国际地位大变化的产物,是新中国成立 72 年以来历代中央领导集体在外交领域艰苦奋斗的历程写照,对于这个历史过程大致概括为边缘阶段(1949—1970 年)、破冰阶段(1970—1978 年)、融入阶段(1978—2012 年)、主角阶段(2012—目前)等四个时期。对本文在这里提出的"边缘阶段、破冰阶段、融入阶段、主角阶段",需要说明几点:一是这四个划分只是相对意义上的,没有绝对的意思,只是为了比较形象地说明问题和观点;二是这四个划分只是从我国的国际关系和国际地位角度思考的,不含其他因素;三是这四个阶段的简明划分,与习近平总书记关于"站起来""富起来""强起来"的提法是完全一致的。

(一)边缘阶段

中国既是世界人口大国,也是世界国土资源大国,人口占全世界20%,排世界第 1 位;不包括海洋面积,国土面积有 960 万平方公里,目前排世界第 3 位。习近平总书记指出:"中国是一个大国,决不能在根本性问题上出现颠覆性错误,一旦出现就无法挽回。"[4]从哲学、逻辑学和经济学的意义上看,中国的经济与社会发展动力,一方面要靠自身的资源、人才、技术、资本和体制等内部条件,另一方面要靠国际关系和外部条件,最好的选择是大国战略。

但是,在 1950 年前后中国国际关系非常紧张,难以实行大国战略,这主要是因为:一是新中国是个崭新的社会主义国家,西方资本主义国家多数不愿意接受,不支持,不联系,不建交;二是世界上大多数发展中国家对于新中国的了解很少,让这些发展中国家完全接受中国需要一个过程,这需要时间;三是朝鲜战争开始,苏联和中国共产党急需考虑出兵朝鲜的可行性;四是从 1950 年到 1953 年,中国进行"三反""五反"等一系列维护正常社会秩序稳定的运动和工作。

在这种情况下,新中国既没有多少精力从事经济建设和恢复工作,又没有足够的精力去化解与一些发达国家的矛盾,特别是与大国之间的矛盾。也就是说,这个时候的中国,一方面得不到外部大国的经济支持,另一方面自身也没有条件把大量精力放到经济建设上去。接着,中国又经历了"三大改造"、大跃进、人民公社化、"反右"、"三年困难时期"等许多重大社会事件。到 20 世纪 50 年代末,中国的综合经济实力没有得到非常明显的恢复和提升,这种情况一直延续到 60 年代初期。

从这个时期中国的国际关系和国际地位来看,一直到 60 年代中期,中国的国际地位都很低,这不仅仅是因为中国经济总量和综合经济实力非常弱,还包括中国受到以美国为代表的西方世界的压制、封锁、诋毁等,中国不可能在国际舞台上行使自己的主张和见解,基本是个观众的角色,没有多少发言说话机会,更谈不上"定规定矩",即"制度性话语权",中国在国际活动中只能与发展中国家进行交往,参加的国际性活动和会议基本属于这个范畴。

关于这一时期我国的重大外交活动和外交事件,李嘉宝先生在其《新中国外交大事记》中有详细的记载:1949 年 10 月 1 日,中华人民共和国同苏维埃社会主义共和国联盟建立外交关系。1949 年 12 月至 1950 年 2 月,毛泽东访问苏联。在 1949 年新中国成立的第一年里,就同苏联等 17 个国家建立了外交关系。1950 年,中苏两国签订了《中苏友好同盟互助条约》。1953 年周恩来总理在接见印度代表团时,首次提出按照"互相尊重领土主权、互不侵犯、互不干涉内政、平等互惠、和平共处"五项原则的理论,作为处理国际关系的基本原则。1955 年,周恩来总理参加万隆会议,在会上提出了"求同存异"的方针,在此基础上达成了"万隆十项原则"。1954 年以后,我国在国际场合的地位有了一定变化和提高,有两件大事:一是 1954 年 4 月至 7 月份,我国第一次以五大国之一的身份参加了日内瓦会议;二是

1964年1月,中国和法国正式建立外交关系,法国成为西方大国中第一个与我国建立外交关系的国家[5]。

我们应该承认,在这个时期,我国虽然已经参加了一些国际组织和国际会议,并且与部分国家建立了外交关系,但是,与中国打交道的主体国家仍然是一些发展中国家,在比较大的国家中,中国只是与苏联和法国建立了外交关系,与美国、日本和西欧(除法国之外)国家还没有建交。总体来说,在这个时期我们在国际关系和国际舞台上还处在边缘化阶段,甚至是在国际大舞台的下面当观众。

(二)破冰阶段

面对中国在国际关系和国际舞台上比较尴尬的状态,毛泽东心里也非常清楚,作为一个人口大国要借助外力发展自己,利用好外部资源,中国必须打通与发达国家之间的关系,必须与大国之间缓和关系,必须得到大国的支持和帮助。所以,在20世纪60年代末以后,毛泽东清醒地认识到必须想办法逐步处理好这些关系。

为此,以毛泽东为代表的中国共产党第一代领导集体想办法通过各种途径与西方国家交往,试图打通与西方世界的外交通道,甚至用上了"小球外交""体操战略""熊猫外交"等措施。这些"外交"措施在当时都是中国政治外交的一部分,是特殊时期的产物,目的是要为中国融入国际大环境"探路",甚至可以说就是为了探视大国对中国的态度。与此同时,从当时重大的外交事件来看,实际上西方世界也非常关注中国与他们的关系,关注中国对恢复中国与发达国家关系的态度,也希望与中国建立正常的外交关系,认识到中国的大市场对他们发展的潜在功能。

这一时期,我国进行的重要外事活动主要有:1971年7月,尼克松总统的国家安全事务助理基辛格秘密访问中国。1972年2月,尼克松总统访问中国,双方在上海签署《中美联合公报》,1979年中美正式建立外交关系。1971 年 10 月 25 日,第 26 届联合国大会以压倒多数通过阿尔巴尼亚、阿尔及利亚等二十三国提案,恢复中华人民共和国在联合国的合法权利,恢复中国安理会常任理事国的席位。1971 年 11 月,中国代表团首次出席联合国大会。1972 年 9 月,日本首相田中角荣访华,两国正式建立外交关系。1978 年 12 月,中美发表《关于建立外交关系的联合公报》,中美正式建交[5]。正是在毛泽东、周恩来等人的奋斗和辛勤工作下,中国成为联合国 193 个成员国之一,能够以合理合法的身份参加联合国会议,参加相关的国际活动。

可以说,20 世纪 70 年代与美国建交和恢复中国联合国合法席位,是中国在国际战略中最重大的成就。中国的建设与发展已经有可能利用大国的资源和力量, 外部发展环境开始朝着有利于中国的方向转变,中国的大市场开始成为西方国家进行国际贸易的一个空间,成为发达国家国际投资的一个新的"伊甸园"。但是,实事求是地说,这个时期的中国是非常谦虚谨慎的, 中国长期没有与发达国家打交道,需要有一个磨合和适应的阶段,还需要重新认识自己,重新认识西方世界。从西方世界来说,它们中的部分国家能够接受中国,主要是源于有利于自身发展的需要, 而不是单方面支持中国的建设。所以,西方世界给予中国的发展条件和帮助都是非常有限的,不是无条件的,中国在国际舞台上的最大变化,只是从台下走上了舞台,破冰战略取得成功。但是,还没有条件充当主角甚至配角。

(三)融入阶段

中国在国际舞台上最大的变化阶段是从改革开放开始的。众所周知,邓小平是中国改革开放的总设计师,也是中国实施大国战略的总策划师。从 1978 年 12 月 18 日党的第十一届三中全会确定开始一直到 2012 年,是中国实施大国战略、对外开放提高国际地位和优化国际环境的关键时期。在这个时期,为了中国在国际舞台上有一个充足的理由和实力充当主角或者配角,主要解决的问题有:一是国家宏观管理体制开始向间接管理体制转型,这是计划经济体制向市场经济体制转变的需要。到 2012 年,中国基本建成以间接管理为基本特点的新型宏观管理体制。二是国有企业资产和经营体制转型,建立现代企业制度,这个工作到 20 世纪 90 年代中后期基本完成,除西部少数地方国有企业体制转型比较慢之外,东部中部等大部分地方的国有企业体制基本实现转型。与此同时,大力支持民营经济发展,大中型民营企业成为中国经济新的增长极。三是以经济体制改革为重点,配套推进财政、金融、价格、外贸、分配体制等方面的改革。到 2012 年,中国基本已经建成了市场经济的完整体制。四是不断创新人才和科技工作机制,不断创新发展模式,现代化、科技化、信息化、城市化水平大幅度提高。

由于中国做好了以上基础工作,向外发展有了强大支撑力。从 1978 年到 2012 年,中国的对外开放不断创新和升级,取得了突破性的成就,实施的主要战略、政策和策划等包括:经济特区,开放城市,保税区,来料加工区,开放口岸,技术进口替代,创办“三资”企业,出口退税,自由贸易区,自由贸易港等。到 2012 年,中国的综合外向度已经超过 60%,进出口总额达到 2 万多亿美元,外汇储备占到全世界外汇储备总量的 34%。到了 2012 年,中国已经有大量企业在国外挂牌上市,在世界企业 500 强中中国企业的数量已经超过 100 家。从中国自身纵向变化来看,1978 年中国经济总量占世界的比重为 1.7%,2012 年提高到 10% 以上。从人均来看,1978 年中国排世界第 150 位左右,2012 年提高到 80 位左右。综合经济实力的这些变化,真正提高了中国的国际地位,改变了中国在国际舞台上的角色,中国已经不再是龙套角色,而是配角的角色,中国的角色地位彻底改变了。

在这一时期,中国频繁参加重要的国际会议和活动,发言的机会

越来越多,发言的分量越来越大,这一时期重要的外交活动主要有:
1979 年 1 月至 2 月,邓小平访问美国,这是新中国成立后中国领导
人首次访美。1982 年 8 月,中美"八一七公报"发表,中国政府重申
"台湾问题是中国的内政",美国政府重申"无意侵犯中国的主权和领
土完整,无意干涉中国的内政,也无意执行'两个中国'和'一中一台'
的政策"。1984 年 12 月,《中英联合声明》签署,规定中华人民共和国
政府于 1997 年 7 月 1 日恢复对香港行使主权。1991 年 12 月,中国
承认俄罗斯联邦并建立大使级外交关系。1987 年 4 月,《中葡联合声
明》签署,规定中华人民共和国政府于 1999 年 12 月 20 日对澳门恢
复行使主权。1998 年 11 月,江泽民访问日本,这是中国国家元首首
次对日本进行国事访问。2000 年 10 月,中非合作论坛在北京正式成
立。2001 年,亚太经合组织领导人非正式会议及相关会议在中国上
海举行。同年,中、俄、哈、吉、塔五国加上乌兹别克六国元首,在上海
签署了《"上海合作组织"成立宣言》。另外,在 2001 年,中国申奥成
功,同年,中国加入 WTO。2001 年 12 月,中国正式加入世界贸易组
织,成为世贸组织第 143 个成员。2005 年 4 月,在雅加达召开的亚非
峰会上,胡锦涛首次提出"共同构建一个和谐世界"的主张。2006 年
11 月,中非合作论坛北京峰会暨第三届部长级会议在北京举行。
2008 年 8 月,北京奥运会开幕。2008 年 12 月,中国政府派出军舰赴
亚丁湾、索马里海域护航。2010 年 5 月至 10 月,第 41 届世界博览会
在上海市举行[5]。

总体来看,在改革开放的前 30 多年中,中国在对外开放中实施
大国战略是非常成功的,可以这样说,中国改革开放的成功在很大程
度上是实施大国战略的成功。但是,我们也需要客观慎重和实事求
是,在这个时期,中国在某些国际活动中已经可以充当主角,但是,在
许多重大的国际关系和国际活动中是配角,主角仍然是西方大国,要

完全成为主角还需要再做大量的工作。

（四）主角阶段

党的十八大以来，党中央国务院一直坚持把创新对外开放中的大国战略作为主要决策目标之一，一方面继续倡导支持发展外向经济，另一方面不断提出新的更高层次的开放经济理念和战略目标，主要有：一是习近平总书记提出了"一带一路"倡议，得到许多国家的支持；二是习近平总书记明确提出发展更高层次的对外开放经济；三是习近平总书记提出了"人类命运共同体"重要论述；四是习近平总书记提出要在国际场合争取更多制度性话语权的战略目标；五是中国正在步入世界舞台的中央。

这五个方面基本构成习近平新时代中国特色社会主义思想中的外交思想和开放战略定位，从这些年的执行情况来看，效果非常突出。在发展更高层次的开放型经济方面，到2019年，中国的综合外向度已经达到70%，进出口总额4.6万亿美元，外汇储备3万亿美元，占世界30%多，建成7个经济特区、147个高新区、19个新区、46个保税区、18个自由贸易区、293个口岸、219家经开区、20个自创区。在"一带一路"建设方面，截至2018年末，中国银行已经签署"一带一路"投资项目600多个；至2019年4月30日，中国已经与131个国家和30个国际组织签署了187份共建"一带一路"合作文件；从2013年到2018年，中国的"一带一路"货物贸易总额超过6万亿美元，成为外贸增长最快的领域。

为了当好主角，在国际场合中发挥更重要的作用，我国坚定实施大国战略。同时，为了提升中国的国际形象，习近平总书记明确提出了建设"人类命运共同体"的重大理论和战略构想。到2020年，中国的大国外交成果丰硕，国际影响越来越大。比如，党和国家领导人出访多国，包括出席二十国集团领导人峰会、金砖国家领导人会晤、亚信峰会、上海合作组织峰会、东亚合作领导人系列会议、中欧领导人会晤、中日韩领导人会晤等重大活动,成功举办了第二届"一带一路"国际合作高峰论坛等重大主场外交活动。另外,经济外交、人文交流卓有成效,中国已经在国际舞台上是主角的角色。

这一时期重要的外交活动和国际事务主要有:2013 年 3 月,习近平总书记出访俄罗斯, 首次提出推动建立以合作共赢为核心的新型国际关系这一重要主张。2013 年 3 月,习近平总书记在俄罗斯莫斯科国际关系学院首次向世界提出"人类命运共同体"重大倡议。2013 年 9 月,习近平总书记在哈萨克斯坦首次提出共建"丝绸之路经济带"的构想。2013 年 10 月,习近平总书记在印度尼西亚首次提出共同建设"21 世纪海上丝绸之路"的倡议。2014 年 3 月,习近平总书记访欧,提出共同打造中欧"和平、增长、改革、文明"四大伙伴关系。2014 年 5 月,在中国上海举行的亚洲相互协作与信任措施会议第四次峰会上,习近平总书记提出共同、综合、合作、可持续的亚洲安全观。2014 年 7 月,习近平总书记在巴西利亚同拉美和加勒比国家领导人举行首次集体会晤,确立平等互利、共同发展的中拉全面合作伙伴关系。2014 年 11 月,北京 APEC 会议期间,中国推动亚太自贸区建设,完成了《亚太经合组织推动实现亚太自贸区路线图》制定。2015 年 12 月,亚洲基础设施投资银行正式成立,这是全球首个由中国倡议设立的多边金融机构。2016 年 9 月,二十国集团领导人第十一次峰会在中国杭州举行。2017 年 5 月,第一届"一带一路"国际合作高峰论坛在北京举行。2017 年 9 月,金砖国家领导人第九次会晤在福建厦门举行。2018 年 6 月,中央外事工作会议在北京召开,确立了习近平外交思想这一中国对外工作的根本遵循和行动指南。2018 年 11 月,首届中国国际进口博览会在上海举行。2019 年 5 月,亚洲文明对话大会在北京举办[5]。

从以上情况可以看出这样几个特点，在党的十八大以来我国的国际关系和国际地位正在发生新的变化：一是中国的国际关系越来越紧密，参加国际活动越来越频繁，层次越来越高；二是目前中国参与的国际活动中发达国家、中等发达国家参与比较多，活动重点有所转移；三是在所有的国际会议上，中国领导人都是主旨发言的主要人选，中国已经不再是配角，而是主角，中国正在步入世界舞台的中央。

三、新中国国际地位演变的制度和发展基础

我们做以上分析的目的，就是要说明，习近平总书记提出的"百年未有之大变局"重要论述，是新中国成立 70 多年发展当中的最重大成果，是中国改革开放 40 年的重大成果，是中国特色社会主义外交思想和外交战略的重大成果，是中国改革开放以来实施外向发展思路和战略的重大成果，是一个历史过程和历史性的重大成果，这个重大成果与习近平总书记提出的中国"强起来"的理论是完全一致的。从逻辑关系上看，一个国家的外交战略和政策、外向思路和外向战略的变化，实际上都是这个国家综合经济实力的集中体现，是经济基础决定的。也就是说，中国以上的这些变化，都是源自以下变化。

（一）1949—1978：中国"站起来"

这个时期，是新中国最为艰难的时期，主要原因有：一是中国在近代既没有完整建立过市场经济体制，也没有建立过计划经济制度，不论何种选择，都要向国外学习和借鉴；二是 1949 年的中国经济实际上已经到了崩溃的边缘，解决吃饭和社会稳定是当务之急；三是中国共产党作为执政党几乎面临着不停歇的重大事件；四是由于治国经验不足，急需在实践中探索中国式的社会主义道路和发展模式。

中国人民在中国共产党的领导下，通过艰苦卓绝的努力，解决了大量非常棘手的矛盾和问题，不论是国内的，还是国外的。到 1978 年

改革开放之前,中国实现了"站起来"的目标,这可以通过以下比较简明的事情和数据得到验证。

在政治制度建设方面,到 1978 年,中国建立了完整的社会主义政治制度。包括:建立健全党的领导制度、人民代表大会制度、中国共产党领导的多党合作和政治协商制度、民主集中制制度、民族区域自治制度、国有企业党组织制度、村民自治制度、人民公社制度,等等,形成了比较完整的政治制度架构。

在经济制度和工业体系方面,效仿苏联模式,建立了完整的计划经济制度,形成了以"国有工业、集体工业和人民公社"为基础的社会主义公有制经济的制度体系。初步建立了工业化体系,工业化和城市化成为推动新中国经济发展的重要推进器。到 1978 年,中国 GDP 规模为 3678.7 亿元,排名世界第 11 位,人均 GDP 为 385 元,但是与发达国家之间的差距仍然很大,1978 年的中国人均 GDP 不及世界人均 GDP 的十二分之一。

人力资本总体状况得到极大改善,科技创新成果突出。从 1949 到 1978 年,中国人口从 5.4 亿增加到 9.63 亿。基本建立了现代教育体系,学龄儿童入学率达到 95.5%,基本普及小学、中学教育。各项卫生指标大幅度提升,人均预期寿命从新中国成立初的 41 岁上升到 66 岁。重大的科技创新包括核武器、航空航天技术、新能源、新材料、大排量船舶、水稻育种、生物工程、环保技术、循环经济等。

大国外交战略全面实施,中国抓住有利时机回归国际社会。1971 年中国重返联合国,这是 20 世纪 70 年代中国重大的事件。与此同时,我国还取得了土地改革、镇压反革命、扫盲运动、"三反""五反""三大改造"、四个"五年计划""八字方针"、"三线"建设、农村社教等成就,也及时纠正了运动中的某些失误。

（二）1978—2012：中国"富起来"

在政治建设方面，最重大的成果有三件：1997年香港回归，1999年澳门回归，2001年中国加入世界贸易组织（第143个成员），同时，中国加入大多数国际经济发展和生态保护组织。在外交关系方面，截至2011年7月31日，中国与172个国家建立外交关系，截至2019年3月，在全世界196个主权国家中与中国建交的国家有178个，中国外交影响世界。比如，中国在体育方面的国际竞争力越来越高，1979年，中国恢复国际奥运会的合法席位。

在经济改革与发展方面，实现了邓小平提出的"两步走"战略目标，实施了许多新的开放政策和措施，如经济特区（1980年），沿海开放城市（1984年），招商引资，境外投资，企业国外挂牌上市，参与国际竞争，对外承包工程，开放各种口岸等。到2010年，中国成为世界第二经济大国，远超过日本，GDP规模达到5.4万亿美元，人均GDP为39874元（约5000美元）。从1997年开始，中国宏观经济开始明显转型，由短缺国家向过剩国家、贫穷国家向富裕国家、发展中国家向发展中大国等转变。

在这个时期，伴随中国在国际关系、国际贸易、国际金融和国际经济新秩序场合角色的变化，经济结构优化明显加快，国际竞争力不断提升。在这个时期，中国陆续实施了若干重大的战略和政策措施，主要包括：先富政策，扶贫开发，"两个转变"，新农村建设，小康社会建设，西部大开发战略，生态环境建设，大国外贸战略，创新驱动战略，航空母舰战略，东北崛起战略，中原板块战略等。在创新领域实现了一系列措施，有力地提高了人才和科技创新水平，在核武器、航空航天技术、计算机技术和自动化、新能源、新材料、大排量船舶、水稻育种、生物工程、环保技术、循环经济等方面取得成就。

从若干主要指标来看，也能够充分反映这个时期中国非常大的变化。比如,中国在 1981 年农村贫困发生率高达 84%,2012 年降低到 20%以下;城乡居民恩格尔系数分别从 1978 年的 57.5%和 67.7%,下降到 2012 年的 36.2%和 39.3%;2001 年 7 月 13 日中国申奥成功,从中华人民共和国成立到 2019 年,中国共获得奥运金牌 240 枚;就业、教育、卫生、社会保障等重要的社会事业,都取得重大突破。

特别需要指出的是,在这个时期,由于我国综合国力的大幅度提升,2012 年的《世界银行发展报告》按照人均 GDP 水平,首次把中国列为中高收入国家,这是对中国发展实力的充分肯定。按照汇率计算的中国 GDP 规模在 2010 年已经超过日本,成为世界第二经济大国。另外,体制和机制越来越完善,为中国实施新的开放发展思路和战略打下了坚实的基础,中国人在富起来的同时,开始用一个新的眼光审视外部环境。

(三)2012—2020:中国"强起来"

党的十八大以来,党中央根据我国国际地位的变化,结合中国国情,提出了一系列新的改革与发展战略和政策,主要有:全面深化体制改革,进一步完善各种体制;提出"五大发展理念""五位一体""四个全面"的战略布局和战略部署;确定了高质量发展战略;把创新引领作为"第一发展动力"来培育;实施乡村振兴战略;发展更高层次的开放经济,建设"一带一路",争取更多的制度性话语权,建设"命运共同体"。

可以说,党的十八大以来,我国的发展思路和战略指向"做强做大"。但是,最基本和最基础的仍然是持续提升综合经济实力。到 2019 年,中国的经济总量达到 99.1 万亿元人民币,约占全世界的 15.8%,仍然排世界第二位,对全球经济增长的贡献率为 24%,人均 GDP 超过 10000 美元,排到世界第 72 位,属于中上水平。中国已经成为世界仅次于美国的开放投资国家,到 2019 年底,FDI 达到 2.1 万亿美元,境外投资达到 2 万亿美元,有 1000 多家企业在国外成功挂牌上市,在世界 500 强企业中,我国有 120 家,排在美国(126 家)之后。从我国东部和部分中部地区的整体发展水平、技术层次和人均量来看,实际上这些地区已经完全达到中等国家的发展层次。

我国的发展基础越来越牢固。工业化水平大幅度提高,机械化、自动化、电气化普及很快,2012 年中国发电量超过美国,成为世界第一,高铁、新能源汽车、空间技术等支撑中国成为世界制造业大国。中国建成世界上行业齐全的强大工业体系,世界第一大制造业国,2018 年,中国在世界 500 多种主要工业产品当中,有 220 多种产品的产量稳居世界第一。在动力机制构建方面,人才政策更加务实有效,科技创新的地位越来越高,新动能充足。产业结构得到明显优化,2019 年,中国产业结构调整为 7.1%、39.0%、53.9%,东南沿海产业全面外向化,常住人口城市化率达到 60.6%。

从人力资本来看,到 2019 年底,国民公共教育服务均等化目标基本实现,城乡教育公平程度明显提升,中国已经建成世界上规模最大的高等教育体系。2019 年的新增劳动力平均受教育年限达到 13.5 年以上,高等教育毛入学率达 48.1%。到 2020 年,我国劳动年龄人口平均受教育年限将达到 10.8 年,其中,高中及以上受教育程度人口将突破 4 亿人,中国进入世界人力资源强国行列。

从创新发展和创新动能的角度看,进步也非常巨大。到 2019 年,我国的战略性新兴产业比重达 31%,互联网、人工智能、大数据等高新产业、技术、企业、园区等成为主要产业导向。2019 年,我国数字经济占 GDP 比重为 33%,对 GDP 增长的贡献率达 55%。中国的科技创新能力与发达国家的差距大大缩小,根据世界知识产权组织的报告,中国的全球创新指数已经从 2012 年的第 34 位提升到 2018 年的第 17 位,成为"世界创新领先国"之一,这是创新发展的重大突破。

从社会发展和社会治理效果来看，水平已经大幅度提升。到2019年底，中国建立和完善覆盖城乡居民的多层次社会保障体系：一是基本养老，2019年参加基本养老保险人数已达到9.15亿人；二是医疗保障，三项基本医保制度参保人数超过13亿人口，参保率在95%以上；三是国际地位，2019年，我国全球医疗质量和可及性排名是世界第48位；四是人均寿命，从2000年的71.4岁上升到2019年的77.3岁；五是扶贫开发，农村贫困人口发生率2019年底已经降低到0.6%，到2020年底将完成农村绝对贫困人口全部脱贫的目标。

四、科学把握研究视角的重要性

学习习近平总书记"百年未有之大变局"重要论述，需要摆正研究思路。从目前看到的部分研究成果来看，不少学者对习近平总书记这个论述的研究视角比较多样化。有的从中国近代历史变迁来理解，有的从中国与美国的贸易摩擦中去认识，有的则从中国国际经济地位的变化上去理解。这些观点都有一定的道理，但都不是很准确。根据本文以上的分析，我认为要科学准确地把握习近平总书记的这个重要论述，必须从以下几个方面去考虑：

第一，习近平总书记"百年未有之大变局"提出的出发点是中国的外交和国际关系、国际地位问题，不是讲一般意义上的发展问题。习近平总书记强调，中国特色社会主义进入了新时代，做好新时代外交工作，首先要深刻领会党的十九大精神，正确认识当今时代潮流和国际大势。面对百年未有之大变局，中国需要建立更加良好的国际关系，充分利用好国际资源，更高效地利用国际市场来发展中国，这才是大问题[6]。中国作为世界第一人口大国，决策重大战略和政策必须充分考虑国际因素。

第二，"百年未有之大变局"是中国选择更加主动、更具活力、更加先进、更加高效的开放经济模式的良好大环境、大背景。习近平总书记指出，要围绕发展更高层次的开放型经济，主动参与全球治理，推动共建"一带一路"、双向开放、命运共同体建设、自贸区建设以及争取更多的制度性话语权，为实现"两个一百年"奋斗目标、实现中华民族伟大复兴的中国梦营造更加良好的外部环境[6]，这里的核心是要发展更高层次的开放型经济。

第三，"百年未有之大变局"当中也有许多相对比较稳定的因素，在决策中要特别注意。事物总是处在不断发展变化过程之中，但是，也有许多相对不变和基本稳定的因素。比如，经济全球化大趋势，世界经济重心还将继续稳定，这就是北美经济区、东亚经济区、欧盟经济区等在今后一个相当长的时期内仍然是主体，国际格局之变不会太大。"随着一大批新兴大国和发展中国家的群体性崛起，国际力量对比更趋平衡的态势更加明显。全球治理结构将会发生一些变化，新兴国家对全球治理的广泛参与，全球治理的理念、机制和形式都在发生显著变化。随着众多亚非拉国家日益增长的经济和文化自信，人类社会的文化、观念、思想和制度正变得日益多元。"[7]

第四，中国在依据"百年未有之大变局"决策国家重大战略和政策的时候，一定要特别关注新的变化因素。比如，一大批新兴经济体和发展中国家群体性崛起前所未有，世界最强的国家美国从一个常量成为最大的变量前所未有，西方内部的四分五裂前所未有，多边主义与单边主义的激烈较量前所未有，科学技术的进步和发展推动着"百年未有之大变局"的情形前所未有。所有这些因素告诉我们，研究中国的发展机遇，不宜只考虑中国的情况，也要充分考虑别的国家的情况和发展可能[8]。不仅要考虑原有的国际因素，还要考虑新的国际因素，新的合作发展的可能。

第五，从历史纵深看"百年未有之大变局"，大变局的本质是指国际力量的对比变化,大变局的动力来自制度变革、生产力发展和综合国力的提升,在根本上是由创新发展和先进生产力决定的。要深刻理解"大变局"的重大理论意义和现实意义,还需要从经济基础与上层建筑、生产力与生产关系、制度结构与产业结构、国内市场与国际市场、内循环与外循环、对内开放与对外开放等多方面去理解,才能准确领会这个论断的时代价值。

第六,要不断加深对"百年未有之大变局"论述的研究。习近平总书记提出的这个论述,虽然主要内涵和目的是针对中国的开放发展、国际关系、国际地位和国际作用等问题,实际上,这个论述还包括其他许多重要的相关内涵。比如,我们可以把这句话中的"大变局"理解成体制大变局、机制大变局、创新大变局、战略大变局、政策大变局、规则大变局等。也就是说,习近平总书记提出的"百年未有之大变局"的论述,是一个崭新的世界观和发展观,内含着多方面的重大理论和政策要素。

参考文献:

[1] 李滨."百年未有之大变局":世界向何处去?[EB/OL].(2019-05-24)[2020-07-07].http://www.China.com.cn/opinion/theory/2019-05/24/content_74819451.htm.

[2] 朱锋.近期学界关于"百年未有之大变局"研究综述[J].人民论坛,2019(7):6-8.

[3] 为什么要认真学习党史、国史?习近平这样说[EB/OL].(2019-08-13)[2020-07-07].http://www.81.cn/jmywyl/2019-08/13/content_9588779.htm.

[4] 习近平关于总体国家安全观论述摘编[M].北京:中央文献出版社,2018:34.

[5] 李嘉宝.新中国外交大事记[N].人民日报海外版,2019-09-06(08).

[6]习近平.放眼世界,我们面对的是百年未有之大变局[EB/OL].(2017-12-29)[2020-07-07].http://news.cri.cn/xiaozhi/c59a223d-6437-cc50-710e-80af691ezza5.html.

[7]罗建波,徐黎.如何理解"百年未有之大变局"[N].学习时报,2019-03-25.

[8]阮宗泽."百年未有之大变局":五大特点前所未有[J].世界知识,2018(24):14-15.

（原载于《甘肃社会科学》2021年第1期）

改革开放研究

农村微观经济基础的重塑与组织创新

近几年中国农村改革在发育新体制方面举步艰难,陷入困境。这种境况迫使人们要深刻反思十年农村改革,并从中寻找改革的掣肘与障碍,探索发育新体制的途径。

一、农村十年改革的轨迹与困境

过去农村十年改革主要集中在三个方面:实行家庭联产承包责任制,重构农业生产微观机制;建立农民非农投资机理,允许农民将农业余量转为工商产业积累;部分建立工农部门间的产品市场,通过改革统购统销制为合同定购和市场议购的双轨制,来实现城乡交换平等化。不容置疑,这三个方面的改革对触发旧体制的解体和新体制的发育起到了积极的作用。但是,农村一九八五年后经济增长速度放慢和内外摩擦的加剧的现实又表明,我国农村经济的发展仍处在新旧体制并存的矛盾摩擦和调整时期。

说农村经济正处在新旧体制并存的矛盾摩擦和调整时期,是因为农村经济的"双轨制"的二元表象十分浓厚,在管理、价格、投资等许多方面都存在两个或两个以上的作用机制。

首先,农村微观经济基础形体变异,与商品化大生产不相协调。农村联产承包责任制是促使旧体制下的微观生产基础解体的一种有效形式,但不是最终形式。推行联产承包责任制的最初目标是为了理顺农民与土地的关系,但由于这种形式的不彻底性和本身的局限,导

致了如下弊端:

1. 土地所有权模糊。我国宪法规定农村土地归农村集体所有。但在旧体制下,农村土地实际是由国家主宰,农村集体只是国家与农民之间的一种行政牵制力与机构。实行责任制后,土地所有权留归集体,经营权交给农民。但实际上国家仍然掌握很强的土地经营管理权,指导性计划在多数情况下往往转化为指令性计划,集体名存实亡。同时农民又自觉不自觉地把土地经营权与所有权在意念上和行为上结为一体。这样一来,承包后的土地就实际上有了国家、集体、农民三个所有者主体,集体的所有权被软化了。

2. 土地经营权掣肘。承包土地的经营权完全属于农民,但农民要真正行使经营权又必须具备相应的环境与条件,如土地经营内容选择权、土地经营方式选择权和土地收益处分权等,与土地相对应还要有参与市场的权力。而现实中农民的上述权利受到来自国家和集体两个方面的侵蚀,国家强行规定生产计划、产品结构和收购量,集体执行国家的管理计划,农民只能被动地落实管理计划,自我选择余地很小。所以说,旧体制下农业生产经营管理与操作主体是国家,新体制下经营管理与操作的主体仍然是国家,所有权与经营权在农村没有真正分离。

3. 土地承包权均散。土地承包是为了调整农民与土地的关系,调动农民积极性。但是由于在承包过程中不考虑农户劳动力状况与结构,不考虑农户生产经营能力,又推行了绝对平均主义,使得农民把承包看成是土地产权的平均化,人人有份,看作土地产权的回归。土地产权的均散导致农民对土地投资的强弱、土地经营效果的高低以及土地占有的平均化趋势。

4. 土地处分权自由。由于农民多数是把经营权土地看成是所有权土地,因此,农民在保证完成国家农产品收购计划和集体留利的前提下,对土地的处分是比较自由的;农民可以撂荒土地;农民可以自由地选择投资方案;农民可以在承包土地上办企业、修房产等。

上述情况说明,承包使农民与土地的关系硬化,同时,由于所有权和经营权方面的因素,又使农民与土地的关系软化。这种二元表象是现今农民微观经济基础的本质特征。

其次,农业余量转移困难,农业投资萎缩。责任制使农村潜在能量大部分释放了出来,土地效率有了一定程度的提高。在这种情况下,一方面农业余量增加(如投资、劳动),另一方面又有各种因素制约农业余量的转移,特别是向农业的再投资。

1. 价格偏向机制。价格作为市场机制的调节手段是牵引资金余量和劳动余量的关键。价格的涨落波动在一定情况下可以调节供求关系,从而引发资金流动,但是,价格这种调节供求的职能是有条件的。即价格只有以平均利润率为基准,才能起到调节供求的作用,反之则不行。近些年我国随着承包制的推行,又提高了部分农副产品的价格,应该说,提高价格会刺激对农业的投资,但由于农民在提高价格后获利仍然低于平均利润率,致使农民把余量转移的方向和投资重点统统集中到非农产业,造成农业投资萎缩。

2. 投资偏向机制。农业生产的持续增长需要增长的积累与投资作后盾,而增长的投资单靠农业自身余量转化是不行的,需要大力发展非农业来为农业提供积累,但要向非农业投资又受许多因素的限制。一是工业投资的低效率和过高的资金装备率,使农业剩余劳动的转移同农业余量向工业产品的流动不成比例,从而迫使过度的农民滞留于耕地;二是农村就业和人口滞留使农业就业和非农就业的边际收益差别扩大,非农业就业的供给大大超过需求;三是户籍制度也起了阻止农民向非农业转移的作用,使城乡之间形成相互闭锁的二元系统。同时,在人口总量膨胀的状态下,农业就业和人口的滞留使人口与自然资源的关系趋于紧张，促使农民不得不更多地向自然索取，在一些地方进入了贫穷和生态恶化的恶性循环，使农业人口收入余量无从扩大。

3. 市场偏向机制。停滞不前的农业人均货币量使狭小的农村市场难以扩张，陈旧的农民消费方式很少看到现代化消费方式的冲击和替代。在城市副食品和农业原料供给上长期表现出匮乏和短缺。为了维持和推进城市现代化产业依靠低价甚至无价的农业原料等因素而产生的虚假赢利，必须继续强化统购任务的积累方式。而这种积累方式必然严重牺牲农民的经济利益，使农民在市场价格上并不能得到实惠。

4. 产权偏向机制。产权在商品经济中是一个举足轻重的范畴，投资者的投资心理与投资选择往往同投资对象的产权归属关系紧密相关，换句话说，投资决策并非单由投资收益决定，而是由投资收益和产权关系共同决定。在中国农村，由于土地产权归集体，农民对土地的投资不能由产权保障，所以，农民为了产权就把农业余量大量转向能够形成产权实体的非农产业，而农业本身的高投入低产出又加重了这种势头。

总之，联产承包责任制不可能解决农业长期稳定发展的动力问题，它只是一种过渡性的改革形式。从某种意义上讲，联产承包责任制只是改变了经营方式，并没有真正触及所有权和经营权的分离问题，加之价格机制、投资机制和市场机制中的偏向作用，使得这种经营方式目前已经陷入进退两难的境地。进一步改革的基本目标是：冲开城乡结构严重失衡的格局，发育与商品经济统一的土地制度和组织制度。

二、重塑微观经济基础的目标模式抉择

重塑我国农村微观经济基础,首先要解决两个问题:一是单项改革还是系统改革, 中国农村的第一步改革是属于低层次的生产关系改革,而这种改革并没有附之以强有力的投资机制、市场机制及组织机制的改革,因而陷入困境。所以第二步改革要注重各种相关因素的协调配合,进行系统化改革。二是系统改革的重心应放在什么地方,经济改革关键是生产关系的改革与调整,对农村而言,就是要采取新机制协调农民与土地的关系,从而理顺农民之间的关系,而这一点在第一步改革中并没有解决。所以,第二步改革的重心是重塑农村土地所有制。

农村土地改革的基本思路是:废除单一土地的集体所有制,建立国家、农民双重土地所有制,亦即取消合作化形成的集体土地所有制的中间层次,将土地所有权一分为二,一部分交给农民,使生产资料的所有权和经营权得到回归,实现农民作为土地所有者主人的身份。另一部分交给国家,由国家专门管理、监督并参与经营的部门、机构和实体行使国家作为土地所有者的权力, 形成二元化土地所有制格局。农民对土地的所有权由国家颁发土地证书得到体现,并且具有法律效力,同样国家也有一份土地证书,作为管理和参与经营土地的法律凭证。土地的双重所有制在正常情况下,农户的所有权显硬约束,在政策允许的范围内,农民享有对土地经营的全权,在非正常的情况下,诸如农地被征占或转让时,国家的所有权显硬约束。在双重土地所有制中,国家所有属公有性质,农民所有属私有性质。建立双重土地所有制需辨明下述理论问题:

第一,农民土地所有制与社会化大生产。生产关系一定要适合生产力的性质,这是一个基本规律。但是人们很少注意到这一规律的作

用范围和作用条件,即这一规律的作用对农业和工业是不相同的。在工业中,随着生产力即生产专业化、社会化程度的改变,就要建立相应的生产关系形式;但是在农业中,农业生产力发展对生产关系的改革要求并不十分强烈。在现代西方发达的资本主义国家中,农业生产力水平和社会化程度已相当高,但农村土地所有制仍是以农民家庭占有形式为主,所以说,在农业中低层次的生产关系形式既适应落后的农业生产力,又适应于发达的农业生产力。这种二律背反现象的出现,关键是因为农业土地是一种特殊的生产资料,它是有很强的不可位移性和数量不加性,而且农副产品的大多数是不变的定型产品,而工业品是多变的不定型产品。随着生产力的发展,一个工业品要由许多企业合作完成,而一个农业品除必要的原材料供应外,主要生产过程均由农户自己完成,因此,在中国不论是社会主义初级阶段,还是在将来的高级社会主义中,农民家庭占有土地的形式还会长期存在。

第二,国家土地所有制与集体土地所有制。实际上在我国过去和现在都从来没有真正实行过农村土地集体所有制。这可从两方面的分析看到. .

1. 旧体制下农村土地集体所有制的虚假性。土地所有制的经济意义包括两个方面, 一方面是指土地所有者对土地最高的支配使用关系;另一方面是指土地所有者有获取地租的权利。这两方面缺一不可,前者是后者的前提,后者是前者的经济实现和证明。用这一理论来考察农村土地关系,我们就会觉察到,农村土地虽然名义上是集体所有,而实质上却是国家所有。这一方面是因为集体自由支配和处置土地的权利得不到法律的承认和保护,同时国家又对农村土地的使用进行严格的控制,甚至集体的经营决策权也受到国家的节制。另一方面是因为耕种土地产生的地租也是由国家而不是由集体获得的。国家在农业中的收入不仅仅是农业税,而其很重要的部分是地租收入。

2. 新体制下农村土地集体所有制的虚假性。农业联产承包责任制以承包合同的形式改变了土地关系。从表面看来,签订土地承包合同的双方是农村集体和农户。但从合同的内容看,它所维系的是国家和农户之间的经济关系;作为土地承包者农户,一方面必须上缴地租,在农业生产中执行合同条款;另一方面他因此获得在合同范围内的经营自主权,同时获得一定的劳动报酬和农业投资利润,作为土地的出租者一方面必须向农户提供土地,不在合同规定外干涉农户经营,另一方面有权获得地租,而这种职能只能由国家来承担,集体只不过是作为国家的基层代表和农户签订合同。

上述分析表明,我国农村土地所有制实际上是国家所有制,并非集体所有制。所以有必要还原土地国家所有制的本来面目。这样做便于国家综合整治国土与宏观经济区划;有利于土地管理的法律化和制度化;有利于农村经济活动尤其是土地经营向现代化、商品化方向发展。

第三,农村土地制度创新与改革的内容。土地制度创新本质上是国家自觉的制度再造活动。它不是要维系现行土地制度,而是要在国家自觉的创造行为为主导的宏观动力与农民自发的制度与构造微观动力相结合的作用下,在承包分离机制的基础上彻底把部分产权交给农民,有控制地把市场机制引入土地利用本身,使土地逐渐商品化,有步骤地放开地产市场。进一步说,农村土地制度的创新包含以下内容:

1. 土地所有权与土地经营权。双重土地所有制中,国家所有权具有绝对的稳定性,国家所有权是不能转让的,地租是国家所有权的经济实现形式。双重土地所有制中农民所有权有相对稳定性。在一定条件下可以转让,可以继承,对地租有有限分割的权力。在双重所有制下,土地经营权要一分为二,国家的经营权主要体现在宏观决策与宏观指导上,而农户则具体决策生产过程中的各种问题。国家决策与农户决策的区别仅仅在于宏观与微观,把经营权全部无漏地交给农户也是行不通的。

2. 土地证制度与法律形式。完整形态的土地所有权法律规范和法律制度的建立,必须以某种制度形式与法律形式加以确认。这种制度形式和法律形式就是土地证。应由县级人民政府统一印制和发放土地证。土地证分两类,国家土地证和农户土地证,在两种土地证中明确各所有者的权限和职能,以及有关土地的法律规范与制度。同时明确农户土地所有权,并不是说农村所有的土地农民都有份。而仅仅是耕地和荒山荒坡。农村现有的大块林木、果园、水利与大型水电设施等只能把所有权全部交给国家,农民可以通过租赁方式来经营。

3. 土地评价与土地投资。在土地管理中较难的是土地占有的限制以及地价的确定。解决这一问题的关键在于充分发挥地租的作用。具体来说,一是建立土地评价制度,把自发的土地评价活动理论化、组织化和制度化,开展社会规模的土地评价活动,初步确定土地的理论价格、级差价格和转让价格体系。二是分解地租构成。对绝对地租应由国家和农户根据具体情况协定分割比例;对级差地租Ⅰ应由国家全部征取,作为平衡地区发展,布局整体经济格局的基础;对级差地租Ⅱ原则上谁投资谁受益,但在一般情况下应由农户获取。这样地租就成为诱导国家农户双重土地资金积累与投资机制的决定因素,而土地双重所有权就成为增大土地投资的牵引力。

4. 地产市场与土地商品化。地产市场是在国家宏观控制下的一种特殊的商品市场,它是借用市场机制而实现的土地资源流转与合理配置的形式。土地流转借以实现的手段不是土地使用权的转让契约,而是代表土地所有权的土地证。但土地流转不能与一般商品流转类同,应在国家严厉监督下实行,即由县级政府组织土地管理机构,作为土地市场监督系统,代表国家行使各种权力,包括核算土地流转价格标准,审查买方经营能力等。土地是作为商品进入市场的,土地的商品化意在通过货币形式实现有控制的流转。它包括的主要内容有:一是土地成为商品,具有了商品货币性质;二是土地流转以货币为媒介,服从市场机制;三是土地商品化对象不是土地的物质实体,而是农民有限土地所有权。

5. 国家的宏观调控与管理机制。包括:(1)建立统一的弹性土地税收制度。改变现行的农业税收制度、集体提留与福利制度和政策,实行统一的土地税收制度,具体方案是:改实物地租为货币地租与实物地租结合的形式,分不同情况也可实行单一地租形式;改税租分立为税租合一制,实行单一地租税。同时根据不同地区和不同农村产业发展的客观需要, 实行弹性税收制度, 用弹性税率调节农村经济结构,使其达到对资源的合理配置。(2)建立土地价格调节制度。土地价格是土地自身的生产能力与经济供给稀缺性的综合指标。运用价格机制调节土地利用规模、程度、各类土地的合理分配以及土地利用方向;确定土地流转的基础价格,控制土地价格总水平,调节土地市场的供求关系;确定级差价格。(3)建立完整的土地管理法律规范与法律制度。强化国家土地所有权,提高农民对土地经营的安全感和稳定感,制定土地管理制度。

三、农村经济的组织载体与组织机制

农村微观经济基础的转轨变形, 要求创造一种与商品经济发展相适应的组织载体来承受新的农村经济运行机制, 而现阶段农村还没有形成组织载体。不论是从历史上看还是从近几年的改革看,中国农村组织体系始终是以两个链条网罗维系的。一条是行政链,过去是公社、生产大队、生产队的模式,现今是乡、行政村、自然村的模式,这

两种模式在本质上实际是大同小异的,它们的共同特征是层次分明、依次固定,把行政力量强加到地缘关系上,依靠行政的强制力量维系农村经济的运行,所以说这是用行政办法办经济的典型。这种制度对统购统销有效,但对发展商品经济就不适应。另一条是宗法血缘和地缘关系链。中国农村现今的农村组织格局,尤其是行政村和自然村,绝大多数并不是在商品经济和市场机制的推力下促成的,而是在历史的宗法血缘和地缘关系链的作用下发育形成的。因此,这些组织形式对强化和维系民族宗法关系是有积极作用的,但它所自发形成的排外性、排他性会不断滋生出封闭型自然经济的土壤和养分,阻碍商品货币关系的侵入。

正是由于上述原因,导致中国农村第二步改革碰到难度更大的制度障碍。首先,家庭联产承包责任制只在微观上改观了经济运行载体,农户成为农村经营中相对独立的经济单位。但农户自身由于资金短缺、技术短缺和资源短缺,使得他们参与市场竞争的力量极其软弱,形不成与城市工业企业相匹配的商品经济阵营。同时,由于承包实质上是经营方式的集体与个体转换,并没有触及商品经济载体存在的前提生产资料所有权,所以承包后的农户还是一种动荡不定的因素。其次,农村虽然新生了许多不同类型经济联合体与企业,但它们多数是在原有村社建制的基础上形成的,地域之间、宗教民族之间的分界十分清晰,农村商品经济的发展还摆脱不掉民族宗教的束缚。再次,农村改革中撤社建乡虽然打破了党政合一的格局,但新的乡政府和新的乡党委之间仍然存在许多复杂关系。同时,把原来的大队和生产队改为行政村和自然村,但工作方式和内容并没有变,所以,撤社建乡的改革实际上是用一种新的行政格局代替了旧的行政格局。

总之,第一步农村改革是紧紧围绕经营方式展开的,它是在行政约束下发展农村商品经济。所以必然形成一种互相矛盾的二元格局,一方面农村要大力发展商品经济，需要用新的组织载体来承受商品经济运行；另一方面农村又保留了从上到下的行政建制，这种建制又严重阻碍组织载体的发育形成，二者之间出现明显断层。所以，第二步农村改革的关键是要完成制度创新和组织创新的任务，为农村商品经济的发展创造良好的制度和组织环境。

纠正农村组织建设偏差的基本思路：一是建立双重土地所有制，这是创新组织载体的经济基础；二是废除农村不必要的行政建制，理清农村的政令关系，实现村民的真正自治和企业化经营。具体设想是：

第一，取消乡一级独立的经济组织，把它们归并到乡政府，结束乡一级两个政府的不协调状况。强化乡政府的行政和经济调节功能，把全乡的主要行政工作统揽到乡政府，减少甚至取消行政村以下的行政业务。今后乡政府主要代表国家一方面行使对农村的行政管理，另一方面主要行使对农村经济的组织调节功能。

第二，取消行政村，建立村公所，作为乡政府的派出机构，干部由乡政府直接委派。村公所代表乡政府行使其职能。与此同时，取消行政村的行政建制，下沉到自然村。

第三，在原来的自然村成立村民委员会，作为农村基层的自治性组织。村民委员会由村民民主选举产生，并代表村民与乡政府对话。村民委员会的主要职能是协调村民内部以及村与村之间的各种社会关系，办理必要的村民事务。

在组织改革的基础上，农村深层次改革的重点就是对整个农村经济实行企业化经营管理。企业化经营的模式可以多种多样，但根本的标志是农村的各种经济实体必须是相对独立或完全独立的经营性企业。这类企业大致有三种形式，第一种是建立在双重土地所有制基础上的农户单独成为一个经济实体，自行决策经济发展与战略问题，实际上是独立的家庭经营模式。第二种是在原有的自然村的基础上，根据其经济发展的特点成立一个或若干个专业经营公司，如粮食公司、畜产公司、渔业公司等。这些公司也是独立的经济实体，实际上是农村低层次横向联合的经济模式。第三是在自然村横向联营的基础上发展村与村之间的高层次的横向联合经营公司，这类公司可以跨村、跨乡甚至跨越更大的行政区域形成。

在实践农村企业化经营的过程中，有这样几个问题必须注意解决好：一是理论论证与目标预测。农村企业化与农村联产承包是两个完全不同的改革层次，后者触及经营方式，前者却要从根本上改变所有者结构与形式，创新组织载体，所以要进行严格的理论论证与目标预测，进行可行性和必要性研究。二是加强完善国家农业地租和税收的征收工作，农村经济不论采取什么样的形式都要履行税收义务。在实物地租和货币地租二者之间可以根据具体情况，由经济实体自己决定，并与村公所签订经济合同。实物地租和货币地租的换算可根据当年农村产品实际价格进行。三是要引导农村经济向规模经营转化。在农户个体经营发展有了一定基础的情况下，要创造条件促进土地集中和企业兼并，提高规模效益。四是在农村企业经营发展过程中，必然会碰到农村企业破产与农业税拖欠的问题，因此有必要制定农村企业法和农村企业破产法。对农业税的拖欠处理也要采取相应的规定，并用法律形式固定下来。

农村土地所有制和组织机构的改革是一项比联产承包难度更大、要求更高的工程式改革，所以不能期望一步到位，而要分阶段进行。具体来说要分三个阶段：

第一阶段是土地制度改革。把土地制度放在第二步农村改革的首位，是因为土地制度的具体形式是农村微观经济的基础，微观经济基础不动大手术，相应的企业实体也就无法形成。组织载体是建立在相对应的所有制结构之上的。应当承认，联产承包责任制实际上已经包含有农民私有的成分,它是对农村土地制度的第一步改革。但这次改革是土地经营权的绝对平均化。所以在进一步改革中,应以所有权的有限平均化为目标,即土地所有权的回归,按人劳比例分成的办法进行,实施比例可根据具体情况来确定。土地改革应首先作好土地统计与评价,把土地按不同类型进行分类,不同肥沃程度和不同地理位置的土地可以按一定比例折合计算,同时土地改革要一步到位,在耕地分配以后,对原有集体的大型生产基础设施(如果园、水面、水利设施等)实行租赁经营。

第二阶段是组织机制创新。土地所有权交给农民后,就必然使农民有机遇完全摆脱行政机构的约束,自行步入市场开展经营。为了顺应这一潮流,农村经济的组织机制就应做更大的手术,取消不必要的行政机构和政策,成立农村各类专业公司,使农村经济实体与城市工业经济实体相统一,都变成相对独立的商品生产者。组织创新的难点是组织载体的发育与成长,中国农村几千年来习惯于家庭经营这种最低层次的商品组织载体,而要走向联合经营这种较高层次的组织载体就比较困难。所以,要积极引导,使农民从亲身体会中感觉到联合经营和规模经营比个体经营要好。

第三阶段是农村经济市场化。土地制度改革不过是在生产关系上创造一种发展商品经济的经济基础,而组织创新才是农村商品生产发展的核心。但仅仅有了这两步改革还不够,还必须提出农村经济市场化的问题。就是说,农村微观经济基础的重塑与新组织载体的发育,最终都要回到市场上去验证它们的职能与作用,市场是它们的最终目标。对农业经济来说,市场化包括的主要内容有:农业基本生产资料(主要是土地)经营市场化;农产品生产过程市场化;农产品的交换与流转市场化;农村产业结构的形成与调整市场化;农村就业市场化等等。与此相对应,农村经济市场化又必须以土地制度改革与组织创新为基础,没有后者,前者也是空谈。所以,第二步农村改革的战略步骤应是土地制度的改革、组织创新和市场化三部曲。

（原载于《甘肃理论学刊》1989 年第 2 期；中国人民大学报刊复印资料《农业经济》1989 年第 4 期全文转载）

论国有制与商品经济的兼容渗透

国家所有制与商品经济的关系问题，是国内外经济学家长期探索的理论难题，也是我国治理整顿与深化改革中所面临的一个亟待解决的理论和实践问题。在相当长的一段时期中，占主流的一种观点认为，国有制与商品经济、计划与市场是相互排斥、不可兼容的两极；国有制经济内部不存在实质上的商品货币关系，国有经济的运行只能采用计划调节手段，而排斥市场调节手段。近几年，随着改革的深入，我国又明确提出了社会主义经济是公有制基础上有计划的商品经济理论，从而也就肯定了国有制经济与商品经济、计划与市场的内在统一性。与这种理论上的突破相适应，我国近年来的改革实践，也坚持了两条基本准则：一是坚持公有制包括国有制；二是大力发展商品经济，引进市场机制。但是，尽管我们从理论上肯定和承认了国有制与市场机制的统一性，而在现实中两者之间确实又存在一些矛盾，于是一些同志又认为，国有制与商品经济、计划与市场之间存在着不可调和的矛盾，两者不能兼容，国有制已经走到了尽头，为了发展商品经济，必须彻底否定国有制，以至也还出现了用私有制取代国有制的论点。这样，在国有制与商品经济的关系上就出现了一个从不能兼容到能够兼容，再到矛盾的认识过程。

国有制与商品经济能否兼容一再被提出，表明它并非是一个轻易就可作出结论的问题。笔者认为，国有制与商品经济、计划与市场在其自身特征和运行方式上是存在一些矛盾，但并非是截然对立的两极,两者在一定的社会历史条件下是可以有机地联系在一起,相互兼容渗透的。所谓国有制与商品经济的兼容渗透,是指它们之间在构造原理、利益关系、运行机制等方面能互相联系、互相适应、互相补充以至互相促进。

一、国有制经济内部具有商品经济存在和发展的经济条件,这是两者可以兼容的根本原因

在国有制条件下,国民经济成为一有机整体,由国家代表全体人民行使对生产资料的所有权,实现了劳动者在根本利益上的一致性。在劳动者和生产资料的结合上出现了新的特点,即劳动者不是作为单个人而是作为联合劳动者和生产资料相结合的。这种联合劳动具有两个层次:以国家为代表的整体的或社会的联合是第一个层次,它体现着对生产资料的所有权关系,构成经济的主体;以企业为代表的局部范围内的联合是第二个层次,它体现着对生产资料的具体占有和使用权关系,是经营的主体。两个层次的关系是主从关系,局部联合劳动是整体联合劳动的基础,整体联合劳动是局部联合劳动的主导。但是,无论整体的或社会范围的联合劳动还是局部的企业范围的联合劳动,在目前都是很不完全的。就社会范围内的联合劳动而言,由于生产力发展水平和生产力结构的社会化程度、管理手段落后等原因,国家还不能在全社会范围内集中统一、有计划高效率地分配社会总劳动,局部劳动还不能直接表现为社会劳动。国家对社会劳动的管理还必须借助于价值手段,采取迂回曲折的道路来实现,即把全民所有的生产资料的绝大部分交给各个生产经营单位经营管理,使各生产经营单位成为相对独立的经济实体。

由此可见,国家与各生产经营主体间存在着产生商品货币关系的必然性。企业范围内的局部联合劳动的不完全性表现得更为突出,

这种局部联合劳动是由个人劳动组成的有机整体。个人劳动具有二重性,一方面是为共同利益进行的社会劳动。另一方面又是作为个人谋生手段的个人劳动。前一方面反映个人劳动的同一性,即经济利益的一致性,后一方面反映个人劳动的差别性,即经济利益的差别性。这样,个人劳动结合为局部联合劳动,既要以生产资料公有制为基础,又要以承认劳动的差别性为条件。由于旧式的社会分工的存在决定了社会主义劳动还有繁重和轻便、体力与脑力、复杂与简单之别,再加上物质生产条件、劳动者素质等的不同,使劳动者个人的劳动在质和量上都有着重大差别。这种劳动的质量差别性,决定了劳动者个人要把自己的劳动同经济利益联系起来,也决定了作为劳动者个人联合体的企业也必然追求自身的经济利益,从而使各个企业成为不同的经济利益主体。社会主义全民企业为了实现自己的经济利益,不能向其他全民企业和社会无偿提供本企业的劳动产品。各个企业必须进行严格的经济核算,把劳动产品变为既有使用价值又有价值的商品,然后通过市场交换实现商品的价值,获取经济利益,与此同时也使局部劳动转化为社会劳动。这一系列活动实际上也就是按照商品经济的基本规则进行的。可见,国有制经济内部存在经济利益差别性这一商品经济产生和发展的经济条件,是国有制和商品经济能够兼容的内在原因。

二、较高程度的生产社会化,使国有制与商品经济在运行机制上能够相互兼容

经济运行机制一般包括计划机制与市场机制两方面基本内容,从较为抽象的意义上讲,国有制以计划机制为主导,市场机制则是商品经济的基础调节手段。但现实中的国有制及其内部存在的商品经济,不像小私有制和小商品经济那样,与很低程度的生产社会化相连

系,而是与较高程度的生产社会化相联系。较高程度的生产社会化客观上要求计划与市场两种运行机制或调节手段相互依赖、交错互补地发挥作用。这样,商品经济与国有制又能够在运行机制的环节上统一兼容起来。

商品经济条件下的生产社会化具有丰富的内容,一般是指生产资料使用的社会化、生产过程的社会化和产品的社会化。但其实质不外乎两方面,一是企业规模和共同劳动范围及规模的不断扩大,二是企业之间联系和相互依赖关系的不断增强,经济生活一体化程度越来越高。这两方面内容的发展就要求在经济运行机制中同时运用计划机制和市场机制两种调节手段和方法。生产社会化中企业规模和共同劳动范围及规模的不断扩大,要求计划机制在全社会范围内发挥调节作用,也为计划机制全面的社会调节提供了物质基础,而生产社会化中企业之间联系和相互依赖关系的广泛形成,经济生活一体化的发展,标志着社会经济关系的多样性、复杂性和易变性,它限制了计划机制调节经济运行过程的准确和优化程度。相反,市场机制不仅可以自发地协调企业间的相互依赖关系,而且能够强化企业之间的外部联系。当然,由于生产社会化的内容在不同时期其发展程度不同,从而在不同社会或同一社会形态的不同发展阶段,经济运行的调节方式的配置,还要根据各自的国情实际及当时的生产社会化发展过程中哪一方面内容占主导,进行择优选择。选择的基本尺度和标准是人们利用市场机制的社会代价和运用计划机制的社会代价的比较。运用市场机制所付出的社会代价,不仅是指分散的各个企业或生产经营主体为进行市场交易而必须支付的各种费用,还包括市场自发调节所难以避免的生产力的浪费和损失。同样,利用计划机制而付出的社会代价,不仅包括整个社会为进行计划调节而必须支付的费用,也包括计划调节难以避免的失误而可能造成的微观效益的损失以及全社会生产力的浪费。社会要保证调节方式的有效性,就要不断地有新选择,以决定在哪一部分、哪一范围内选择某种调节手段为主,这种反复比较、反复选择的过程实质上也就是经济改革不断深化的过程。

长期以来,我们只看到市场机制是自发地发挥调节作用,而计划机制则通过人类自觉的活动,有目的地发挥调节和控制作用,且把这种差别绝对化,把市场调节等同于资本主义。其实,计划机制和市场机制都是人类社会为适应生产社会化发展的需要而创造出来,用以协调各种经济关系的有效手段和方法,而且重要的是,这两种经济调节手段并不仅仅与所有制形式相联系,受其制约与影响,而直接与生产社会化的发展内容相关。同时,也不能简单地把市场调节与市场自发、盲目调节画等号。事实上,市场调节除自发调节外,客观上还有市场的自觉调节的一面。即为了适应生产社会化条件下市场需求多样性、复杂性、多变性的特征,商品经济的运行不仅要求在单个商品的生产上,使用社会必要劳动时间,而且在各种商品总量的生产上,也以社会必要劳动时间为尺度来衡量,即为了满足市场上所反映出的社会需要,必须保证社会劳动分配的总量平衡和结构优化,使全社会投入的劳动量与全社会的需要量相适应。这样,市场机制的运行就内在的要求制定经济计划,使用计划调节手段,生产社会化愈发展,市场机制的这种要求就愈明显。

三、国有制经济是保证商品经济和市场机制协调运行的必要条件

现代国内外经济发展的实践表明,一定数量的国有经济是现代社会化商品经济中的有机组成部分,即使是很发达的商品经济,也离不开必要的国有经济的支撑。完全否定和取消国有经济,单靠市场机制的作用,将会使商品经济在其运行中遇到一系列困难和矛盾,难以保证国民经济的宏观平衡和商品经济的健康发展。具体地讲有以下几方面：

1. 纯粹的商品经济和市场机制是理论上的一种抽象，在实践中也是不存在的。不少同志在评价市场机制在经济资源的配置和资源利用效率的作用时，一般往往总是习惯于从完全竞争的抽象模型出发，来论证和评价市场机制的高效率，因而往往得出这样的结论：没有国有经济的干预，市场机制的自发调节也完全能达到资源配置的最优状态。但在实际经济生活中，完全竞争的市场模型所赖以建立的那些条件是无法获得充分满足的。为了实现整个商品经济运行的高效率，必须依赖分工协作和计划性程度较高的国有制经济担当部分资源配置和稳定协调经济的功能。正如仅仅依靠计划行政手段来有效地分配经济资源是一种空想一样，"纯粹的商品经济"或"完全竞争市场"也是经济上的一种"乌托邦"。

2. 在社会生活各领域中，有相当一些活动领域有其特殊的价值判断准则，不能仅以经济准则作为价值判断的准则，而必须施以比较强的计划控制。如医疗卫生、科学、教育、国防、公安、法院、检察院以及政府的各行政部门；交通、邮电、社会保险、国家金融机构、公共社会福利事业，等等。这些部门在经济学中被称为"负效益"部门，是为其他部门的发展提供保证条件和基础设施的，其经济效益和社会效益往往存在矛盾，但即使经济上不合算也得办。对于这些领域如果单纯地贯彻实行市场机制原则，就会对社会造成不可估量的危害和损失。

3. 市场机制的顺畅运行，需要国有经济为其创造良好的外部条件。譬如，现代社会化商品经济的发展，必须具备良好的城市基础设施，如交通运输、水电、环境保护等。而基础设施的建设，需要庞大的投资，一般企业难以持久。因此，也需要国家从宏观着眼，由财力物力比较雄厚的国有经济来承担基础性设施的建设，为其他企业提供良好的经营条件和投资环境。此外，一部分微利或亏损但与国计民生有密切关系的产品的生产,也必须依赖国有企业来承担。

4. 市场机制本身存在的一系列固有缺陷，还必须通过国有经济的必要干预加以纠偏。通过市场机制的作用而实现的社会资源的分配,都是以市场消费者的偏好和生产者产品的价格变动为依据的,并随市场供求和价格的波动自行调整。市场本身虽有使供需自行趋于平衡,实现要素合理组合,协调企业联系的力量,使社会生产形成大体平衡的比例关系。但由于各种原因,消费者和生产者的选择不一定正确,消费者偏好受习惯、风俗的影响,生产也不可能了解市场的全部信息,因此消费者和生产者行为必然都带有一定程度的盲目性。如果完全听任市场调节,就会破坏宏观平衡,造成国民经济的无政府状态。同时市场价格难以反映较长时期供求的变动,这种时间界限,就决定了它对经济运行难以具有长期稳定的作用，不能保证按社会的长远利益实现资源的有效配置。特别是随着现代科技的迅速进步,产业结构的更新和改造问题越来越重要，它需要人们在准确地把握科技发展趋势和社会需求结构变化的基础上进行自觉干预,以加快结构合理化的过程,减少结构调整过程中的种种矛盾和冲突。如果仅靠市场的自发调节，那么这种结构调整将会经历一个漫长而艰难的过程。另外,一个国家所特有的经济发展战略和政策目标,如两大部类的协调、积累和消费的比例、国家重点建设及其宏观生产力布局等等,仅靠市场机制的自发调节也难以实现。以上种种局限性,都需要依赖分工协作和计划性程度较高的国有经济来克服和弥补。

5. 对于发展中的社会主义国家来说，由于历史上各种原因造成的商品经济不发达、市场机制不健全，更需要国有制经济在发展和促使市场机制完善方面发挥主导和骨干作用。主要表现在:发展中国家

在经济起飞阶段一般都面临着建设资金严重短缺的困难，为了保证国民经济有较高的积累率,推动二元经济结构的转化,需要通过国有制经济相对集中的运用资金，以克服资金投向上的分散化和轻型化倾向；发展中国家往往存在着一个基本产业与基础设施落后的非均衡产业结构,为了经济起飞和产业结构优化,迫切需要以国有经济的力量为依托,发展一些建设周期长,直接盈利低的基础部门；发展中国家不仅资金、物资匮乏,且经营管理人才更为稀缺,为跨越经济发展的这个困难地带，也需要国有经济的管理部门充当相当部分投资决策、筹集资金以及经营管理的职能；此外,在发展中国家,为了实现较高就业水平、较公平的收入分配、较平稳的市场供求状况以及通货的控制,也需要国有制经济在安置失业劳动力、调节收入分配差距、吞吐物资、平抑市场供求等方面发挥重要作用。

当然,也应该看到,尽管在现代经济中,国有经济的存在,政府对经济的管理和调节是必不可少的,或者说,广泛的和及时的宏观管理和计划调节是经济正常运行的条件。但是,政府的管理和调节与政府对经济的直接参与必须区分开来,二者的最大区别是,前者主要是通过各种经济杠杆(财政、货币政策等)为经济运行创造一种环境,纠正偏差、补充不足、实现均衡;而后者主要是通过直接经营(建立国有企业)和直接管理(指令性计划)变为经济结构中的行为主体。由于没有这种区分,因此便造成随着政府在经济运行中作用的增长,政府的直接参与空前增强,各国经济的发展和调整表明,通过政府直接经营和直接管理来发展经济适合于经济发展的特殊情况，而不是一个普遍可行的规律。把政府变成一个直接经营者和建立一个统一的排斥市场机制的计划管理体制的做法会导致一系列严重问题,其中,最突出的是使经济缺乏效率和活力，政府的活动应该主要是为各经营实体创造活动环境与条件,而不是替代经营单位的活动。同时还要明确,国有企业的存在和发展在时间上应有阶段性，即国有企业的存在和发展格局并不是长久不变的，在部门结构上应该是变化的，即随着经济的发展必须进行结构性调整。在整个经济中的地位和作用也应是多动的，即有些时期可强、有些时期可弱。国有企业的存在和发展不应是对其他经济形式的替代，而应是反映一种整体结构上的需求。这就决定了国有企业的变化性、有限性和调整性特征。如果把国有企业固定化，必然使其失去发展的活力，到头来问题成堆，积重难返。

四、市场机制的调节是国有经济存在和发展的前提基础

当然，我们强调国有经济的保证作用，并不是说市场机制是被动地处于从属地位。实际上，在商品经济中，经济运行的主体和调节机制仍然商品性质的企业和市场机制，而不是国有经济。虽然现行社会里，国有经济的确有相当的规模，但其主要功能是在经济运行中起导向作用。而非主控力量，经济运行主控机制的确立主要源于经济实体的构造性质。经济实体若是商品经济，它的主控机制必然是市场机制；经济实体若是产品经济，它的主控机制必然是计划机制。我国的经济实体是有计划的商品经济，所以，经济运行的主控机制必然是商品经济性质的市场机制。我国现阶段的经济是有计划的商品经济，是不完全的商品经济，但这并不能否定市场机制的主控或基础作用，我们认为，有计划的商品经济，其落脚点或基础仍是商品经济，其主控或基础调节力量仍然是市场机制，有计划表明了商品经济发展的程度或水平，意味着商品经济发展到高度社会化后显示出新的特征，严格地讲以市场调节为基础，以计划调节作导向或补充的有计划市场调节机制是现代商品经济的主要调节手段。在现代商品经济社会中，市场机制的主控功能主要表现在社会经济的基础是按照商品生产和商品交换的基本规律构造，即由市场取向、受市场规定、制约、影响

的。具体说来:

1. 微观经济基础构造的市场取向。商品经济条件下的微观经济基础是由相对独立或完全独立的商品生产者与经营者企业组成的,企业是商品经济组织的细胞。企业如果没有独立性,不具有法人资格和独立的物质利益,不具备商品生产者和经营者的基本功能,商品经济的大环境就无法形成。也就是说,在商品经济条件下,决不能把企业视作政府行政机构的附庸。企业的形成与发展必须根据市场的需要来进行,按照市场运行规律组建企业和经营企业,如果离开了市场运行的轨道,企业的生存就失去了存在的条件和意义。

2. 宏观经济发展与经济调控的市场规定。现代商品经济社会中的计划调节并不是独立存在的,而是与市场调节相互作用,相互补充的。对同一经济活动(既包括宏观经济活动,也包括微观经济活动)的调节,既包含计划调节的性质,也包含有市场调节的性质。这种相互渗透的双向式调节模式的形成,根源于国有经济与商品经济的兼容渗透。这就是说,由于在计划调节中充分考虑了价值规律和市场机制的作用和要求,因而计划调节本身具有了一定的商品市场属性;在市场调节中加强了计划导向的功能,因而市场调节本身又具有了一定的计划控制属性。这种双向渗透的调节格局应当是我国社会主义经济体制改革的主要目标。

3. 总量平衡与结构优化的市场制约。总量平衡与结构优化表面看来似乎只是宏观控制和计划问题。其实不然,这是因为在现实经济生活中,总量平衡和结构优化必须以众多的微观经济实体的价值平衡为基础,总量平衡的各种变量,如投资量、劳动量、生产量、流通量、信贷量等,必须逐层分解到各个部门、各个行业和各个企业,而且在部门、行业、企业各自内部又有更细致的平衡关系。对于这些关系,单靠宏观调控的能量是根本无法协调的,它必须充分运用市场机制的作用来进行。从而在微观上平衡劳动与价值、价值与使用价值、个别劳动与社会劳动、劳动分配与资金流转等各方面关系的基础上,才有可能保证宏观总量平衡与结构平衡的质量。

4. 社会政治文化等非经济领域的市场影响。在商品经济条件下,市场机制不仅调节国家宏观、企业微观、个人家庭的经济利益,从而使整个经济发展趋于平衡和协调,而且也调节人们的政治和社会利益。商品经济关系作为社会的经济基础会通过各种途径渗透到社会的政治关系、法律关系、人际关系、宗教关系以及党政关系、干群关系、工农关系、城乡关系等各个方面,反映在社会政治与文化生活的许多领域,并且对这些关系的调整融合起一定的积极作用。上述领域的有效运行必须充分考虑到商品经济中市场调节的客观存在。

五、国有制与商品经济兼容渗透的现实表现

对国有制与商品经济、计划与市场关系的上述分析,只是为了从理论上阐明国有制与商品经济、计划调节与市场调节之间的内在联系,为我们正确处理计划与市场的关系提供理论依据。上述分析实际上已经揭示出了如下问题:(1)国有制与商品经济、计划与市场这两对范畴是建立在生产高度社会化基础上的现代商品经济最基本的经济关系,它们决定着其他经济范畴和经济关系的发展方向和运行规则,处理好它们的关系,既是深化改革的主题,也是稳定发展的主题。(2)国有制和商品经济与计划和市场是对社会主义商品经济的不同角度的客观反映和表述,但国有制与商品经济侧重于社会主义宏观经济和微观经济的构造原理即商品经济运行的微观基础与宏观环境的规定,计划与市场则侧重于社会主义商品经济的运行机制及调控方式的合理配置和互补功能。简言之,前者解决经济构造,后者解决经济运行,二者是相辅相成的。(3)国有制与商品经济、计划与市场,

并不是板块式(空间)的结合,也不是流线型(时间)的结合,而是相互内溶、相互补充。这种内涵性的结合是难以从理论的角度在空间上或时间上加以明确具体的界定, 而主要从现实经济运行中的交错互补功能中体现出来。

在现实经济运行中,国有制与商品经济、计划与市场的兼容渗透主要体现在以下几个方面:

1. 经济构造的统一。国有制虽然是按照公有制原则,即生产资料全民所有制(或集体所有制)构造而成的,但是,在商品经济这个大环境下, 公有制经济也必然在其构造和具体内容上揉进商品经济的因素,按照价值规律和市场机制的要求进行经营和管理。也就是说,国有制企业也应成为相对独立的商品生产者和经营者,而不应是"产品"的一种生产单位,甚至行政附庸。把公有制与商品经济统一起来, 作为微观经济基础的构造原则, 这应当是社会主义现代商品经济的根本特征。

2. 调控方式的融合。现代商品经济的调控方式是由计划调节和市场调节两种基本方式组成的。在计划调节与市场调节之间,既不存在主次关系,也不存在板块关系,而是相互兼容的有机整体。它们之间的区别仅仅在于对同一经济活动的调节的角度和功能不同而异。计划调节重在宏观平衡,市场调节重在微观活力。这就是说,社会主义的经济调节方式是由宏观自觉调节和微观自发调节两方面组成的,有计划商品经济的调节机制是双向调节,而不是单向调节,既不是完全市场经济条件下的市场自发控制, 也不是纯粹产品经济条件下的计划自觉控制,而是两方面的有机融合。

3. 运行机制的交错。在社会主义商品经济条件下,国有制经济主要是依靠计划机制操作运行的。但是,由于国有制经济又是在商品经济这个大环境下生存和发展的,所以,它必然会在经济构造和经济运行方面,与商品经济和市场机制发生多方位的联络,并且国有制经济的现实运行又往往是与市场运行交织在一起,相互之间在生产、交换、分配、消费等方面相互影响和相互制约,这样一来,国有制经济的运行及其实现就必须依赖于市场机制的通达畅顺,而市场机制的正常运转又必须有国有制经济为其导向,以平抑市场总供给与总需求,矫正市场运行的偏差,从而使计划机制和市场机制的交错运行,更加符合社会主义经济发展的大目标。

4. 内涵功能的互补。社会主义经济中的计划与市场的交错互补是通过三种基本形式实现的。计划调节的功能在于确定宏观经济发展战略,控制国民经济发展方向、性质规定、基本格局和重大比例关系,引导市场运行和企业行为;企业的微观自控调节是根据宏观调控的要求,编制微观经济发展战略,控制企业的发展方向、发展规模、发展速度和产品结构及产品换代等,企业的微观自控要同时接收计划调节和市场调节两种因素的影响;市场调节的功能是通过市场供求和市场机制等形式来及时地客观地校正计划调节和企业自控,使宏观与微观两方面的调节控制力量更加接近客观经济规律的要求。

国有制与商品经济的兼容渗透,不仅体现在以上四个方面,而且还体现在国家的经济战略、产业政策、投资政策、信贷政策、价格政策等许多方面。在这些战略和政策的制定和执行过程中,都必须时刻兼顾考虑国有制经济与商品经济、计划与市场等各方面因素的相互作用和相互影响,妥善处理它们之间的矛盾,偏废哪一方面都会导致计划与市场关系的紊乱。

(原载于《祁连学刊》1990 年第 4 期;中国人民大学报刊复印资料《政治经济学(社会主义部分)》1990 年第 5 期全文转载)

要准确认识和发展非公有制经济

党的十五大报告指出："公有制为主体，多种所有制经济共同发展是我国社会主义初级阶段的一项基本经济制度。"这一提法表明，我国社会主义初级阶段的所有制结构是一种公有制和非公有制经济并存的多样化结构。这就扩大了我国基本经济制度的内容，使各种非公有制经济从"基本制度外"进入了"制度内"。既然非公有制经济是我国基本经济制度的一个重要的组成部分，那么，就应该"对个体、私营等非公有制经济要继续鼓励、引导，使之健康发展"，换句话说，就是应该大力发展非公有制经济，充分发挥其对公有制经济的"必要的、有益的补充作用"。然而长期以来，理论界对非公有制经济尤其是对私有制经济的认识并不十分准确，甚至可以说存在很多误解，如将私有制经济简单等同于个体经济和私营经济。本文将通过对西方国家私有制经济内容与形式的演变过程的考察，分析我国在理解非公有制经济问题上的偏差及其实践影响，为我国如何发展非公有制经济提供一些思路。

一、西方国家私有制经济的发展历程及其启示

考察西方国家私有制经济的发展历程，我们可以发现，私有制的表现形式从来都不是一成不变的，而是随着社会生产力的发展不断地演变。在生产力发展的不同阶段，不同的国家，不同的地区，以及不同的行业和企业，私有制经济的具体形式可以有不同的表现。当资本

主义生产方式最初确立时,私有制以较为简单明确的形式出现,往往是单个或少数几个资本独立或合伙经营,参与自由竞争。而随着生产力的进一步发展,自由竞争和信用水平的提高,资本逐步走向积聚和集中,随着资本集中和生产社会化的发展,资本主义私有制与生产社会化产生了尖锐的矛盾,并导致了经常性和周期性的经济危机。为解决这个矛盾,就要在资本主义私有制不变的前提下,改变其实现形式。股份公司的产生虽然使资本主义私有制的实现形式复杂化了,如所有权与产权的分离、经营形式的社会化和合作性质等,但是并没有改变资本主义私人占有的性质,因而现代市场经济条件下的大公司、大集团的性质仍是私有制(股权性质),这一点是经济学理论界所公认的。

在理论上,我们以股份公司的出现为标志,将私有制经济的实现形式划分为两个阶段。

第一个阶段是简单的私有制阶段。这是现代市场经济出现以前,私有制在现实中的表现形式。在简单私有制阶段,私有制的内容即所有权关系是单个或少数几个资本家共同拥有相应的所有权,是典型的生产资料私有制,由于生产的社会化程度还比较低,职业分工只限于雇主与雇员之间,所有者、雇主与经营者合为一体,所以这种私有制在形式上采取所有者直接控制的方式。在这个阶段,所有者与经营者数量较少而且基本一致,故而所有权关系简单明确,从最初的货币与生产要素的交易到最终的价值产品与货币的交易,都在所有者的直接控制下完成,私有制的内容和形式高度统一于相同的所有者主体,所以我们称之为简单的私有制阶段,或者所有权与经营权"两权合一"式的私有制经济。

第二个阶段是复杂的私有制阶段。这是私有制在现代市场经济条件下的表现形式,主要标志是大的集团公司、股份公司的产生。在复杂的私有制阶段，私有制经济的实现形式出现了内容和形式的分离，私有制的内容和形式不再统一于相同的所有者主体。从私有制的内容即所有权角度看，虽然出资者主体出现了多元化，资本采取了许多单个资本的联合的形式，资本占有从个人所有变成了资本的集体所有，但这仅仅是"作为私人财产的资本在资本主义生产方式本身范围内的一种扬弃"。这种扬弃只是抛弃了个人资本的形式，使联合起来的个人资本取得社会资本的形式。但是，一方面，这种社会资本不过是联合起来的个人资本，资本的属性没有改变；另一方面，公司作为法人，其所属资产在形式上是归全体股东"共有"的，但在本质上还是私有财产，因为股权归私人所有。因而资本主义经济的私有性质并没有改变。从私有制的形式即经营方式的角度看，则出现了某些共有的特点。各个大集团、大公司内部虽然有着错综复杂的所有权关系，但是从经营的角度看，它们所面临的都是一个共同的市场。在这个共同市场上，唯一具有发言权的是产品，而不是企业的所有制性质。由于所有权关系的复杂化和多元化导致的资本占有形式的社会化，使得大集团、公司不可能归哪一个所有者经营管理，而是一开始就要求摆脱资本家的个人管理；同时，企业要进入市场进行经营活动，必须作为一个完整的产权统一体出现，这就要求其经营管理具有集体性、合作性等特点。因此，资本的组织形式也出现了社会化的特点，也就是说，市场经营的需要使私有制的实现形式采取了共有的形式。在这个阶段，所有者与经营者的职能完全分离。职能资本的所有者成为非人格化的"所有者联合体"，而出资者（即单个的所有者）已无法直接控制企业，只能凭股权从企业索取回报，并承担与股权额度相一致的有限责任；经营者则根据代理合约全权代理经营法人财产，并拥有对企业的"剩余控制权"和部分"剩余索取权"。私有制的内容和形式不再统一，二者关系也更趋复杂，所以我们称之为复杂的私有制阶段，或者所有权与经营权"两权分离"式的私有制经济。

综上所述，西方国家私有制的发展经历了简单的私有制和复杂的私有制两个阶段，前者建立在生产力发展水平较低的基础上，并与之相适应；后者建立在生产力进一步发展的基础上，也是适应其需要产生的。因此，前者是私有制发展的低级阶段，而后者是高级阶段。在这两个阶段，私有制的发展经历了一条由内容和形式统一到内容和形式相分离的演进道路，但并没有从根本上改变私有制的性质。

二、传统理解的误区及其实践影响

我国理论界对非公有制经济即私有制经济的传统理解在很大程度上是不准确甚至是错误的，这主要表现在对非公有制经济的范围界定过于狭窄和对合作经济性质的含混理解等方面。

1. 非公有制经济的范围过于狭窄，而且仅限于非公有制经济低级形式。改革开放以来，我国非公有制经济得到了迅速发展。实践证明，非公有制经济是促进我国经济发展的一支不可忽视的力量，对活跃市场、方便人民生活，缓解社会就业压力，增加财政收入等都发挥了极其重要的作用。十五大报告更是充分肯定了非公有制经济是我国社会主义市场经济的"重要组成部分"，进一步确立了非公有制经济的合法地位，实现了由"对立论""补充论"向"共同发展论"的转变，给非公有制经济的发展带来了前所未有的机遇。

然而，非公有制经济的发展仍然面临着许多问题，其中最大的障碍就是对其认识不够。这主要表现在：一是非公有制经济的范围过于狭窄。一般认为，我国自己的非公有制经济主要包括个体和私营经济。从拥有的资产和劳动力数量来看，这两种经济成分最多也占不到总量的5%，因而在整个国民经济中的比重很小，影响也不大，并没有构成国民经济的"重要组成部分"。同时，我们并没有把股份制、合作制看作是非公有制经济的可能的实现形式，而只是简单地认为它们是公有制的实现形式。从对西方国家私有制发展历程的考察中，我们已经得出，股份制、合作制是非公有制经济当前在西方国家最主要的表现形式。可见我们对非公有制经济的认识上观念十分落后，因而造成了非公有制经济的范围过于狭窄。二是仅限于非公有制经济的低级形式。这是非公有制经济的范围界定过于狭窄的结果，也是非公有制经济的范围界定过于狭窄的表现。个体经济的特点是劳动者运用自有的资本，结合自身的劳动进行生产经营活动，类似于自给自足的自然经济。所有权关系简单明确，应属于非公有制经济发展中的简单私有制阶段。私营经济的特点则是出资者运用自有资本，雇佣一部分劳动力进行生产经营，所有者、雇主、经营者合为一体，雇工并不参与经营管理，也应属于简单的私有制阶段。可见，我们对非公有制经济的认识仅限于其低级形式，而有意无意地排斥了高级形式。

2. 合作经济是一个含混的概念，合作经济或混合所有制是理论界经常运用的一个概念，而且似乎都默认了合作经济或混合所有制是公有制和非公有制以外的第三种所有制形式。我们知道，确定一个社会的所有制性质，要寻找处于主导地位的所有制形式，它作为一种"普照的光"，决定着整个社会的所有制性质。同样道理，确定一个经济成分的所有制性质，也应该找出这个"普照的光"，以此为其定性。所以，合作经济或混合所有制不是与公有制和非公有制并列的一种所有制形式，它只能是公有制或非公有制经济的一种共同的实现形式。具体地说，如果是股份制，确定其所有制性质的关键是看控股权掌握在谁手中，国家或集体控股的属公有制经济，私人控股的属非公有制经济；如果是合作制，就应看主要投资者，主要投资者是国家或集体的属公有制经济，主要投资者是私人的属非公有制经济。

理论上对非公有制经济的认识不足会对实践产生重大影响。一是束缚了非公有制经济的进一步发展。如上所述,我国对非公有制经济的范围界定过于狭窄,种类也只有个体和私营经济两种,而这两种经济成分在国民经济中所占比重和影响都太小, 大力发展非公有制经济缺乏着力点,而且发展的意义也不大,因此很难迅速发展起来,成为社会主义市场经济的"重要组成部分"。二是影响了非公有制经济的发展质量。我国个体和私营经济中相当一部分企业主文化素质偏低致使企业管理制度不健全,仍处于家庭式管理、作坊式经营的低层次水平。从质量上看,总体水平不高;从结构上看,内部结构不合理,传统的服务业、流通业比重偏大,为生产和科技服务的高科技含量的新兴现代产业太少。大力发展非公有制经济,如果仅限于其低级形式如个体和私营经济,势必导致非公有制经济的低层次扩张,不利于我国经济总体水平的提高。

三、我国发展非公有制经济的思路和选择

1. 理论方面:进一步解放思想,澄清非公有制经济的概念,大胆地拓展非公有制经济的发展范围。无论是公有制还是非公有制,其实现形式都是在发展变化的、可以选择的。实现形式虽然也是一种经济关系,但同时也是一种方法和途径。同样的实现形式,公有制可以用,非公有制也可以用。这样,非公有制经济就不是仅限于个体和私营经济,而是包括股份制中私人控股、合作制中私人为主要投资者等等其他经济成分。这就在很大程度上扩大了非公有制经济的范围,提高了非公有制经济的整体质量, 从而为大力发展非公有制经济提供了充分的理论依据。

2. 实践方面:主要有两点。一是应大力发展非公有制经济的高级形式。我国发展非公有制经济,有西方国家私有制经济的发展经验可以借鉴。西方国家的经验表明,复杂的私有制也就是私有制实现的

高级形式与其低级形式相比更能促进生产力的发展。因此,我国应该从开始就有意识地引导发展非公有制经济的高级形式,提高非公有制经济的发展层次。这就要求我们一方面要加强对新生的非公有制经济的引导,鼓励发展生产型、科技型、外向型企业,引导企业向股份制、公司制和集团化方向发展;另一方面加强对已有非公有制经济的改造,帮助业主学习和运用现代化管理知识,使之由手工作坊和家庭管理方式向现代化管理过渡,逐步走向非公有制经济发展的高级阶段。从现实来看,发展高级形式的非公有制经济也有充分的社会条件。这是因为,一方面我国已经形成了完整的工业体系,而且具有较高的发展水平和科技水平,给发展非公有制经济的高级形式提供了现实依托;另一方面,发展高级形式的非公有制经济也是国有企业改革的需要,能有效地吸纳大量需要重组或改造的国有资产,保证国有企业改革顺利进行。二是适当发展低级形式。发展非公有制经济以高级形式为主,并不意味着完全不要低级形式。有些地区、有些行业由于发展水平和行业自身特点的限制,只适合于发展低级形式。如第三产业,由于所需投资少、规模小、生产周期短,为广大分散投资者的财力、智力、体力所能承受,又不会对国民经济的发展大局造成太大的影响,并且能够解决就业等社会问题,丰富人民的物质文化生活,提高人民的生活质量。因此,可以把非公有制经济的低级形式限制在第三产业这个有效范围内发展。而对于其他行业,则应当以高级形式为主。

(原载于《兰州学刊》1998 年第 1 期;中国人民大学报刊复印资料《社会主义经济理论与实践》1998 年第 6 期全文转载)

论中国制度变迁中的成本分析方法
——与樊纲、刘世锦等先生商榷

　　成本是可以量化的重要经济范畴,收益也是如此。既然成本和收益都可以量化,那么,对中国改革成本的分析就不能不运用量化的分析方法,这是过渡经济学的重要观点之一。然而,改革成本的量化关系毕竟不如企业核算中的量化关系那样精确和边界清楚。所以,过度地或过分地强调改革的收益必须大于成本的理论和公式就存在许多不足。

一、有关改革成本公式的分析

　　1. 改革成本与收益的两个公式

　　90 年代以来,我国经济学家们对改革成本的分析越来越多,尤其以樊纲等中青年经济学家们的研究见多。他们试图通过量化方法分析中国改革中的方案选择、方案论证、方案实施以及最终效应的评价。应当肯定,这种思路和方法有创新的意义。

　　从目前对改革成本量化分析的成果看,最具代表性的公式有两个:[①]

---

　　①见:(1) 樊纲:《两种改革成本和两种改革方式》,《经济研究》1993 年第 1 期;(2)刘世锦:《中国经济改革的推进方式及其中的公共选择问题》,《经济研究》1993 年第 10 期。

公式 I : $W_n - T_c > W_0$ （ I ）

这个公式是樊纲提出的。式中的 W_n 为实行制度变革后的预期收益；T_c 代表同一群人为改革制度而付出的种种代价，即改革成本；W_0 代表旧制度所能提供的净收益。不等式的基本含义是：(1)只有把改革成本考虑进去后，且新制度形式的收益比旧体制高，改革才会发生；(2)给定 W_n 和 W_0 时，改革成本 T_c 越大，改革越难，同时，改革的根本问题是：改革成本支付形式和数量关系问题；(3)改革的基本思路应是：在体制的初始条件(W_0)和目标模式(W_n)都给定的情况下，改革道路的选择问题将被归结为改革总成本 Tc 的最小化问题，或者是改革总收益 W_n 的最大化问题。

公式 II : $\left(\dfrac{W_n}{W_0 + Tc} > 1 \right)$ （ II$_1$ ）

这个公式是刘世锦提出的。式中 W_0 为旧体制净收益，体制净收益等于体制总收益减去体制运营成本；W_n 是作为改革目标的新体制净收益；TC 为改革过程中发生的额外成本（区别于体制运营成本）。显然，只有当 W_n 超过 W_0 时(它可看作是采用新体制的机会成本)和 TC 之和时，改革才是成立的。

为更深入地对成本进行量化分析，刘世锦提出了过渡性净收益概念 W_t，认为在逻辑上可以把 W_t 看成是趋近于并最终等于 W_n，或者说，W_n 是 W_t 的一个特例。此外，他根据改革中所遇到的阻力和费用起因差别，把总成本 TC 分解为 CC(协约成本)、AC(适应成本)和 FC(摩擦成本)三部分。认为改革是一个废弃旧协约、签订新协约的过程，其中，协约成本包括了搜集有关新协约信息、谈判、签订新协约过程中的各种费用；适应成本指新协约签订后，包括了协约签订者和接受者在内的人们为了适应新协约而受到的损失和付出的努力；摩擦成本则指某些人或集团抵制、反对改革所导致的损失和费用。于是，成本公式又改写为：

$$\frac{W_t}{W_0+(CC+AC+FC)}>1(W_t \rightarrow W_n) \qquad (\text{II}_2)$$

$$(t=0,1,2,\cdots\cdots n)^{[1]}$$

2. 成本公式中的边际分析方法

除在上述两个公式中提出的成本概念之外，刘世锦等还提出了其他一些成本概念，如从制度变迁时间过程的角度，可以将改革成本分为"准备阶段成本""过渡阶段成本""完善阶段成本"[2]，张曙光把改革成本又称之为变革成本，认为改革成本应包括五部分，即规划设计、组织实施的费用；清除旧制度的费用；消除变革阻力的费用；制度变革造成的损失；随机成本[3]。有的学者还把改革成本区分为"事前成本"和"事后成本"[4]。

以上是过渡经济学关于中国改革成本的基本概念。这里仅就研究方法讲，上述公式和概念有两个显著特色。

第一，用边际分析方法分析改革成本是个先例。在中国改革的前一时期（即 80 年代初、中期），人们探讨最多的是中国改革改什么，改革的目标是什么，以及由谁改革和改革的顺序（先农村还是先城市）的问题，很少有人触及改革的实际代价问题，就是有，也是主要关于改革的通货膨胀代价有多大，价格双轨制的"价差"损失有多大，以及政府的价格补贴量和财政补贴量与政府主导型改革的成本问题。尽管如此，当时还没有提出关于中国改革的具体成本及其结构关系的

---

①这是笔者所加。因为，W_t 是在一定时间条件下，逐渐趋于 W_n 的，所以应加进附带条件 t=0,1,2,……n。

②刘世锦：《经济体制创新的条件、过程和成本》，《经济研究》1993 年第 3 期。

③张曙光：《论制度均衡和制度变革》，《经济研究》1992 年第 6 期。

④高海燕：《张五常的产权经济思想》，《经济社会体制比较》1995 年第 3 期。

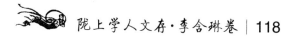

概念。所以说,过渡经济学的改革成本思想是个先例。他们试图运用新古典分析方法分析制度因素,像分析其他生产要素一样分析制度的成本和收益、供给和需求、均衡和失衡,并且试图按照新古典经济学的边际分析方法分析制度变迁。尽管如此,正如王跃生所说的那样,过渡经济学"对制度的新古典的分析无论如何也达不到对生产的其他物质要素的分析那样的精确程度。因为制度作为界定和规范人及组织间关系的规则,其中包含着太多人的因素,太多主观感觉因素。制度变迁能否发生取决于制度主体(个人或个人的某种集合)对制度变迁收益(效用)和成本的估计,取决于新制度的'外部净利润',而由于制度主体的'有限理性',由于信息和知识的偏好的差异,制度主体对制度变迁成本和收益的预先估计总是不准确的,而且同样的成本收益对于具有不同偏好的主体也具有不同的效用,因而其选择也会不同。"①其中,"外部净利润"可以理解为新制度与旧制度相比较所能获得的边际收益。

第二,改革成本是可以量化的,这就对更准确地选择改革方式提供了科学依据。尽管目前过渡经济学对改革成本有颇多的解释,含义不尽相同,但在成本是一种负效益,是社会福利的损失方面是比较倾向一致的。所以我们的任务是要把成本量化工作做得更细、更加切合中国制度变迁的实践。

二、成本与收益的对称形式

1. 成本的对称性

成本的对称性是指一定的成本付出对应于一定的收益形式,而

---

①王跃生:《不同改革方式下的改革成本与收益的再讨论》,《经济研究》1997年第 3 期。

不能用甲的成本去解释乙的收益,或用乙的成本去说明甲的收益。如企业改革的成本对应企业的收益,农村的改革成本应对应农村的收益,宏观体制改革的成本应对应宏观效益。

作为成本的对称性的基本条件应是:(1)成本必须是与体制改革有关的各种费用,与改革无关的"固定成本"不能计入改革成本。所谓固定成本,是指在任何制度条件下宏观和微观管理都必须支付的成本。如正常的政府机关及主管部门的运作成本,企业一般的管理成本,社会保障成本,市场规范(工商、税收、质检、消防、保安等)成本等。这些成本形式不会因为采取的制度形式不同而是否存在①。从这个意义上说,改革成本实质上是一种典型的边际成本(WC)。(2)原则上谁支付改革成本,谁应当获取改革收益,这样才能保证改革成本与收益的对称性和合理性。如这几年发展起来的非国有经济,它们相对于传统的国有制经济而言,是新的制度形式,虽然在非国有制经济的发展过程中,中央政府和各级地方政府也支付了相当的成本(如各种优惠政策、资金支持、商贸渠道开拓等),但其创始资本和运行资本是由自己筹集支付的,随着非国有制经济的迅速发展,他们一方面支付了很大的成本(主要包括生产成本、风险成本和交易成本等三方面成本),另一方面又获得相当丰厚的收益回报。

----

①固定成本是由公共制度运作引起的。所谓公共制度是指在任何社会经济制度条件下都存在,并发挥制度效益的制度。改革只能改掉非公共制度部分的制度形式,而不能全盘都改。因此,所谓全面改革,只能理解为各方面的制度形式都要改,但只是每种制度形式的非公共部分需要改。公共制度和公共成本(固定成本)是笔者根据成本分析需要提出的新概念,其确切的含义及有关问题要另撰论文陈述,这里不再讨论。但对这个概念的基本理解和运用,笔者认为是完全符合制度成本分析的要求的。

2. 成本支付的合理性

改革成本不仅要有对称性,而且要有合理性,其含义是指,这部分成本的支付是应该的,且符合投入产出法则。在我国的城乡改革中存在着许多这样的成本,最典型的有:

第一,企业享受利益,而成本大部分由国家支付,如国有企业改革。因为国有企业的最终所有权是国家,所以,国有企业的改革成本的大部分理所当然地由国家支付了。像为促进国有企业改革而进行的方案设计、论证、实施的费用,为加快国企改制的步伐而采取的政府补贴行为、减税行为、优惠贷款(甚至是借贷发"安定工资")等,为启动国企改革而建立的改革基金等。这种成本与收益在形式上是不对称的,但实质上是对称的。

第二,农户得到利益和实惠,而集体承担集体资产的损耗和机会成本。在我国 70 年代末期开始进行农村土地经营制度改革时,集体是承担了大量的机会成本的,如分割大型农业机械造成的损失,由于农户分散经营而降低了大型农田水利设施效益的损失,其他集体资产的各种形式的损耗等。而正是由于集体承担了这样大的改革成本,才使农村承包制能顺利进行,从而使中国农民从中得到了以后相当时间内持续增长的收益。

第三,在对外开放中政府支付了相当大的成本,而受益的除国家外,主要是其他经济实体和经济区域。对外开放是体制转轨的必需选择,为了推动我国的对外开放,中央政府是支付了相当大的成本的。如:(1)风险成本。创办经济特区是要有十足的勇气的,这种勇气实际上是一种风险成本。(2)"三资"企业经营成本。国家对"三资"企业实行从土地批租到原材料和能源供应、生产技术供应、产品销售、税收优惠等许多方面的让步和优惠政策,这实际上是承担了"三资"企业的部分成本。(3)出口企业扶持和退税,这方面国家也是支付了许多成本。

上面举例的三种情况是属于成本支付与利益获取比较对称的情况。在现实经济改革中还存在许多不对称的情况。如,(1)有的国营企业由于经营者的个人素质太差、腐败行为、管理不严或者决策失误等原因,造成严重亏损甚至面临破产的时候,为了维持企业正常生产和基本生存条件,政府会出面干涉,采用财政补贴、减免税收、停息减息等办法救助这些企业。在这种情况下,亏损成本是由企业造成的,而成本消解却是由政府来做。(2)由于受扩张性信贷政策的影响,各类企业信贷资金膨胀,负债比例超重,难以行使支付功能时,就形成沉淀债务。这时,银行只能以死账、呆账、挂账甚至销账的办法处置,银行承担了信贷膨胀成本。(3)几次提高农产品价格,本应是农民得到价格实惠,但由于农用生产资料的跟进涨价,使农民增产不增收,将价格实惠转移走了。

3. 成本动态和收益动态

樊纲和刘世锦的成本公式在分析把握中国改革成本的大致情况时是可用的,但也存在严重不足,如成本和收益界限不明晰,成本和收益是静态概念等。

实际上在改革成本和收益中,由于新制度代替旧制度有较大的时滞,加上其他因素,使得在新制度试行初期成本和收益必然是不对称的,即边际成本不等于边际收益,甚至边际成本大于边际收益,用公式来表示就是:$MC>MQ$,其中产量 Q 可视为总收益。这就是说,在制度的创新阶段,由于制度的真实效应的发挥是不充分的,从而成本有时会明显大于收益。这时,我们如果单纯根据收益小于成本的现象就认为改革是不成功的,我们就会犯形而上学式判断失误的错误。改革成本和收益的这种非对称状态可以叫做不完全收益状态,或者说是制度效应的不完全性。

正是因为上述原因,我们在分析改革成本时,不宜使用静态成本和静态收益概念,而要用动态成本和动态收益的概念。动态成本可以理解为,经济改革的成本是可变化的,有时成本付出较高,有时成本付出较少;与此相联系,动态收益可以理解为,某一改革项目的收益获取是递增关系,完全的成本和完全的收益表现都需要一段时间。这种动态概念还告诉我们,在即期改革成本一定的时候,即期收益小不等于未来收益也小,即期收益大也不等于未来收益也大。

三、对改革成本公式的修正

1. 改革的效用函数

为更确切地研究改革成本,有必要探讨改革的效用函数问题。新制度经济学在研究了"诱致性制度变迁"和"强制性制度变迁"理论时也研究了不同制度主体在制度变迁时效用函数的差异[①]。新制度经济学的国家理论也分析了国家在"确立有效的产权制度"和"统治者利益最大化"两个目标上的冲突[②]。认为,以"初级行为团体"自发行动为特征的"诱致性制度变迁"和以国家的自觉行动为特征的"强制性制度变迁"不同。前者完全以经济上的成本——收益比较为出发点,并以超过制度变迁成本的最大收益为目标函数;后者既考虑经济效益,又考虑非经济收益,只有当产出最大化与租金最大化的综合收益大于成本时,制度变迁才会发生。制度变迁方式的激进或渐进的选择也以此为准绳。

中国是个大国,从中国这个大国改革的实践看,实际的改革过程更偏向于强制性,而且改革越激进,强制缺点越是明显。远的如人民

[①] 王跃生:《不同改革方式下的改革成本与权益的再讨论》,《经济研究》1997年第 3 期。

[②] D·诺斯:《经济史中的结构与变迁》,上海三联书店。

公社化运动、三大改造、"文化大革命"中的"割资本主义尾巴"等,近的如农村家庭联产承包责任制和国有企业改革,都是如此。其中农村家庭联产承包制虽然在创始阶段是个别省份的自发行为,但一旦由中央认可后,就成为行政命令在全国限期完成。从成本负担来看,一般在不完全强制性制度变迁中(指行政命令有一定弹性,因地域特征、民族习惯而宜),上层目标与下层目标一般不会有过大的差异。但在完全强制性制度变迁的条件下,上层目标会与下层目标有过大的差异,这就会增大实施成本,降低新制度效率,从而使政府为改革组织者的"改革收益"同改革实践的"社会收益"之间出现较大的偏离。这时,若假定其他条件不变,政府效用函数同社会效用函数的"趋近"则意味着改革的收益增加,而使政府效用函数向社会效用函数趋近的过程,本身就是改革的深化过程,也是改革成本和收益的完全化或充分表现阶段。

总之,过渡经济学对改革成本的分析及其有关结论,多数是在不考虑效用函数的情况下进行的,他们关于摩擦成本、实施成本、过渡成本等的概念和划分,也没有超出这一范围。只是一种离现实较远的、理性色彩很浓的抽象分析。实际上中国作为一个大国,全国性的制度变迁活动的发动者和组织者只能是国家(或者政府),尽管遇到具体的改革时,或多或少有自发性的、局部的、以次级组织甚至个人为主体的制度创新行为①。但在这个过程中,次组织的和个人(也包括企业)的效用函数目标构成比较单一,如增加产出,增加地方财政收入,扭补和扭亏增盈,增加社会福利等,还包括更多的选择自由(自主权)、更多的分享权力(分税制和转移支付)等。而中央政府的目标函

①王跃生:《不同改革方式下的改革成本与收益的再讨论》,《经济研究》1997年第3期。

数则要复杂得多,既包括经济增长和社会福利,也包括国家的政治安定、权力的重新分配和平衡、政党和国家的利益等。

上层与下层在改革的效用函数上的差异存在告诉我们至少两点应当在成本分析时特别关注:第一,既然上层目标与下层目标有差异,说明对改革的收益的内涵理解和实际要求有不同之处,上层与下层两方面不宜用同一收益指标衡量投入与产出的关系;第二,上层与下层之间的效用函数不同,归属关系不同,所以在实际操作过程中会经常发生社会公众和次级组织实现社会收益最大化的行动极有可能同上层目标相冲突,侵蚀上层的"租金"的情形。为了解决这种目标矛盾,上层组织与下层组织之间不得不进行讨价还价式的谈判和重新签约活动,这又要支付一大笔社会成本。

2. 对成本公式的修正

首先是对成本范畴的修正。在樊纲和刘世锦二位经济学家的成本公式(I 和 II_1)中,成本 TC 是一定的,含义是某项(或全部)改革的各种费用的总和。这一成本概念的缺陷在于,没有区分固定成本和边际成本。如前文所述,固定成本是不受制度形式限制的,不论是在旧制度结构中,还是在新制度结构中都必须支付的制度费用,这种费用构成固定成本。很显然,固定成本不属于"改革"的范围,因此不能纳入改革成本。在刘世锦的公式 II_2 中,虽然本意上有区分固定成本与改革成本的意思,如将改革的总成本 TC 区分为 CC+AC+FC,实际上仍然混同了二者的区别。

修正的思路。第一,将新制度结构下的运行成本区分为两部分:固定成本和改革成本。其中,改革成本又分为两部分,一部分为修补成本,另一部分为边际成本。修补成本是旧体制条件下制度运行总成本减去固定成本的余额,由于这部分成本的支付范围仍在旧制度总运行成本的范围内,不是增量成本,所以不能算做边际成本。边际成本是由制度变迁引起的超过旧制度运行总成本的成本，实际是成本追加。第二，重新表述成本支出公式。现用 SC(SolidCost)表示固定成本；用 TC 表示新制度运行的总成本；用 TC 表示改革的总成本；用 RC(RepairCost)表示修补成本；用 MC 表示边际成本。则改革成本支出公式为：

$$TC=SC+TC \tag{1}$$

$$由于 TC=RC+MC \tag{2}$$

$$所以 TC=SC+(RC+MC) \tag{3}$$

其次是对收益范畴的修正。同新制度运行方式的总成本相对应，新制度运行也有个总收益问题。现将新制度收益分为四部分：(1)固定收益，用 W_s 表示，指不受制度变迁影响的制度运行成本支出带来的收益；(2)修补收益，用 W_r 表示，指由修补成本支出带来的收益；(3)边际收益，用 W_m 表示，指由改革的边际成本支出带来的收益；(4)旧制度和新制度运行的总收益，分别用 W_0 和 W_N 表示。故新制度运行的总收益是：

$$W_N=W_s+W_r+W_m \tag{4}$$

$$新制度的净收益应为： \frac{W_N}{W_0}>1 \tag{5}$$

$$或者为： W_r+W_m+W_s>W_0 \tag{6}$$

在公式(6)中，由于修补收益是支付了修补成本的，且修补成本与固定成本之和为旧制度运行的成本，固定收益与修补收益之和为旧制度运行的总收益，并且假定改革的投入—产出比相同，那么，在这种情况下，修补收益就不能算作是改革的净收益，因为这时改革与不改革收益总量不变。当然了，由于新制度的优越性(高效率)和投入—产出比会高于旧制度，所以在修补成本一定时，修补收益会高于旧制度中它应当占有的比重，故而会多出一部分净收益。但为分析方便,我们舍掉这种情况,尽管它不是特例。

最后是对修正后的成本与收益的综合分析。从上述对成本和收益的修正结果看,决定改革成本与收益的比较的根本问题是边际成本与边际收益。按照边际理论的基本观点,在一定情况下,如投资相对不足时,边际效率是递增的,但在投资相对饱和时,边际效率是递减的。作为中国改革的成本和收益而言,实际上已经内涵了改革收益的递增,或起码是不增不减的要求,即在新旧两种制度条件下的投入—产出比相同。因此我们认为,下列条件是改革成立的充分条件:

$$W_m > MC \qquad\qquad (7)$$

把改革成本与改革收益综合起来,我们还可以得出下列表示中国改革成本的基本公式为:

$$\frac{W_n}{TC} = \frac{W_n}{SC+TC} = \frac{W_n}{SC+RC+MC} > 1 \qquad\qquad (8)$$

$$或者 \frac{W_s+W_n+W_m}{SC+RC+MC} > 1 \qquad\qquad (9)$$

由于对改革成本和收益的重新理解和修正,所以,樊纲和刘世锦关于改革成本的两个公式中(I 和 II_2)的有关概念,尤其是 CC+AC+FC,要重新进行归类,即根据这三项成本的具备内容和构成,分别归入修补成本和边际成本中去。

(原载于《甘肃理论学刊》1999 年第 5 期;中国人民大学报刊复印资料《理论经济学》1999 年第 12 期全文转载)

贫困与反贫困研究

甘肃省中部干旱地区返贫现象和
反贫困战略研究

甘肃省是我国西部主要贫困省份之一,全省现有财政补贴县 63 个,约占县份总数的 3/4,其中"两西"贫困干旱县有 18 个,约占县份总数的 1/4。从空间分布情况看,财政补贴县大部分分布在陇中和陇东等黄土高原地带,其中属国家扶贫重点的"两西"贫困县也集中在以定西地区为核心的甘肃中部、东部地区,在概念上把这些地区统称为甘肃中部干旱贫困区。近年来,在各级党政组织和干部群众的艰苦努力下,甘肃省采取了一系列有效措施和特殊政策,使扶贫工作取得了显著成效。到 1990 年底,全省人均收入 200 元以下的农户由 1982 年的 72%降到 10%以下,实现了"七五"期间基本解决温饱的目标。但是,由于自然的、历史的和工作的多种原因,甘肃贫困地区的问题仍然相当严重,除固有的扶贫难度大外,目前在中部贫困地区农村中的返贫现象十分突出。

一、甘肃中部干旱地区返贫的现象

返贫现象十分复杂,有的人均纯收入降低,有的人均占有粮食减少;也有物质生活条件不良,精神生活贫匮。据甘肃省计委和省农委等有关部门的调查统计,1990 年以来,年返贫率一般都在 10%左右,遇到自然灾害严重的年景,返贫率会更高。主要表现为:

(一)经济增长速度慢导致经济扩张能力差

返贫首先表现为经济扩张能力的迟钝,而迟钝的根源在于这些干旱贫困地区农业生产基本条件(尤其是耕地的质量)的低下和改造速度太慢。承包制虽然使农业生产在有限的年度里大幅度增长,农民的农产品增长且收入随之增加,贫困面和贫困程度有所降低,但靠承包制的短期刺激是无法从根本上扭转和改变贫困的,原因是耕地等农业生产基本条件的改造投入严重不足。从近几年农民人均纯收入和人均占有粮食看,甘肃省的大多数农民已超过300元和300公斤的贫困线,即使中部干旱贫困区也有人均500元、600元,甚至1000元的乡或村。但在大多数农民收入增长的同时,并没有充分考虑对农业本身的再投入,而是把货币收入用来扩大消费、投向城市、投向流通等,致使农业的经济扩张能力再次返回到单纯依靠劳动投入。如定西地区的小水利及水保事业费投入,1980年为295.5万元,1984年降为215.5万元,1989年再度降到210.7万元,致使水地有效灌溉面积由承包前的52266公顷减少到1989年的47423公顷。在农业投入严重不足的同时,农用物资也十分紧缺。1991年全区计划内氮肥指标只有7万多标吨,每公顷施用实物量不足75公斤,仅为全省平均水平的一半、全国平均水平的1/4,正常年景每公顷只有1500多公斤的产量。

(二)人口自身挤压返贫

一是农业人口增长过快,促使人均占有物质财富减少,形成人口自身挤压返贫。这种返贫又有两种情况:(1)农村社会财富增加的速度低于农业人口增长的速度,因而人均财富或生活水平的下降;(2)农村社会财富的减少与农业人口增长同时发生所造成的返贫。据统计,甘肃省的中东部黄土高原地区面积约占全省总土地面积的1/4,而人口却集中了全省的70%,人口密度达120人/平方公里,高出全省平均人口密度 1.6 倍。人口增长速度也是最快的,1987 年 1‰人口抽样调查表明,在 17 个贫困县中,出生率超过 20‰的县就有 14 个,占 82.4%;其中 5 个县自然增长率超出 20‰。近几年随着农村经济自由度的放宽,人口自然增长率仍持旺盛势头。二是农民科技素质低下造成农业生产智力投入萎缩。这里需强调指出的是,承包前期与后期的农业生产对科技的要求是不同的。由于在前期土地的增产主要靠大量投入劳动,精耕细作等,但到了近几年由于优良品种、科学栽培、农药化肥、地膜覆盖等农业生产新技术的广泛使用,对农民的科技素质要求越来越高。而相对应的是贫困地区的农民素质普遍较低,很难熟练地运用科技手段脱贫致富。如据第四次人口普查资料,庆阳地区具有小学以上文化程度的人口占 54.1%,文盲半文盲占 26.6%,与 1982 年第三次人口普查比较,有各种文化的人口比例上升了 7.46%,但仍低于全国 15.8%,文盲半文盲比全国高 10.7%。在北部、中部和子午岭三个特困片,农村劳动力中文盲半文盲高达 50%以上。在定西地区属"两西"的四县农村劳动力中有 41.3%属于文盲或半文盲,科学种田的水平很低,每万名农业人口只有 2.5 名农技员,每 1000 公顷耕地只有 1 名农技人员,而且服务体系不健全,服务手段落后。

(三)经济等条件不良引起的社会保障系统返贫

就卫生医疗条件而言,甘肃近几年的贫困地区农村中问题非常多,主要表现在,一是医疗基础条件差。如定西地区共有 166 所乡镇卫生院,其中有危房的就达 117 所,面积高达 4.2 万平方米,占总建筑面积的 44%,有心电图、显微镜、B 超的卫生院极少。二是卫技人员匮乏,技术力量薄弱。如天水市农村卫技人员只占全市卫技人员的 42.6%,这与其农业人口占总人口 88%的比例很不协调,现留在农村的卫技人员主要是六七十年代分配下去的卫校学生和经过短期培训的赤脚医生。三是合作医疗机构基本解体,使相当一部分乡村没有医疗点。如康县的 350 个行政村中,无医无药的空白村就有 94 个。由于三级医疗网底破漏,防病治病工作不落实,农民再次出现看病难的问题。四是卫生事业费短缺。在差额预算管理下,多数乡镇卫生院工作人员只发基本工资,不发各种补贴和浮动工资。其他社会生活条件也很差,如庆阳地区至今还有 5 个乡镇不通公路,34 个乡镇不通班车,5 个乡镇和 24% 的行政村不通电。而通了电的村相当一部分只是通到乡镇政府和村委会所在地,入户率极低。北部山区和前原的不少地方人畜饮水问题未得到解决。其他如文化娱乐、社会交际条件等也很差。

二、返贫的成因分析

造成返贫的原因是多方面的,我们试图从微观、宏观及资金约束三方面进行分析。

(一)返贫的微观原因分析

从我们对渭源县会川镇的调查看,客观上主要有:一是家底薄,占 24.6%;二是好吃懒做,占 16%;三是智力低下,占 12.6%;四是天灾人祸,占 5.3%;五是不信科学,占 12%;六是计划不周,占 10%;七是家庭不和,占 4%;八是人多地少,占 15.3%。从工作上来看原因也是多方面的,一是乡村干部不积极主动地帮困扶贫,把扶贫工作当成额外负担,消极地应付做样子搞形式。二是方法不对头,有的一股劲地帮扶贫对象向上面要物要钱,助长了一些贫困户等、靠、要的依赖思想,贫困户的主观能动性启动不起来。三是工作不扎实,有的帮困扶贫无计划、无安排、少门路、缺措施,有的则满足于做计划、订措施,但不深入下去抓落实,使计划措施成了一纸空文,落不到实处。

(二)返贫的宏观原因分析

从甘肃中部干旱地区的情况看,能够造成返贫的带有普遍意义的原因主要有自然因素、政策因素。

1. 自然资源因素。甘肃中部干旱区的自然资源有两方面性质截然相反的特征，一方面在自然资源中能够实际用于经济开发的资源稀少，另一方面自然资源尤其是与农业生产息息相关的耕地、植被、森林等基本生产条件的资源流失非常严重。这种资源配置的二重矛盾是形成返贫的基本原因。现在的主要问题是：(1)耕地中85%以上是山地，水土流失控制能力低。据调查测算，中部地区水土流失面积占土地总面积的90%以上，年平均每公顷流失土壤16.5~18.0吨，氮、磷、钾流失远超过当地年化肥用量。定西地区每公顷播种面积和投入化肥只有123公斤，不及河西走廊张掖地区化肥用量的1/5，地质地力非常差。另外，定西地区还是全国土壤侵蚀重点地区之一。(2)自然灾害频繁，损害程度严重。甘肃历史上就是全国著名的多灾省区之一，目前森林覆盖率和植被巩固率仍处全国最低水平，各种自然灾害发生的频率很高，成灾的可能性大。仅1992年中部地区就有44个县市区百余万人受灾，农田受灾面积达20万公顷，其中成灾面积为11.3万多公顷，损失8成至绝收的农田面积近33.3万公顷，直接减少了农民的收入。

2. 经济政策因素。目前在扶贫经济政策上的主要问题是：(1)政策目标脱离实际。主要表现在：一是政策目标定得太高。以脱贫政策为例，1983年榆中县就提出了"三年解决温饱，五年停止破坏"的奋斗目标。但时到今日贫困问题依然存在，全县有1/10的人口还处在温饱线以下，南北两山地区的贫困面仍高达20%左右。显然当时对脱贫的难度估计不足。二是政策的针对性不强。多数扶贫以解决当年吃饱饭为目的，持久性、彻底性的扶贫项目少。(2)政策不稳定。突出反映在农用生产资料价格政策、农村产业政策和农村贷款政策等方面。农用生产资料价格涨幅过高，使得农民的追加转移成本难以消化，增产不增收，对乡镇企业一段时间采取全面放开的政策，而有时又忽然紧缩,致使农村工业的发展时快时慢,损失加大;农村贷款政策由于银行的效益约束,只能有少数企业能获得贷款,大多数被排斥在贷款范围之外。再如对待农村个体经济和私人经济问题上,存在忽冷忽热的现象。前几年农村个体经济和私人经济与乡镇集体企业平起平坐,享受的政策待遇也基本相同;现在个体和私营经济不仅与贷款、优惠政策无缘,而且国家税收明显地加重。这就必然会影响到这部分人的收入状况。(3)政策不配套。如科技服务政策,由于技术服务部门与物资供应部门、金融部门以及主管部门之间缺乏一个有效的协调机制,因而人员、资金、物资都无保障。(4)政策不落实。许多中央和国家的宏观经济政策无法顺利地贯彻下去,或者根本没有向群众宣传。粮油"三挂钩"政策在一些地方基本未落实。

(三)资金约束分析

资金的多少对脱贫的约束力量非常大,一般来说,扶贫资金的供给总量与脱贫速度之间是联动作用关系,资金供给总量增加,扶贫的工作就好做些;相反,则对扶贫产生紧约束。目前在扶贫资金筹集、管理和使用上存在的问题主要有:

1. 资金管理部门过多,缺乏统一规划和统筹安排。就甘肃省的情况看,分管扶贫资金的大部门就有 8 个,其中有些部门的内部又由若干处或办公室分兵把口。这是在扶贫中出现"拼盘"项目的主要原因。同时,由于多头管理,也没有一个部门对资金的使用情况进行统一检查,大家都有权力而无责任,使责权利严重脱节。

2. 用高利率的信贷资金扶贫,已经显示出许多不相适应的问题:一是银行的经济行为与政府行为不相适应,银行属企业性质,以实现利润等为考核工作实绩的主要标准,而扶贫资金是以社会效益为首要特征的。二是扶贫贷款的高利率与扶贫项目的低利润率不相适应,尤其是种植业和养殖业项目,其资金利润率一般都达不到贷款的利率水平。因此,贫困户贷了扶贫款就等于背上了还不清的债,结果不是扶贫,反而是促其贫上加贫了。三是扶贫贷款期限短与农业生产周期长不相适应。银行规定的扶贫贷款期限为:温饱工程 1~4 年,农林牧多种经营开发项目 1~3 年,林业最长不超过 5 年,乡镇企业设备贷款最长不超过 3 年。但在执行过程申,往往是就短不就长;加之银行贷款不能及时到位发放,有的在九十月贷,当年年底就要归还,给贫困户的贷款使用套上枷锁。四是贷款要求的自有资金比例高与贫困户自筹资金能力低不相适应。银行规定的自有资金比例为设备贷款不低于 20%,流动资金贷款不低于 30%。贫困地区的农民很难凑足这些自有资金,难以满足银行规定的条件。这样,就迫使许多贫困户只好放弃贷款。

3. 在扶贫资金的投放与使用上存在一些问题。一是使用分散。一乡、一村所有的农户或平均分配,或轮流享受,致使分摊到每户的资金数额很少,难以形成规模效益。二是一些基层干部和不少农民把扶贫贷款看作是救济款或社会福利费,缺乏增值观念和还贷意识。三是某些扶贫项目选择不准,缺乏可行性论证。盲目上马,经济效益很差,造成亏损;或者用人不当,胡花乱用,最后企业倒闭,资金沉淀。四是对扶贫开发的基础设施项目缺乏统筹安排。一方面是因为这些项目投资多,建设周期长,见效慢,主管部门和金融部门都有些望而却步,力不从心;另一方面是因为解决贫困户温饱有一定期限,是硬任务,而把改善基本条件当作软任务。五是对扶贫资金缺乏有效的监督、管理制度与办法,挤占挪用、贪污浪费、优亲厚友、以扶贫资金谋私等问题时有发生。

三、反贫困战略构思

（一）反贫困战略的方针和重点

反贫困的战略方针应是主动摆脱长期固有的小农经济内部造成的贫困形成机制，坚持整体开发，使外部投入与内部生产要素的改造相结合，以生产开发扶持为主，救济输血为辅，贯彻以启动内在活力和增强造血机能为主的扶贫战略。同时在总体上对贫困问题要做两方面考虑，一方面要脱贫，另一方面要巩固，将二者有机地结合起来。具体要抓好四个战略重点。

1. 产业发展。甘肃中部干旱贫困地区扶贫的首要任务是选择和培植支柱产业，吸收贫困人口参加产业开发，形成以支柱产业为主体的综合开发态势。在选择支柱产业时要注意：一要立足本地资源优势。资源的潜力在于挖掘，优势的形成在于市场的培育，有些优势资源一时得不到开发和市场的认可，但只要认准就可带动一村一乡甚至一县。二是支柱产业的选择在初始阶段不要死吊工业一棵树。实践证明，贫困地区脱贫可以在某个或某些资源条件相近的经济区域范围内，以农业自然资源或农业产品资源为基点而相对集中和重点培育某项具有支撑本地域经济发展的产业。贫困地区多为自然条件恶劣的地区，但农业资源还是有潜力可挖，农林牧渔资源开发及多层次加工就是投入少、产出多、收效快的扶贫方式。三是大开发与小开发相结合。大开发是以国家投入为主的大中型骨干项目的建设，它对大规模开发当地资源，带动地方工业发展，实现财政增收有着重大的意义。小开发是立足于当地以农林牧渔资源为主的开发和中小型企业及乡镇企业建设的形式，它分布面广，涉及的行业和吸纳的劳动力多，是繁荣地方经济，带动当地人民脱贫致富和剩余劳动力转移的重要途径。小开发投入较少，启动容易，应为扶贫开发的主要方式。

2. 区域协调。甘肃省中部干旱贫困地区,自然资源赋存相对贫乏,组合匹配条件差,开发利用程度低。要从根本上实现脱贫必须与相邻地区联合起来,形成一定区域内的协调发展。一是采取以富济贫的办法。使贫富地区联合规划产业发展,联合开发自然资源,优化资源配置,以富带贫启动资源开发。在生态环境恶化且资源贫乏的地区,除以整治环境为主外,还可动员部分群众向较富地区迁移,易地脱贫。二是"贫贫联合"的方式。这些地区资源赋存较丰富,自然地理条件相近,贫困成因具有同质性,利益容易趋向一致,通过联合聚集优势参与国内分工,加速脱贫进度。

3. 环境保护与治理。彻底脱贫必须与环境的保护治理结合起来,结合甘肃省中部干旱贫困地区情况,可以采取水土保持与调整农林牧结构相结合,种树与林果基地建设相结合,种草与发展畜牧相结合,继而与农、林、牧产品加工相结合,建立以"三田"建设为基础的农林牧综合发展的新的人工生态环境。

4. 人口与人才。在人口与人才方面应采取"控扶"并重政策。控制人口的过快增长,特别控制生理缺陷、智障者和身体障碍严重的人口再生产,抓好计划生育。开启民智,为贫困地区发展商品经济培养人才。一是要抓好扫盲工作,提高人口的文化水平;破除愚昧、落后、保守、封闭的观念,灌输先进的科学知识和商品经济意识。二是以职业技术教育为重点,必要时采取强制培训措施,提高劳动者的劳动技能,使劳动者依靠科技提高生产力。三是送出培养人才和引进人才,对贫困地区可以适当照顾,以哪里来哪里去的方式,定向培训急需的各类人才。同时应结合兴办企业引进各类技术和管理人才,缓解贫困地区人才匮乏的状况。

(二)反贫困战略的主要措施

1. 因地制宜,分类指导。根据贫困地区的不同自然类型,确定正确的发展方针和工作重点。扶贫要立足当地资源,扬长避短,发挥优势。进行多门路开发,坚持综合治理。中部干旱地区应继续坚持有水走水路,无水走旱路,水旱不通另寻出路的办法。根据具体情况,调整农村产业结构,实现农业劳动力的产业间流动,一部分农民向多种经营转移,向乡镇、个体企业转移,从事第二、第三产业。引导农民进入流通领域,组织劳务输出,从事建筑、商业、服务业、手工业等活动,逐步形成一个多层次、多渠道的综合开发脱贫经济运行机制。

2. 加强基础设施建设,改善生产生活条件。坚持种养加相结合,大力发展商品经济。把兴修水利、建设三田、小流域治理等条件的改变作为稳定解决温饱脱贫致富的根本措施。发展交通促进流通,修建县、乡等级公路,加速邮电通信设施的建设,打破地理封闭状态,完善流通网络。搞好以县城、集镇为重点的社区环境建设,促进人口、社会服务设施向三线企业和近年来兴办的重点企业集中,在配套、完善基础设施的基础上,使其成为区域性的经济、文化中心。立足当地资源优势,确定一批以商品畜禽、经济林果、采矿建筑、编织刺绣、农副土特产加工等为主的开发项目,集中连片建立商品生产基地,大力发展乡镇企业和地方工业,促进系列开发,逐步形成区域性支柱产业。

3. 坚持强化领导,层层落实扶贫责任制,组织全社会力量扶贫。有扶贫任务的地、县、乡各级党委、政府和各部门,应把工作的重点转移到扶贫开发上来。国家机关、企事业单位已建立的对口扶贫县,要继续保持,不脱贫,不脱钩。组织选派精干的扶贫工作队,深入基层,直接参加扶贫工作,帮助解决好人才、技术问题。要发挥部门优势,重点解决产业开发中的难题。厂矿企业要帮助办好一批骨干工业项目。本着互惠互利的原则,加强横向联合,川区帮山区,城市帮乡村,工厂带农村,促进城乡交流,带动贫困地区经济发展。

4. 建立健全各类社会化服务体系。贫困地区在脱贫经济机制的运行过程中,需要各类社会化服务体系的配套服务,要完善乡级农技站、畜牧兽医站建设,根据生产需要搞好良种繁育、饲草料加工、病虫防治、疫病防治等工作;建立沟通千家万户的农业生产资料供应及农副产品专业化市场;建立必要的信息咨询网络,帮助贫困地区群众适应商品经济发展和农村产业结构调整的需要。

(三)反贫困经济运行机制构造

1. 发展道路是以农业综合开发为突破口推动农村经济全面发展。从对甘肃中部干旱贫困区的考察分析来看,农村经济的发展面临着两大基本障碍:一是区域经济封闭的阻碍;二是资本原始积累的严重不足。区域经济的封闭性导致与外部大经济区域形成的大市场的隔绝,使整个区域内的农村经济处于一种封闭式自给自足的自我循环中,难以受市场诱导而扩张。资本积累的严重不足又使得农村经济的启动和发展缺乏第一推动力和持续推动力,难以进行规模扩张的扩大再生产,只能维持简单再生产的循环。这两方面的制约结果使贫困农村经济陷入了难以扩张的自我循环的超稳定状态。打破这种超稳定状态跳出贫困循环的关键在于根据区域农村经济的自身特点,选择合适的发展道路和开发模式。从甘肃的贫困地区现状看,农村经济的启动发展,无论从农业劳动生产力的提高,资本积累产生的推动力的形成,还是区域市场诱导力的产生、优势资源的开发和经营管理能力,都不可能在短期内逾越区域经济封闭和资本原始积累缓慢的障碍,进入非农产业带动下的农村经济全面发展阶段。因此,贫困地区农村经济的发展宜选择以现有可利用资源的开发为突破口,推动农业综合发展为中心的农村经济发展模式。农业综合开发对干旱山区来说重点应放在山地资源的利用上,开发荒山荒坡资源,以农、林、牧、副各种适应性多种经营为内容,根据市场需要进行选择。

2. 资本原始积累可采取劳动替代与股份联营的办法解决甘肃

中部贫困地区长期处于"饥饿型"转向"温饱型"的生产和生活状态。近年来,虽然农村经济水平有所提高,但长期低水平的收入,消费型的分配,致使地方财政、乡村集体经济、农户三个经济主体都患了严重的"资金贫血症"。国民储蓄转化为投资的潜力很小,资本来源匮乏。极度低下的资本来源,无法成为农业增长的要素投入和农业基础设施改善的动力来源,成为整个山区农村经济的"瓶颈"。因此,在缺乏货币资本的条件下,应实行以劳动替代货币资本的积累方式,以推动农业基础条件的改善。小规模的农业基础设施的修复、更新与兴建,可以采用劳动替代货币资本的积累方式,建立劳动积累制度,使农民农闲时的劳动积累到农业基础设施上去。这样,单个农民无法解决的问题,就可以通过集体所组织的劳动合作完成。重要的是如何使劳动积累持续不断,产生积累效应。我们认为最好使之作为统分结合的双层经营的一项重要内容加以制度化,将其与农户承包相关联的利益挂钩,用经济杠杆调节,使农民无论从经济的比较利益上,还是享受公共福利上,趋向于选择劳动积累投工。以股份联营形式推动农村资本及其他生产要素的聚合,克服空间分散的小资本对经济推动力小的困难,对于农业综合开发和非农产业的兴起有普遍意义。可以将村级集体经济的山地等资源入股、农户投劳折股、农技服务部门和其他部门联合;对于非农产业,可以针对各方面优势加以联合,范围可超出区域之外,内引外联,以开拓市场培养核心产业。

3. 重整微观经济基础,完善双层经营机制。农村微观经济基础是指农村中以双层经营体制为核心的农村经济微观组织所形成的经济主体。贫困农村经济真正启动和发展,最终要通过微观经济行为主体的经济活动来推动。农村微观经济基础的内涵包括集体统一经营的一层和农户分担承包的一层的经营活动。从集体统一经营这一层看,对贫困农村应体现在:合作力量的组织,以推动个体农户难以进行的共同农业生产条件的改善和创造;将国家援助的投入、科技成果迅速有效地输送到微观生产经营项目上;承担对农户承包经营的综合服务。从农户承包这一层看,主要是明确农户承包经营中的责、权、利关系,强化对其经营行为的调节功能,形成微观经济行为调节机制。对资源应按人口数或经营能力进行承包,为综合开发创造资源适度集中的转移机制。

(原载于《农业经济问题》1993 年第 6 期)

关于贫困实质的七种观点及其简评

关于贫困实质及其产生根源的解释，目前国际国内都有多种观点，大体包括资本短缺、资源贫乏、人口素质、科技落后、劳动挤压以及自然环境和阶级划分等7种比较有代表性的意见。应该承认这些论点都有一定道理，但又都有其局限性，根本问题是缺乏普遍意义，论点的适应范围比较狭窄，条件约束比较大。下面具体做出些分析。

一、资本短缺论

经济学家认为贫困是因为缺乏资本。纳克斯的"贫困恶性循环"理论对此作了充分的解释。他认为在贫困国家存在两个循环：一是在供给方面低收入意味着低储蓄能力，低储蓄能力引起资本形成不足，资本形成不足使生产率难以提高从而造成低收入；二是在需求方面低收入意味着低购买力。这两种循环的核心是低收入造成了资本低水平的供给和需求。资金短缺实际上就是资本投入不足，这在中国也是较严重的问题。在贫困地区资本积累的速度和规模始终是十分有限的。即使积累了部分资本，也得投入到燃眉之处，如解决温饱、生产生活的救济、自然灾害治理等，实质性的生产投入得不到足够的资本支持。资金短缺论的适应范围是狭小的，这是因为：(1)从资本运动规律看，资本供需态势是经常变化的，资本短缺与资本过剩往往是互补的，在贸易自由主义政策条件下，引进资本、补偿贸易等形式可以减缓资本短缺，如地中海沿岸石油输出国的石油开发等。(2)经济增长的起动力量来自储蓄比率,而非储蓄水平,即使从储蓄水平看,贫困国家中贫困阶层人数众多缺乏储蓄能力, 但实际上一些穷国的投资率却很高,如印度目前投资率和美国近年的水平17%相差无几。另外在中国发展快的地区与贫困地区之间还有一种怪现象,贫困地区的储蓄增长有时还快于发达的地区, 储蓄资金大量从西部流向沿海。(3)资本对摆脱贫困意义重大,但若不从体制和政策上做调整,有了资本也运用不好,资本使用效率低,投资成本大。

二、资源贫乏论

发展经济学认为贫困国家片面采取“西化”的发展模式是贫困的根源所在。从60年代起,贫困国家普遍把资本、资源集中在以市场为依托的工业上,忽视了农业和农村的发展,从而加剧了贫困国家中的二元经济结构,构成了农村持续贫困的直接原因。农业资源贫瘠是绝大多数贫困国家农村贫困的共同原因,中国也是如此。但是,资源贫乏并不是不能克服的, 国际上无什么资源或资源稀少的国家依靠发展劳务输出、转口贸易、委托加工、技术开发等摆脱贫困者很多。就中国而言这样的例子也不少,如苏南地区、温州地区、珠江三角洲等,过去都同样贫困,也没有什么资源,但依靠发展乡镇企业和家庭工场富起来了。所以说资源贫困不具有绝对意义,因为与资源贫乏相对应的还有技术存量、劳动存量和制度因素等。

三、自然环境论

持这种观点者认为,贫困国家绝大部分集中在热带,在北纬30°和南纬30°之间,年平均气温超过20℃,据研究,热量会加快细菌分解腐烂植物的活动。因此在热带当地温升高时,腐烂植物的来源减少了,土壤里不再有腐殖质,植物所需要的养料减少,土壤结构恶化,保

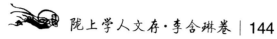

持水分的能力也严重下降,故而热带地区有许多干旱和沙漠地区。贫困与降雨量在地图上居然得到很巧的拟合,在世界政图与降雨量图上,贫困国家占据了几乎所有涂着深蓝色、紫色和深褐色的地区,即年降雨量在 1000 毫米以上和年降雨量在 250 毫米以下的地区,不是被浇得透湿,就是被烤得冒烟。由于自然环境严重恶化,自然灾害频繁发生。贫困还大多发生在高寒荒漠的高原,缺土少水的山地,以及盐碱地、戈壁草滩等处。如中国的西部地区,1985 年森林覆盖率为 7.5%(其中甘肃、宁夏、青海和新疆只有 0.3%~3.9%),水土流失面积约为 6700 万公顷,占全国水土流失面积的 51.8%。自然环境论在说明一时一区的贫困实质时,的确有一定意义,但是,有下列现象与此观点难以吻合:(1)在自然环境不良的地区仍有发展较快,贫困现象迅速改变的例子;(2)自然环境恶劣不等于缺乏有经济价值的开发资源,自然环境恶劣的一些地区往往是资源贮藏丰富的地区;(3)不是所有的地处热带的国家或地区的自然环境不利于农业开发,如东南亚和南亚等。

四、人口素质论

对贫困的产生及其持续原因的探讨,还有从人口学角度解释的,马尔萨斯就是其中最典型的代表。他提出的"人口法则"即"人口增殖力比土地生产人类生活资料力,是无限地较为巨大。"[1]并认为"贫穷,是这个法则绝对必然的结果,"[2]英国的济贫法是"供养贫民以创造贫民。"只有通过"积极抑制"或"预防抑制"来减少人口,才能使人口与生活资源达到均衡,避免贫困的再度发生。马尔萨斯对贫困的解释既

----

[1]马尔萨斯:《人口学原理》,商务印书馆 1959 年版第 5 页。
[2]马尔萨斯:《人口学原理》,商务印书馆 1959 年版第 5 页。

包含了人口数量挤压贫困,也包括了人口素质挤压贫困的双重意思。在其后的许多中外专家研究成果中, 对人口与贫困的关系主要有三方面论述:(1)人口数量论者认为,世界人口增长过快,造成了对粮食等生活资料需求过旺, 由于生活资料增长落后于人口增长就造成贫困。在生产工具落后,土地资源稀缺的情况下,贫困家庭只有通过增加人口从而增加劳动投入来获得更多的生活资料,结果进一步加剧了人口与资源的矛盾,形成贫困循环机制。(2)人口失控论者认为,贫困不仅造成人口过快增长,而且造成人口素质低下,人口素质提高迟缓,以及社会负担加重。据调查,现在全世界各地尤其是在非洲、东南亚和拉丁美洲等贫困突出的地区,存在近亲婚姻、地方疾病、流行病等问题。这就产生出人口素质低下,智力开发困难等制约反贫困的现实障碍。另一方面,贫困国家的人口出生率也很高,1987 年贫困国家的生育率平均高达 43.78‰,富裕国家为 5.92‰,妇女的总和生育率前者为 6.03,后者为 2.18。[①]人口民族论者则认为,贫困与民族性有关系,贫困经常发生在各个国家或地区的少数民族或部落中间。如在中国的 331 个由国家重点扶持的贫困县中, 少数民族县占 42%。到 1988 年底这些县还有 1300 万~1400 万人口未解决温饱,约为少数民族县农村人口的 40%,而在这些处于贫困线以下的人口中,有 70%是少数民族。再如美国的印第安人和东南亚山区的部落民族。人口素质固然与贫困不可分割,但是,人口素质又是由什么因素决定的呢?体制因素与人口素质的关系又如何?因此,简单地把贫困归于人口素质必然导致人口素质决定社会发展的结论,这显然难以成立。

---

①《1989 年世界银行报告》第 164、226、218 页。

五、劳动挤压论

劳动挤压意指劳动力总量增长失控，或者劳动总供给超过劳动力需求的失衡状态。人口过多论者认为，人口增长过快于经济(尤其是粮食)的增长，必然加大劳动对生活资料的压力，从而形成劳动挤压贫困。人口增长失控，形成庞大的劳动供给量，从而产生出如下恶果：(1)劳动拥有的生产资料数量迅速下降，劳动吸纳严重不足。中国在新中国成立初农业劳均占有耕地约为10亩左右，而进入90年代后，劳均实际占有耕地为5亩左右，只有新中国成立初的一半。目前全国农业劳动力约有3.5亿多，官方统计劳动过剩数为1.3亿，但实际上远不止这个数字，因为大量的农村过剩劳动力是强制性呆滞在农村的，在没有向外转移就业的机会时，他们则处在隐性失业的状态。全国农村每年又要增添数千万的新劳动力，这就更加剧了劳动与耕地的失衡。(2)人均拥有的生活资料数量减少或增长缓慢。由于人口增长过快，导致人均消费资料占有量增长难度更大。据统计资料反映，现在中国每年用于供养新增人口消费需要的经济比重，要占到经济增长率的4%左右。这样一来。人均生活资料拥有量的增长就十分缓慢。(3)劳动挤压的存在阻碍企业改革和结构调整的进行。劳动挤压不仅形成大量的显性失业人口，而且还制约着企业采用先进生产技术、产业结构调整，乃至市场竞争的正常进行。这是因为劳动挤压会加大社会保障保险的困难。但是，从动态看，劳动挤压并不是永恒的，在一定条件下劳动挤压会转化为劳动供给，从而形成新的创造价值的能力。如劳务输出和劳动力市场等。但这在供给和福利双重保险的旧体制下的确难以解决。

六、科技落后论

科技落后论认为，贫困的一个重要原因是科技的落后性和传统性，虽然说贫困经济中也有技术的不断改进，但这种改进不仅是缓慢的，而且多属传统经验的量的积累，难以产生质的飞跃。许多研究指出，人类自进入文明社会以来，地理环境上封闭的贫困落后地区，不仅其内部的技术创造和发明是稀少的，也很少有外界的新技术输入。因此有学者把这种主要依靠传统经验积累起来的技术称为传统技术或传统生产要素，包括土地、农具、人口和畜力、肥料、种子、耕作制度等，按照它们在生产中的作用分为三大类，即土地、劳动和技术。因为技术的传统性，虽然长期以来人们在生产上作了许多努力，但终因没有技术上的突破，使物质生产过程中人与自然之间的关系的性质均未发生根本的转变。人们以品质低下的传统经验技术面向自然，不但不能控制自然，反而受着自然的控制。因为，贫困经济实质上是各种品质不变的生产要素处在最佳配置状态下的经济。人们的知识就在以这种生产要素的品质为基础的生产方式上生长起来。正是这种知识范畴。在现实中又阻碍了科学技术的创造发明和引进，由于与外界隔离的生产环境和保守落后的生产习惯，这种知识与其由以生长起来的现存生产要素的品质保持着牢固的均衡。针对贫困经济在低品质生产要素最佳配置状态中运行的实际，舒尔茨在他的《改造传统农业》中把这种情况描述为"理性小农"，并认为"理性小农"是难以改造传统农业的技术结构的。但是，科技落后构成的贫困现状并不是不能改变的，随着市场经济的浸透和体制改革，不论是封闭的小农经济还是封闭的计划经济，都会走出传统技术的樊篱，采用先进于传统农业的甚至具有跨越性质的技术。因此，贫困的实质是由于技术落后是没有道理的，实践会修正这种偏见。

七、阶级划分论

政治学者主要从考察富裕与贫困、穷人与富人的关系出发,建立社会—政治—经济模型来揭示贫困的根源。他们认为,贫困主要是与高度扭曲的不同生产要素所有权的分配模式有关,特别是与所有权体制、土地佃租关系、资本的拥有和接近信贷与投入供应的程度有关。大众贫困有两个方面:一是消费所要求的货物生产的短缺,二是穷人征用这些货物的购买力不足。这两方面都与所有权模式、需求结构和生产过程有关,只要社会经济制度不变,生产的发展就不会自动地消除贫困。从政治角度看贫困实质的代表人物是马克思、恩格斯及其继承者们。马克思主义者们认为,贫困的实质是剥削阶级与被剥削阶级的关系,贫困产生的根本原因是资本的生产方式,资本与劳动的对立不消除,贫困就依然存在。但近年来许多研究成果和现实情况已使这种结论受到冲击:(1)随着广大劳动者步入持股者阶层,资本与劳动的对立状况开始缓解,雇佣劳动者既是一定资本的所有者,又是劳动力商品的出卖者,具有二重身份。(2)出卖劳动力或劳动成为商品是资本形成和得以运转的基础条件发生改变,雇佣劳动者并不一定都是无产者,他们受雇于资本是因为利益获取的需要。劳动力商品是市场经济的一般问题,贫困不是资本主义特有的,而是个社会一般范畴。(3)雇佣劳动者的劳动条件和生活条件也不是逐渐恶化,而是逐步改善。贫困随着生产关系与生产力之间的不断协调得到缓解,甚至消除。(4)贫困问题也大量存在于社会主义国家中。除此之外,其他发展中国家在扶贫政策实施的过程中,也曾将贫困人口按种族年龄、性别等特征分组,从中区分出最贫困者,专设援助项目。

从不同学科的角度对贫困实质所作的解释都有一定的价值。贫困是一个综合的社会现象,贫困的实质和产生及持续贫困的原因像上述引论又是多方面的。但问题是,如果贫困的实质如此之多,那么究竟什么是根本性的呢? 哪种因素是影响和制约资源、资本、人口、科技等等的呢? 这就需要做更深入的探讨。

（原载于《开发研究》1994 年第 3 期；中国人民大学报刊复印资料《农业经济》1994 年第 7 期全文转载）

现代社会贫困实质的制度理论

　　贫困和反贫困是当今世界面临的重要理论问题和实践问题,许多国际组织、国家政府和研究机构都曾提出了种种反贫理论和发展策略。这些理论和策略对区域性缓解贫困甚至彻底摆脱贫困起了积极的作用,但并未从根本上使全人类消除贫困。据世界银行报告,目前世界上仍有 1/5 的人口生活在贫困之中,中国也还有相当面积的贫困地区和贫困人口。因此,继续深入地研究贫困的实质及其产生的根源,尤其是从制度因素上探讨贫困问题,具有重要的理论意义和实践意义。

　　关于贫困实质及其产生根源的解释,目前国际国内有多种观点,大体包括资本短缺、资源贫乏、人口素质、科技落后、劳动挤压以及自然环境和阶级划分等七种比较有代表性的意见。应该承认这些论点都有一定道理,但又都有其局限性,根本问题是缺乏普遍意义,论点的适应范围比较狭窄,条件约束比较大。如果贫困的实质果真如此之多,那么究竟什么是根本性的呢?哪种因素是影响和制约资源、资本、人口、科技等等的呢? 实际上,任何一种贫困都是特定的社会制度的产物,资本短缺、资源贫乏、人口失控以及科技文化落后等之所以形成,其原因都可以在制度分析中找到答案。这就是说,制度贫困意即制度落后和制度短缺等,是一切贫困形式的总根源,而资本短缺和资源贫乏等不过是不同的贫困表现形式而已。从总体上考察,贫困的产生首先导源于短缺型经济体制, 其次贫困又是现代经济与传统经济的比较结果。

一、短缺与剩余

贫困现象在 18 世纪前并不引人注目，当时世界的生产力都很低，人民生活普遍困苦。当产业革命在英国爆发后，世界经济发展很快，一些国家或一些地区新兴的产业部门崛起，一部分人由于收入增加变得富裕起来，贫富距离拉开，贫困的问题也就开始为人们所重视，对贫困问题的研究也逐渐纳入经济学领域。人们最早从经济的角度看待贫困问题，有关贫困的定义一般限于较窄的收入概念和物质生活的维持，如 1898 年西勃海姆提出的贫困定义是："如果一个家庭的总收入不足以取得维持仅仅是物质生活所必备的需要，那么该家庭就是处于贫困状态"。①这是关于贫困的消费学定义。后来人们对贫困的考察深入到了生产领域，认为消费短缺的原因在于生产短缺，即缺乏再生产的物质条件，人均拥有的资源存量太少，难以维持简单再生产。并把这种由生产短缺引起的消费短缺型贫困划归绝对贫困范围。随着社会生产的发展，社会贫富差距拉大，人们对贫困的划分由局限于物质生活的维持转到了收入差距的比较。社会上一部分人收入多，而另一部分人收入少，这种社会各阶层之间或各阶层内部相互之间的收入差异就是相对贫困，通常把人口的一定比例定为相对贫困。世界银行曾认为，收入占（或少于）平均收入 1/3 的社会成员便可视为相对贫困。相对贫困的涵义规定具体包括三个方面：一是经济收入所占的比重；二是心理感受的作用；三是概念的适应范围限制较大，横向比较的价值不大。随之，人们又从更广泛的社会、文化范围内考察贫困问题，认为贫困不仅是指物质生活水平低下，还指文化生活

---

①王长银：《英国反贫困政策和落后地区开发》，《经济开发论坛》1988 年第 7 期。

的匮乏及身心健康不良等状况。"贫困不仅是指缺钱花,而且意味着你能活多久,你的生活质量如何"[1]有的学者甚至认为贫困包括权力和地位等政治因素,如詹姆斯·肯凯德说:"贫困不仅是指收入分配的最低层,而且是指在一个社会中所处的地位低下,无力控制自己所处的生活环境"。[2]绝对贫困与相对贫困是从贫困的程度角度划分的。相对贫困是一个社会道德范畴,属于社会公平的主题,它没有一个稳定的、具体的标准;绝对贫困则在一定时期内可以有一个相对稳定的经济收入标准。世界上目前处于绝对贫困的人口大约有 10 亿左右[3],占总人口的 1/5。绝对贫困人口主要集中在南亚和非洲,发达国家的贫困问题主要是相对贫困,此外,贫困人口又主要是农村的贫困人口。

以上关于相对贫困和绝对贫困概念的产生及其涵义的分析说明,不论是哪种类型的贫困,都是某种意义的短缺。在社会经济生活中,一方面是生产、消费、文化甚至权力的短缺,另一方面却是生产扩张和膨胀消费以及强盛的权力欲望。对这种情况有的学者把它们总结为短缺经济与发达经济的区别,其代表作如亚诺什·科尔内的《短缺经济学》。科尔内在这部著作中把社会主义等发展中国家的经济概括为短缺经济体制,认为在这种体制下,由于自然资源短缺,开发手段贫乏,管理体制不顺以及政府部门的官僚腐败等原因,使得贫困难以解脱,经济难以起飞。消除短缺经济的根本出路在于改革经济体制,变计划经济为宏观间接调控型市场经济。与此同时,西方发达国

---

[1]王长银:《英国反贫困政策和落后地区开发》,《经济开发论坛》1988 年第 7 期。

[2]王长银:《英国反贫困政策和落后地区开发》,《经济开发论坛》1988 年第 7 期。

[3]《1982 年世界银行报告》第 78 页。

家的经济学家们也以各种各样的理论来重新认识贫困的实质，其中最主要的是市场类型划分理论，即关于买方市场与卖方市场的理论。这种理论认为，西方发达国家由于生产力高度发展，产品供给十分充足，因此在市场运行中，消费者的选择余地非常大，不存在短缺的问题；而相反，在发展中国家，由于生产力还普遍落后，加之资源供应不足，故而消费者在市场上的选择余地十分狭小，物资供应普遍短缺。由此可见，买方市场与卖方市场的划分本身就是从经济体制的意义上在更广阔的范围内区分剩余与短缺、富裕与贫困的问题。

实际上，短缺与剩余也是相对的，特别是对发展中国家的农业经济来说是这样。长期以来发展中国家的农业问题是农产品短缺。在农产品短缺的背后，不是农民的短缺，而恰是农民的剩余，是农村劳动力供给的相对过剩和绝对过剩，是农业资源供给的严重短缺。从长远的发展趋势看，农产品短缺的根本性解决与农民剩余的根本性解决在方向上是一致的。在传统农业的框架内，既不可能解决农产品的短缺，也不可能解决农民的剩余，二者的出路都在于对传统农业的根本性改造，在于体制和制度的进化或变革。从短期发展的现实看，解决农产品短缺与解决农民剩余又存在矛盾。因为，解决农民的剩余，就是要将过剩的农业劳动力转移到非农产业，这一转移的进程对于农产品的需求和供给都会产生很大的冲击。如果农产品的市场供给随着农民转移的规模等速或更高速的增长，那么农产品的市场供给就不会存在太大的波动和压力；反之，扩大了的市场需求会冲击有限的市场供给，进一步加剧农产品市场的短缺。

总之，在短缺与剩余问题上我们可以看到：(1)短缺和剩余都是一定体制的因素造成的，体制是形成短缺或贫困的根本原因。(2)短缺在发展中国家经济中比较突出，但相伴短缺的是劳动等的剩余，这种二重矛盾的根源也是体制。(3)短缺与剩余的消除必须以体制变动为根本出路。

二、传统与现代

　　贫困与富裕、短缺与过剩同时也是现代化研究的主题,而现代化是相对传统体制或传统的生产方式而言的,其本质也就是制度的进化或变革。现代化发端于西欧国家,是西欧社会发展到一定阶段的自然要求,其工业革命的意义主要不是它能带来多高的工农业生产率,而在于通过发展生产力来彻底摧毁几千年的旧的小农生产方式和封建社会封闭的经济体制。从这种意义上理解,现代化实质上就是体制或制度的现代化。但是,在发展比较快的国家的现代化进程中,并没有彻底消灭贫困,现代化只是用制度革命的形式消解贫困,但不是消灭贫困,消灭贫困那是个长期的战略问题。仅就现代化与贫困的关系而言,至少有以下几方面的成就:(1)以工业革命为核心的现代化使贫困人数在总量上大大减少,大批贫困农民涌进工厂做工,成为货币工资者,消费水平比从前有本质性进步,贫困面在缩小。(2)城市经济的兴起带动和辐射农村经济的升级换代,农业生产方式现代化了,农业生产率大大提高,创造了消解农村贫困的新物质基础。(3)现代化形成了彻底摧毁农村贫困难以解除的总根源——小农经济体制,使自给自足或自给不足的封建生产方式越来越多地被市场经济所取代。由此可见,现代化作为制度革命的产物对消解贫困的作用是不能低估的。但是,在迟发展国家的现代化进程中,贫困问题的消解就大不一样了,由于在这些国家中农民的破产、失业和贫困是由土地私有制和资本主义生产方式决定的,因为传统的生产方式难以与资本主义生产方式竞争,分散农民难以与资本家竞争,所以现代化对贫困的作用不明显。但不可否认,其中很大程度上与政府的政策有关,如偏重发展工业而轻视农业,政策优惠城市而低待农村等,都对贫困缓解起障碍作用。

三、贫困与制度

对短缺与剩余和传统与现代，我们可以简明地把它们归咎于贫困与制度问题。事实也正是如此，不论是短缺和传统，还是剩余和现代，都是特定制度条件下的产物。一般来说制度是个大概念，包括政治制度、经济制度、文化制度、法律制度等许多方面，但最根本的是经济制度，制度是人们交换活动和发生联系的行为准则，它是由生活在其中的人们选择和决定的，反过来又规定着人们的行为，决定着人们行为的特殊方式和社会特征。制度既可以指具体的制度安排，也可以是指一个社会中各种制度安排的总和，即制度结构。在制度分析和制度改革中，最初总是源于制度需求的发生。制度需求，诺斯和托马斯在分析早期制度变迁时归结为人口对稀缺资源赋予的压力增加所致。舒尔茨在考察更为晚近的经济史时认为，经济发展过程中人的经济价值的上升是制度变迁的主要原因。与制度需求不同，制度供给一般是指制度决定者的供给。制度供给的特殊规定在于，它是在既定的制度遗产、制度结构或制度环境中实现的。由制度需求和制度供给所形成的制度变革的发生，其根本原因是由于存在制度非均衡，但并不是任何非均衡能够立即引以制度变革，不仅如此，制度变革的发生又是制度均衡的实现，这就是说，制度非均衡只是制度变革的必要前提条件，它的充分实现条件却是制度均衡，制度变革正是制度非均衡和制度均衡的矛盾统一。

那么，制度因素又是怎样与贫困联系在一起的呢？首先，因为制度的均衡与非均衡过程实质上就是生产力与生产关系的适应和不适应之间相互转化的过程。生产关系结构与生产力结构相适应，就会促进生产的发展，从而比较有效地消除或缓解贫困；生产关系结构与生产力结构不相适应（不论生产关系的选择超越生产力的现实，还是生产关系的选择滞后于生产力的发展），就会阻碍生产力的发展，从而不仅不能缓解贫困，反而会创造新的贫困。其次，制度因素又是决定资源配置效率的根本所在。对现代经济来说，主要有两种配置资源的方式，一种是行政配置方式，另一种是市场配置方式，市场配置主要存在于实行市场经济制度的国家。现代世界经济的发展史实证明，凡是实行市场经济制度的国家，资源配置的效率一般情况下都高于实行计划经济的国家。相对应而言，资源配置效率越高，财富增加就越快，从而解决贫困的实力就越强；反之，资源配置效率越低，社会财富增长越慢的国家的贫困消解就难以得到可靠的物质保障。最后，把制度变迁的一般要素引入处于传统农耕社会向现代工业社会转变过程中的发展中国家的农地制度分析时，制度变迁的有关要素不仅会随着制度分析的产业对象的具体化而出现某些新的界定，而且还会受制于民族的特殊的制度遗产以及由此形成的制度结构与环境所增加的制度变量。农业作为一个人类与自然界相互作用的产业部门，超越家庭范围的稳定性生产组织的建立，往往受制于耕作时令的更替或高昂的监督费用。市场经济环境中由于农产品需求的较低的收入弹性及其他因素所造成农业的弱势产业特性，几乎淡化着任何农地形式的制度效应。在制度遗产中，中央集权制度、政府行政指令、根深蒂固的小农家庭经济体制、横向配合和市场经验的缺乏，占支配地位的意识形态或正统思想以及源远流长的等级均衡和平均化倾向等，则对贫困有着直接和间接的促成作用。

四、制度短缺

制度短缺是指制度选择、制度安排的非均衡状态，是相对于制度的均衡而言的。从世界现代化的进程来看，制度短缺主要有三种运作形式：（1）制度滞后型短缺，即基本经济制度是以个体私有制为基础的小农经济制度。这种制度形式在全球很有普遍性,几乎所有的发展中国家都程度不同地存在这种制度形式。制度的滞后性一方面不能为消解贫困提供良好的制度环境,不能从根本上消解贫困,另一方面为重新创造贫困提供了基础条件。(2)制度超前型短缺,即基本经济制度是以国有制经济为基础的计划经济制度。这种制度形式主要存在于以苏联和中国为代表的一些社会主义国家。从理论上说,计划经济制度是比较高级的经济制度形式,但计划经济的实现是有条件的,即生产的高度社会化和生产力的高水平发展。但是这些条件目前在社会主义国家中还不存在。因此,脱离生产力基础片面追求所有制形式的高度化,必然违背生产关系要适应生产力的客观规律,导致一系列困难和问题,如计划统得过死、企业没有活力、平均主义盛行和腐败现象等。制度超前与制度滞后一样都不利于经济起飞和贫困消解。(3)制度交错型短缺,即基本经济制度是混合交错性的。这种制度形式主要发生在一些频繁变动制度国家中, 也存在于那些改革初期的国家中。在世界现代史上,由于历史的、政治的、军事的、宗教的和民族的原因,使战争、政变频繁地发生于一些国家中,这就造成了这些国家的基本经济制度朝立夕改,今天是这样一种制度,明天又是那样一种制度,结果对经济发展产生极大的副作用,进而不时地再生贫困人口。处于改革初期的国家也会发生制度交错的矛盾,这是因为改革会迅速改变原有的国民收入分配格局, 损伤一部分人的利益或补充一部分人的利益。另外,由于中央政策的实施效应不可能全面获得,只能是有差别地获得,所以,改革还会形成新的地区收益差别和部门收益差别,甚至行业和企业之间的收益差别,这就必然会对贫困和富裕产生直接影响。贫困的消解是一个制度均衡与非均衡的相互转化过程,各种制度短缺的存在客观上会加剧贫困,但也相应提出了制度变革和制度选择的问题。

综上所述,制度因素是贫困实质的深层次原因,而资本短缺和资源贫乏等不过是贫困实质的表象反映。也就是说,不论是短缺与剩余的关系,还是传统与现代的关系,都可以在制度分析中得到最确切的答案,离开了制度分析,以上问题都难以揭示透彻。结论是:贫困的实质是制度短缺,现代贫困主要是制度贫困。

五、制度选择

制度选择是根据原有的制度性质和制度特点进行的制度补充或制度改造过程。若原有的制度基本可行,只需做个别方面的补充性改革,就属于制度补充;若要根据发展战略目标采取新的根本不同于原有制度的制度形式,那就是制度创新或制度改造过程了。制度选择一般必须遵循的原则有两条,一是制度选择不能脱离开原有制度太远,不论是补充还是改造,都要尽量与原有制度相近;二是新旧制度的跨越空间不宜太大,要保证制度的延续性和衔接性。当然,在现实制度变迁过程中,也有跨越式的制度选择的成功先例,如美洲的近现代开发和东南亚地区的开发,有的是从原始部落制度直接转入资本原始积累制度,有的是从奴隶社会直接进入资本主义社会。

这里我们重点分析中国的制度选择问题。中国是从半殖民地半封建社会直接进入社会主义制度的,是典型的跨越性制度选择。新中国成立初中国废除了地主土地所有制,建立了农民土地所有制,到1952年底已使3亿农民获得了6700万公顷土地。农民阶级千百年来的平均主义倾向,第一次在地权形式上得到最大限度的满足,由此产生了显著的制度绩效。1950—1952年,我国粮食、棉花、油料年均增长率分别是13.1%、43.2%和17.8%。可以说,这种地权形式是适宜当时的农业制度环境和农民利益取向的制度安排。但是,农民土地私有制早在建立之前就与我国既定的制度选择(社会主义所有制)相矛盾,所以很快被政社合一的人民公社制度取代了。在人民公社的制度安排中,三级所有实质上就是一个模糊产权界定的形式,几乎完全排除了任何一级组织对土地的让渡权。此外,国家还以户籍制度的形式将农民强制性地约束在收入相对低下的农村,并在技术变迁的资本积累和农副产品供给方面,极大地降低了与农民之间的交易成本,从而使农村的社会成本与个别成本、社会收益与个别收益之间形成巨大差异,农民的实际收入水平长期低于潜在的收入水平,因而贫困也就无法避免地发生。另外,中国现代的制度选择还存在缺乏民族差别的问题。中国是个少数民族众多且制度差异很大的国家,少数民族贫困人口的产生,既有那些导致其他人口贫困的共同原因,又有一些与少数民族独特的社会文化背景有关的因素。在民族地区,废除封建制度、残余的奴隶制度,甚至于更古老的原始社会制度后,立即推行人民公社制度,把小规模自然经济变成大规模自然经济,在取消公社制后,这里的劳动力不具备独立经营商品生产的能力,由此贫困再度发生。

六、贫困消解

针对世界各国存在的不同程度和不同类型的贫困问题,一些世界性组织、各国政府和研究机构都曾提出种种反贫困的理论和发展策略,力图消除贫困问题。

首先来考察西方经济学界的反贫困理论和发展中国家的反贫困实践。二战以后,西方经济学界提出了许多反贫困的发展理论,如以罗森斯坦·罗丹、纳克斯、刘易斯等为代表的平衡增长理论,以赫希曼、佩鲁等代表的不平衡增长理论等。以罗森斯坦·罗丹的"大推进"理论为核心的平衡增长论者认为,贫困国家由于收入低下,市场容量狭小,购买力低和有效需求不足,缺乏投资引力。因此主张几个相互

补充的产业部门同时进行投资，以获取"外部经济效应"，即这种投资能够创造出互为需求、互为市场的投资和市场双向扩张的效应，克服需求不足的问题。同时这种投资可以通过分工协作，减少不必要的费用，降低生产成本，增加净收益，为提高储蓄和再投资创造条件，从而克服资本供给方面的障碍。不平衡增长论者认为，国民经济各部门的资本—产出比率和利润率是不同的，对国民经济的结构调整功能和引导效应也是有差别的。经济发展是循着由主导部门的发展带动其他部门的发展方式推进的，而不是全部推进。因此他们主张投资选择应放在主导产业上，这样投资可以通过连续效应或导向作用带动其他部门的投资和发展。"增长极"理论还认为，由于不平衡发展规律和资源稀缺是贫困国家的共同特征，因此必须选择某一产业或城市作为发展的增长极，通过对增长极点的重点投资使主导产业或中心城市发展起来，靠极化效应使得增长极城市中主导产业四周聚集日益增多的相关产业，从而产生外部辐射经济效应，最终带动整个地区所有产业的发展。在发展中国家的反贫困实践中有三种做法是具有代表性的，一种是人类基础需求开发战略；另一种是发展极开发战略；再一种是社会保障方案。人类基本需求战略就是直接面对农村的温饱问题，把提高和改善绝对贫困阶层的生产和生活两方面的基本需求作为战略目标。发展极战略是在贫困地区选择某个经济空间对其实行特殊政策，通过发展极扩大弥散半径，带动整个贫困地区的发展。社会保障方案是通过社会保险、社会救济、社会福利等政策增加贫困人口的收入，改善其贫困状况。前两种方法主要发生在发展中国家，后一种方法主要是欧美等发达国家采取的。不难看出，西方国家和发展中国家的反贫困理论和实践的选择，主要是从经济战略、经济政策、经济运行和经济调节的角度出发的，并没有根本性的制度理论和制度对策。这样一来，虽然这些理论和战略能在一定条件下发生效应,但实际上仍存在如下问题难以解释清楚:(1)平衡增长和不平衡增长的制度前提和制度基础是什么。离开了一定的制度环境,这些理论能否起到应有的作用,这显然是不行的。因为任何一种理论的形成都是以一定的制度为基础并为制度变革服务的,离开制度条件的理论是不存在的。(2)由于存在贫困问题的各国国情不尽相同,体制差异很大,因此,不论是哪种反贫困理论和战略构想的实施结果都不会雷同,有的效应明显,有的没有效应甚至会相反加剧贫困。(3)反贫困理论和对策设计应以特定国度的制度遗产、制度供给和制度需求相联系,后者决定前者,而不是前者决定后者。

其次来分析我国的反贫困理论和反贫实践活动。目前我国还有很大面积的贫困问题。从 50 年代起中国政府就通过中央计划经济体制向这些贫困地区输入资金和物资,可是没有达到预期的目的。改革以前贫困地区的经济运行特点被形象地概括为"抽血机制"和"输血机制",前者是指计划经济制度下,贫困地区的原料和初级产品只能以低价调往加工业发达地区;后者则指中央政府将发达地区积累起来的资金以财政补贴或投资的方式调拨给贫困地区。这种运行方式不仅削弱了贫困地区自我消解贫困的能力,而且助长了他们的依赖行为。为此,前国务院农研中心 1984 年根据调查提出了"造血机制"的建议,内容是改革单纯救济和平均使用扶贫资金的方法,鼓励发展市场贸易和减免税收以及以工代赈等。除此之外,早在 1982 年中央政府就在甘肃定西地区、河西地区和宁夏西海固地区组织大规模移民迁徙,以缓解当地人口与资源的矛盾。但这种扶贫方式并不具有普遍性,因为各地都有人口迅速增长的矛盾。80 年代初,非贫困地区农村经济的迅速增长,使大多数农村人口摆脱了贫困。因此经济增长也被认为是缓解贫困的主要途径,只不过在官方术语中叫"经济开发"。1987 年 10 月,国务院《关于加强贫困地区经济开发工作的通知》指出，扶贫资金不能直接分配到户，而要用来兴办扶贫经济实体即企业，由企业直接安排贫困户的劳动就业，并带动周围大批贫困户发展市场农业。因此1986—1990年期间将近80%的扶贫贷款流向企业，余者投向农村，用于发展经营性种植业、养殖业和多种经营。此后，国务院扶贫领导小组办公室的研究人员又设计出了社会经济综合发展战略，强调在提高贫困人口收入的同时要注重人力资源开发和特困地区的经济开发，具体措施是将国家计委每年调拨的100万元以工代赈专用款投放于基本农田建设项目上。为了保证扶贫的顺利进行，1986年国务院还成立了贫困地区经济开发领导小组及办事机构，贫困率较高的省份和县也成立了相应的机构。中央政府的各职能部门都安排了与各自业务有关的扶贫计划，并拨出资金沿部门系统下达到省，由当地的业务部门主管。国家还有10项专门投放到贫困地区的资金，共计45.5亿元，扶贫系统参与分配的约占1/2。从1986年到1989年，全国20个省包括新疆共投放专项贴息贷款32.135亿元，实施扶贫项目50.75万个，项目覆盖农户1192.5万户，其中受益贫困户966.5万户。如果把农民家庭人均纯收入350元视作贫困县迈出贫困的标准，那么1989年这些县占国家重点扶持的贫困县总数的份额为31.4%。不过地区之间的差别在缓解贫困的过程中也表现出来，这个份额在东部占79%，中部占35%，西部只有18%。总而言之，中国迄今为止的反贫困战略可分为两大类，一类是以改善贫困地区的基础设施和社会服务为目的的以工代赈项目；另一类是以扩大直接生产能力为目的的投资项目。这里须强调指出的是，同其他发展中国家一样，中国的扶贫理论和扶贫政策，均未明确地区分为一般贫困和特困人口，对不同类型的贫困地区和贫困人口实施的是无差别政策，因此存在许多矛盾的问题：(1)由于扶贫资金的分配是以贫困率为基准的，其30%按贫困县数分配到省，70%按各省的贫困人口规模分配。因此,普遍存在乱估、高估贫困率的问题,资金分配难以合理。(2)适用于非贫困地区的增长战略并不适用贫困地区。在非贫困地区经济增长中起到领先作用的乡镇企业,在贫困地区却很难成为增长的动力。因此,许多效仿发达地区的做法在贫困地区收效甚微。(3)设想运用发达地区的力量带动和帮助贫困地区开发资源的做法(如梯度开发论),表面上对贫困地区的资源开发有推动作用,但这是以贫困地区向发达地区大量转移利益为条件的,最终并没有多少效应。(4)贫困地区与发达地区相比,制度变迁的速度慢且水平低。表现在:一是统得过死,现在许多方面仍由国家和政府大包大揽。在计划体制方面,指令性计划仍占很大比重;分配方面平均主义倾向还很盛行;用工制度基本上还是靠人事部门计划调配。二是地区封锁严重,尚未形成全国统一市场。三是服务体系不健全。

七、制度设计

现代社会贫困问题的消解必须以制度变革为基础和核心来展开。制度改革的目标模式是改革和取消计划经济制度,建立市场经济新制度。取消计划经济实行市场经济的战略,不仅对中国有十分重要的现实意义,而且对绝大多数发展中国家也是适用的。制度选择或制度设计也是双向的,即创造条件改变小农经济的自给自足式制度形式和纠正制度超前的做法,根据生产力的现状和结构选择适宜的形式相结合。把这种思路我们权且称作制度反贫论。实践证明,制度反贫论是有广泛适应性的,世界上许多国家和地区都有以制度改革为先导脱贫致富的先例和成功经验,我国80年代推行的经济体制改革也使许多地区的贫困状况大为改善。这些都说明,任何技术性的反贫困战略虽然能一时一地取得消解贫困的效应,但不能起到全面地、稳固地消解贫困的效应。制度设计要根据不同国度的制度遗产和制度结构来进行,因而各国的制度设计不可能是相同的。就我国而言,反贫困的制度设计主要应包括以下几方面的内容:(1)制度目标设计,即以市场经济制度为目标,围绕市场经济开展制度变革工作。(2)制度项目设计,即包括:①所有制制度设计。在贫困地区可以采取比发达地区更多的所有制形式,鼓励私营经济和个体经济的大力发展;可以实行农村区域性土地农民私有制,国有经济大部分实行股份制和租赁制。②管理制度设计。建立以市场调节为主体,宏观调控为导向的新型管理制度,大幅度缩减甚至取消指令性计划。③政府职能彻底转换。除保留极少数宏观调控职能较强的政府部门(如财政、金融、工商、税务、审计等)外,其余原有的主管部门一律改为经济实体。(3)制度对策设计。改革物资分配体制,用市场机制促使物资流向重点建设项目和小城镇建设方面。改革金融体制,银行真正实行企业化管理。改革干部管理制度和用工制度,建立人才流动市场。实行企业破产制度,严格收入与效益挂钩的政策。防止垄断,实行适度的失业指数政策。鼓励贫困地区企业之间、贫困地区与发达地区企业之间、贫困区与发达地区之间的各种形式的经济联合,大力发展股份制企业和企业集团。总之,要靠市场经济来消解贫困,靠制度变革消解贫困,这才是最基本和最有效的反贫困战略。

（原载于《农村经济与社会》1994 年第 5 期;中国人民大学报刊复印资料《社会主义经济理论与实践》1995 年第 1 期全文转载）

中国扶贫资金来源结构及使用方式研究

80 年代以来我国始终坚持执行反贫困的战略方针,使贫困人口从 1978 年的占世界贫困人口的 1/4 下降到 1996 年的 1/20,贫困总人口下降了 4/5。我国在长期的反贫困过程中积累了许多宝贵经验,其中管好和用好扶贫资金是最重要的经验之一。然而,由于种种原因,在我国扶贫资金的管理使用中仍存在体制摩擦和机制运行不顺畅的问题。面对现存的 580 万农村贫困人口和新出现的大量城市贫困人口急待脱贫的迫切任务,在进行充分的实证分析的基础上,提出今后一方面要继续加大对反贫困的资金投入,另一方面要彻底改革扶贫资金管理体制,调整扶贫资金的使用方式,把提高扶贫资金的使用效率作为今后反贫困的一个重要策略,尽快建立扶贫基金会,按照"集中使用,市场启动,分项管理,加强监督"的原则操作使用扶贫资金,从而真正提高反贫困的速度和质量。

一、中国扶贫资金的来源与使用方向

(一)我国扶贫资金的来源

我国扶贫资金的来源比较广,数目大小不一,结构比例互不相同,有国家的扶贫资金,地方的扶贫资金,社会各界的扶贫援助以及海外的资金、馈赠援助。特别是从 1997 年起,中央财政将每年再增加 15 亿元,重点用于贫困面大的省、自治区,集中力量帮助贫困地区修建乡村公路、基本农田、人畜饮水设施和进行农民技术培训等。除去中央财政拨款外,中央每年再增加 30 亿元的扶贫贷款,围绕贫困地区以种植业和养殖业为主的产业,重点支持效益好、能还贷款、能迅速带动群众脱贫致富的项目。另外国有商业银行每年也要有一定比例的资金用于扶贫开发项目。

1. 具体来说国家的扶贫资金可分为三大项:国家的财政扶贫资金、银行的扶贫贷款、"三西"专项建设资金。前两项,国家的财政扶贫资金和农业银行的扶贫贷款是面向全国的,而 2 亿元的"三西"专项建设资金仅针对甘肃和宁夏两省区的河西、定西和西海固地区而言。

2. 除去中央政府的发展援助外,地方政府(特别是省政府)对当地的贫困地区也提供类似的援助,特别是对 370 个省级贫困县提供大量的扶贫资金。从来源和使用结构看,省级为主的地方扶贫资金可分为地方政府的配套资金、地方政府的财政扶贫资金以及东部沿海省市对中西部地方政府的支援三大部分。

3. 社会各界的援助是在社会各界对扶贫行动认可的基础上,根据自己的财力情况,援助贫困地区的一种行动。社会各界的援助活动多种多样,譬如有希望工程、光彩事业、幸福工程以及捐衣捐被帮助贫困地区度过灾年等。

4. 海外的资金援助和捐赠活动。它包括国外政府的援助,世界金融机构的低息、无息贷款以及海外华人的捐资、捐物等。例如甘肃的引大入秦工程,就是借助了世界银行的贷款。

(二)我国扶贫资金的使用方向

我国的扶贫资金使用方向大致分为三方面:(1)生活救济。如目前全国约有 365 万农村居民有资格享受五保待遇,平均每个受益者能得到 40 多元的救济金,此外还有 6000 多元的持续贫困人口需要生活救济。(2)发展援助。上述所有援助资金都是针对特定的贫困地区或贫困地区的企业的,没有针对某一特定贫困群体的发展援助项目。这反映了中国政府把区域开发放在优先位置,试图通过贫困地区的总体经济发展来根本消除贫困的政策取向。(3)由政府资助组织的大规模反贫困活动形式"以工代赈"计划。这是针对区域性贫困而设计的旨在改善基础设施和社会服务为当地经济建设创造条件的扶贫形式。

二、扶贫资金管理和使用中存在的现实问题

资金的多少对脱贫的约束力非常大,一般来说,扶贫资金的供给总量与脱贫速度是连动作用关系,资金供给总量增加,扶贫的工作就好做些,相反则会对扶贫产生紧约束。90年代以来,中央政府和地方政府以及其他扶贫援助资金在连年增长,可以说,同80年代初中期相比较,中国90年代初反贫困的资本供给是比较充足的。但由于体制和管理方面的原因,目前的使用效果并不十分理想。

(一)现行体制增大了扶贫资金的管理成本

我国扶贫资金管理体制从中央到地方有四层:中央、省(自治区)、地区、县,机构组织庞大,审批环节多,审批手段繁杂,本意是要加强扶贫资金的管理,却相反造成了扶贫资金运作的低效率,因为扶贫机构组织如此庞大,相应的事业费支出也就过多,贫困地区在申请扶贫资金时遇到的首要难题就是审批环节多,消费了时间、精力以及资金;管理层次、环节多,经常发生的一个现象就是扶贫资金的截留问题。

(二)现行体制不利于集中高效地使用扶贫资金

我国扶贫资金来源渠道过多所带来的一个显著的负面效应,就是扶贫资金的管理部门多,资金管理分散,缺乏统一规划和统筹安排,各自为政,不利于集中一定的财力解决扶贫攻坚的关键问题。就拿甘肃省的情况来说,分管扶贫资金的大部门就有八个,其中有些部门的内部又由若干处或办公室分兵把口。这是在扶贫中出现"拼盘"项目的主要原因。有时为安排一个扶贫项目的资金往往需要由主管副省长乃至省长亲自出面协调才能解决,从而降低了工作效率。国务院贫困地区经济开发领导小组对于多渠道筹集的扶贫资金,实行"统一规划,统筹安排,渠道不乱,性质不变,相对集中,配套使用,确保效益,各记其功"的原则目前难以达到。同时由于多头管理,没有一个部门对资金的使用情况进行统一检查监督,大家都有权力而无责任,使责权利严重脱节。此外,对口单位短期效益比较明显,长期效益难以保证,其原因主要是对口单位与当地的扶贫部门协调不够,扶贫行动难以融入当地的经济活动。

(三)扶贫资金管理中的"内部人控制"问题严重

扶贫资金的多头筹集和多头管理,使政府以及相应的主管部门难以对其进行有效的监督,极易发生内部人使用问题。例如有的县把扶贫资金的一部分挪用补发职工的拖欠工资;有的把扶贫资金用作部分工业项目的补充流动资金;也有相当一部分严重不符合放款规定,如用扶贫资金炒股,炒房地产,大吃大喝,公款私用,购置高档办公用具等。这类现象不仅在扶贫资金管理机构存在,而且在涉及资金具体使用的有关部门内也普遍存在。甚至有些管理人员也利用管理扶贫资金的权力,优亲厚友以及为私人牟利,置扶贫资金的使用原则于不顾。

(四)扶贫资金分配中的平均化倾向

扶贫资金的分配要坚持效益优先,体现公平竞争的原则。但在扶贫资金的分配中常常出现的问题是将资金平均分配或让贫困户轮流享受,致使分摊到每户的资金数额很少,难以形成规模效益。扶贫资金分配的平均化、分散化倾向使扶贫资金的效益大大降低,对顽固性贫困问题的解决效果不明显。同时扶贫资金的这种分配格局难以体现鼓励先进,鞭策后进的精神。平均化、分散化的扶贫资金到了贫困户手中,常常是被当做"公共产品"或救济款使用,真正用来建立脱贫产业的资金相对较少。这说明,当前我国扶贫资金的经济开发性质实际上是变形的,或多或少被看成了社会福利形式,只要是贫困地区的人口(不论是富裕人口还是真正的贫困人口),谁都可以搭扶贫资金的"便车"。

(五)扶贫资金的投向与结构有偏颇性

中央对扶贫资金的投向与结构作了明确规定,指出要把资金着重用于解决群众温饱问题的种植业、养殖业和以当地农产品为原料的深加工增值类工业上,有条件的地方可以上一些其他工业类项目。但是从各贫困地区的执行情况看,在扶贫资金使用结构上有重工轻农、重短期轻长期的倾向,而且盲目性极大,投资损失严重。如有的贫困地区根据"无工不富"的思想,匆忙上马几个工业项目,由于技术、管理、市场等方面跟不上的原因,不仅未解决当地的贫困问题,反而让银行和财政背上了包袱。如果不能根据本地实际情况选择投资项目,扶贫资金的投向与结构只能在低效率或无效率状态下运行。

(六)扶贫贷款使用中的现实矛盾

近年来银行的扶贫贷款在国家扶贫资金总额中所占的比重逐年上升,说明扶贫资金的成本约束在加大,这对提高资金的使用效率是有利的。但目前的矛盾仍不少:(1)扶贫贷款期限短与农业生产周期不相适应。银行规定的扶贫贷款期限为温饱工程1~4年,农林牧多种经营开发项目1~3年,林业最长不超过5年,乡镇企业设备贷款最长不超过3年。(2)扶贫贷款的超范围使用。一些地方政府将扶贫贷款使用范围任意扩大或者转移使用,如将中央定的贫困县及其资金用到其他县,有的将贫困县的资金用到非贫困县,有的是专项资金,但实际上不是专项使用。(3)扶贫贷款财政化现象严重。不少贫困地区对扶贫开发贷款视作贫困救济,信用观念淡薄,贷款使用效益差,逾期、催收贷款占用率过高。

三、扶贫资金筹集管理中的委托—代理分析

从目前反贫困的任务看,多渠道筹集资金有助于弥补国家扶贫资金的不足,集中社会力量消除贫困,但也积累了许多问题和矛盾。建议尽快改变目前扶贫资金的管理体制,建立基金会统一组织和管理扶贫资金,即出资人委托基金会来管理,实行基金会管理体制代替目前的分层管理体制。

我们以国家扶贫资金的管理体制为例进行委托—代理分析,这不仅因为国家扶贫资金在所有扶贫资金来源中比重最大,而且因为其他扶贫资金的管理也可以照此进行分析。国家扶贫资金的管理层有四层,并且是按行政规则逐级管理的,这种管理可以看作是多重委托—代理,即国家、省(市)、地区、县这四级管理层之间存在一种委托—代理关系,其中,国家是最初委托人,县是最终代理人,省(市)、地区既是一级委托人,又是一级代理人,它们之间的错综复杂关系约束着扶贫资金的使用效益。目前我国的这种委托—代理关系一般都没有签订具有强约束力的或比较规范的合同契约,只是根据国家"八七扶贫攻坚计划"的任务要求和各地贫困人口、贫困状况来确定扶贫资金的总规模,然后再将资金下拨给各省相关的扶贫部门。同理,省与地区之间、地区与县之间也存在类似问题。从运行过程看,这种多重委托—代理关系使信息的传递,使责任的归属逐渐变得模糊起来,看似明确的管理却又变得缠杂不清,谁都有权管理扶贫资金,却又找不到对扶贫资金真正负责任的人,这种管理状况不是造成扶贫资金的流失,就是造成扶贫资金的低效率投放。

鉴于在扶贫资金的管理中存在的信息不对称和非契约管理问

题,建议在县一级建立扶贫基金会,取消中间的管理层次,由中央、省区直接到县进行管理,使初始委托人与最终代理人直接见面,严格按照委托—代理模型建立规范的契约关系。扶贫基金会的机构设置和工作原理主要是:

(一)扶贫基金会的机构设置

扶贫基金会应由扶贫资金的筹集机构、扶贫资金的使用机构、扶贫资金的监督机构三部分构成。在这里重要的是扶贫资金的监督机构要建设好。我们初步考虑,扶贫资金的监督机构可由下列人员组成:出资人代表、政府代表、贫困地区的代表和对贫困问题研究有造诣的专家学者组成,由他们负责扶贫资金的项目选择和扶贫资金的投向,并由他们组成的检查团进行跟踪检查与事后检查。

(二)扶贫资金的筹集机构负责扶贫资金的筹集,由此机构与扶贫资金的来源部门协调筹措扶贫资金

在筹措扶贫资金的过程中,由他们负责代表扶贫基金会与扶贫资金的来源部门签订合同,分清出资人与使用人的责任,列清风险分担的方案,规定责任人。在把扶贫资金筹集好后,扶贫资金的筹集机构还必须与扶贫资金的使用机构签订协议,约束扶贫资金的使用机构。

(三)扶贫资金的使用机构在使用扶贫资金的过程中,严格按照已确定的项目使用资金,保证扶贫资金及时、足额到位

扶贫资金使用机构应严格监督扶贫资金的使用情况,做好项目进程报告,及时发现问题,向监督机构报告,以便及时修订计划。扶贫资金的筹集机构与使用机构应分别与扶贫资金的监督机构签订合同,分清各自的责任,界定好每个机构的权力范围,规定好每个机构应完成的任务和应承担的责任,以便奖优罚懒。

（四）建立与此相对应的激励机制，保证各个机构都有积极性去完成自己的任务

工作人员的奖惩应与业绩联系起来，根据工作完成好坏，给予相应的奖惩，达到委托—代理所要求的激励相容的境况。当然扶贫基金会的建立有许多优点，同时也有一些不足之处，具体体现在扶贫基金会初始启动时，所耗费的成本要高一些，同时委托—代理合同的签订也需要专业人员的指导，所需的文本文件比较多，同时由于人们思想观念的转变需要一个过程等，这些情况的存在可能会使扶贫基金会的工作有点混乱。但随着时间的推移，文本文件的完备，合同形式和签约程序逐步规范，扶贫基金会的工作就会迈向程序化、模式化，到那时工作效率肯定会大幅度提高，成本也会随之降低。

四、扶贫资金应用中的项目管理及对策选择

建立扶贫基金会的根本目的就是要把反贫困作为一项社会系统工程来对待。扶贫基金会在操作运转扶贫资金时，要注意解决好下列问题。

（一）要在资金使用中处理好的关系

（1）处理好无偿救济与有偿使用的关系，要以有偿使用为主;（2）处理好普遍贫困与集中扶贫的关系，要以集中扶贫、规模投放为主，彻底改变平均分摊、分散投放的方法;（3）处理好扶持贫困户与扶持集体经济的关系，要在支持贫困户自力更生的基础上，共同治穷致富;（4）处理好近期解决温饱与长远区域经济开发的关系，要立足当前、扶持贫困地区建设温饱工程，在大多数贫困户解决了温饱之后，适时地转入区域经济开发，为稳定地解决温饱和大规模的区域经济开发打好基础;（5）处理好富民与富县的关系，要以富民为主，同时有计划地安排能够增加地方财源的富县项目。

(二)扶贫基金会应贯彻统筹规划、合情合理分配扶贫资金的原则

扶贫资金的分配应按照统筹规划的原则，以有效提高扶贫资金的整体效益。

(三)扶贫基金会要按照"集中使用、市场启动、分项管理、加强监督"的原则实行项目管理集中使用

扶贫基金会对来源渠道不同的资金，无论数额多少，都应该集中使用，列入统一的预算计划中。针对当地贫困状况与贫困人口的比重以及分布的情况，有目的、有计划地使用扶贫资金。扶贫基金会的基层组织设立在贫困县上，具体来说其成员可包括县计委、扶贫办、财政、银行、税务、科委、农委等方面的专家，由他们组成扶贫资金评审、使用、管理、监督、评价委员会，下设基金会办公室，乡上设扶贫基金领导小组和专业干事。集中使用可以有效克服过去那种多渠道来源和多头（多原则）管理的弊端，有效地杜绝多渠道渗漏现象。

市场启动。对扶贫资金的使用要按市场原则来办事，按市场规律提高扶贫资金的使用效率，在扶贫的过程中实现资金增值。我国近几年的扶贫资金投入每年 10 多亿元，数量不少，但我们要节约使用。使用扶贫资金时，不能仅仅把扶贫资金作为资金来使用，有条件的地方和项目应把扶贫资金作为资本来使用，即在扶贫资金的使用过程中，不仅要看到扶贫资金的社会效益，还要看到扶贫资金的经济效益，把扶贫资金的使用与资本管理结合起来。在扶贫地区使用扶贫资金时，要以社会性和经济性为导向，侧重经济性，合理投放扶贫资金，使贫困地区走上一条持续、稳定发展的轨道。

分项管理。根据扶贫资金使用方向的不同，采取不同的管理办法，实行分类指导，有利于提高扶贫资金的使用效果。分项管理的依据是"两头"，一头是资金来源结构，一般包括完全无偿性资金，部分无偿性资金和有偿性资金三大类。来源性质不同，使用方向和原则就

有差异,但可以根据具体情况在基金会内调剂余缺。另一头是资金使用结构。根据目前所要解决贫困的具体情况,建议把反贫困与项目管理结合起来,按系统工程的要求,分门别类地使用扶贫资金。对于公益性质的项目,例如贫困地区的道路、桥梁、供水、供电、文教、卫生、养老等项目,就应该用国家的财政扶贫资金以及其他属于无偿性质的资金来承担,由扶贫基金会统筹规划贫困地区公益性质的项目建设;对于市场竞争性质的项目,包括种植业、养殖业、以当地产品为原料的加工业以及一些其他工业项目,由扶贫基金会把来源属于贷款性质的扶贫资金用于这部分项目的建设,这就能够实现由资金管理向资本管理的过渡;对于不完全市场性质的项目,例如对农民的科技培训等人力资本投资以及以工代赈、移民开发等项目,扶贫资金的来源则由财政扶贫资金与农行的扶贫贷款共同承担;对于农民庭院经济这类项目,可由扶贫基金会借鉴乡村银行的经验,划出一部分资金支持其发展;对于农村中存在的五保户、残疾人以及特困户的农民,可由扶贫基金会把具有无偿性质的财政扶贫资金或社会捐赠款划出一部分进行救济式扶贫。

加强监督。在对扶贫资金实行基金会管理体制情况下,监督机制更为重要。除去扶贫基金会要加强自查外,还必须从以下几方面抓起:(1)建立规范的项目申报、评审制度,加强科学论证,提高项目可行性。(2)加强对项目的跟踪管理,发现项目管理和执行中的问题,及时提出解决办法。(3)健全检查制度,把项目审查与实地抽查结合起来,实行定期与不定期检查制度,实行历史与现在的对比检查。(4)中央和省级政府派专人(类似于特派员)负责检查扶贫基金会的运行情况,把实际情况与各地上报的书面材料相对照,以便发现问题,及时改进。(5)发挥省地两级政府和机构的监督作用,特别是要制定扶贫资金使用效果奖惩制度。

参考文献：

[1]汪三贵.反贫困与政府干预,《农业经济问题》1994 年第 3 期。

[2]陈端计.对"九五"扶贫的三点新探,《嘉应大学学报》1996 年第 5 期。

[3]朱玲.制度安排在扶贫计划实施中的作用,《经济研究》1996 年第 4 期。

[4]朱玲.中国扶贫理论和政策研究评述,《管理世界》1992 年第 4 期。

[5]吴忠.贫困与反贫困的理论探讨(上、下),《开发研究》1991 年第 4、5 期。

（原载于《农业经济问题》1998 年第 4 期；中国人民大学报刊复印资料《农业经济》1998 年第 9 期全文转载）

中国西部干旱贫困县教育移民调查报告

——兼论教育移民的政策意义和可行性

一、研究背景

西部贫困县基本上都是以干旱和半干旱为主要特征，人均水资源占有量严重不足。为了解决这一问题，各级政府部门采取了许多有效措施，如生态移民，即政府通过投资新建大型水利工程等方法，将贫困干旱地区的人口迁移到灌区，以改善这些群众的基本生产生活条件。事实上，在很多地方，除了政府的政策性移民外，群众还自发探索并积极实施了多种移民方式来改善生存状态，如投亲靠友举家外迁，外出务工，教育移民等。其中，教育移民在这些地区的移民和智力开发方面起着越来越重要的作用，在一定程度上真正实现了这些地区农村劳动力流动的有效性、稳定性和长效性。为了研究这一现象，我们选择了甘肃省的民勤县、会宁县、景泰县和安定区4个干旱贫困县、区为调查对象，对干旱贫困县教育移民的情况进行了调研。我们认为，在西部许多地方，可以把教育移民作为移民的重要战略选择，国家也应该把教育移民作为扶持西部贫困地区开发和发展的重要政策项目。教育不仅是贫困地区实现人力资本开发的主体形式，而且是实现移民的主要形式。

民勤县地处河西走廊东北部，东、西、北三面被腾格里和巴丹吉林两大沙漠包围，是深居沙漠腹地的一块绿洲。该县干旱缺水，生态脆弱,风大沙多,年均降水量只有 110 毫米,而蒸发量高达 2646 毫米。2004 年民勤县辖 18 个乡镇,244 个村,12 个居民委员会,年底总人口 30.72 万人,其中农业人口 27.25 万人,全县人均生产总值 4616 元,农民人均纯收 2968 元。会宁县位于甘肃省中部,县境群山连绵,梁峁交错,沟壑纵横,可概括为"七川八塬九道梁",属典型的黄土高原,丘陵沟壑区,平均海拔 2025 米,年降水量在 328~433.5 毫米,水资源严重短缺,地表水大部分苦咸。2004 年会宁县辖 28 个乡镇,284 个村,6 个居民委员会,年底总人口 58.33 万人,其中农业人口 55.37 万人,全县人均生产总值 2245 元,农民人均纯收入 1450 元。景泰县位于黄河上游,属温带干旱型大陆性气候,特点是干旱少雨、多风。年均降水量 184.8 毫米,年均蒸发量 3038.5 毫米。2004 年景泰县辖 11 个乡镇,140 个村,7 个居民委员会,年底总人口 23.02 万人,其中农业人口 18.78 万人,全县人均生产总值 6118 元, 农民人均纯收入 2200 元。安定区位于甘肃省中部,属典型的黄土高原,干旱少雨,水资源极度匮乏。2004 年安定区辖 19 个乡镇,302 个村, 年底总人口 47.71 万人,其中农业人口 38.56 万人,全县人均生产总值 2777 元,农民人均纯收入 1593 元。

二、甘肃省干旱贫困县教育移民的实践典型

(一)恢复高考以后各类大学、中专在这些县录取学生的情况

1977—2005 年,会宁、景泰、民勤和安定 4 县、区被大学录取人数累计 68284 人,被中专录取人数累计 41489 人,总计录取 109773 人,年均录取 3785 人。其中,2001—2005 年,4 县、区被大学录取人数累计 39512 人,被中专录取人数累计 14254 人,总计录取 53766 人,年均录取 10753 人。各类大学中专录取人数逐年上升,其原因一方面是学校招生规模逐年扩大, 另一方面是这些县对教育移民越来越重

视。分县、区看,1977—2005年,各类大学中专在会宁县、景泰县、民勤县和安定区分别累计录取学生39754人、18729人、23335人和27955人;2001—2005年,各类大学中专在该4县、区分别累计录取学生19756人、8223人、11731人和14056人。

(二)历年毕业学生数、回县学生数、留外学生数

为了确定会宁、景泰、民勤和安定4县、区大中专毕业生回县工作率,我们调查了这4个县1997—2004年各年各县、区大中专毕业生回县工作人数(见表1),以及这4个县1993—2000年各年各县考取大中专学生人数(见表2),得到了4县、区1997—2004年历年大中专毕业生回县工作率(见表3)。

表1 1997—2004年大中专毕业生回县工作人数 (人)

年份	会宁	景泰	民勤	安定	合计
1997	214	49	280	511	1054
1998	251	143	321	519	1234
1999	320	123	405	467	1315
2000	350	71	399	449	1269
2001	280	88	350	571	1289
2002	272	103	347	584	1306
2003	348	130	448	701	1627
2004	283	192	372	1021	1868

注:根据4县、区教育局提供的资料整理。

表2　1993—2000年考取大中专学生人数　（人）

年份	会宁	景泰	民勤	安定	合计
1993	1104	598	651	707	3060
1994	1557	745	557	721	3580
1995	1419	746	572	749	3486
1996	1479	647	572	721	3419
1997	1379	622	599	779	3379
1998	1237	510	665	918	3330
1999	1400	676	1118	1287	4481
2000	2232	1327	1664	1749	6972

注：根据4县、区教育局提供的资料整理。

表3　1997—2004年大中专毕业生回县工作率（％）

年份	会宁	景泰	民勤	安定
1997	19.4	8.2	43.0	46.3
1998	16.1	19.2	57.6	33.3
1999	22.6	16.5	70.8	32.9
2000	23.7	11.0	69.8	30.4
2001	20.3	14.1	58.4	41.4
2002	22.0	20.2	52.2	47.2
2003	24.9	19.2	40.1	50.1
2004	12.7	14.5	22.4	45.7
1997—2004年均值	20.2	15.4	51.8	40.9
2001—2004年均值	20.0	17.0	43.3	46.1
2003—2004年均值	18.8	16.8	31.2	47.9

在调查的 4 县、区中,安定区、民勤县的大中专毕业生回县工作率较高,但安定区近几年回县工作率有上升的趋势;而同期民勤县的情况与之相反,回县工作率有下降的趋势。会宁县和景泰县的大中专毕业生回县工作率较低且较为稳定。

会宁、景泰、民勤和安定 4 县、区大中专毕业生回县工作率的差异与各县、区的经济社会发展水平密切相关。2004 年会宁县的农民人均纯收入最低,为 1450 元;安定区比较低,为 1593 元;景泰县较高,为 2200 元;民勤县最高,为 2968 元。由于安定区是定西市 7 县、区中的唯一一个市辖区,所以,安定区的大中专毕业生回县工作率在 4 县、区中最高,2004 年为 45.7%。除安定区外,会宁、景泰和民勤 3 个县的大中专毕业生回县工作率与这几个县的农民人均纯收入基本上正向相关。

三、教育移民对缓解人口压力的贡献

(一)教育移民对社会发展的贡献

为了比较正确地分析教育移民对当地经济社会发展的贡献率,我们主要选取教育移民对该地区人口增长压力的缓解能力的分析和评价。由此我们提出以下模型:

模型一:1977—2005 年 29 年来教育移民总贡献=29 年来该地区考取大中专学生人数×(1–大中专毕业生历年平均回县工作率)×(1+调节系数)。

模型二:教育移民对缓解人口压力的相对贡献=[29 年来教育移民总贡献/(2003 年当地总人口+29 年来教育移民总贡献)]×100%。

(二)调节系数的设定

由于 1977—2005 年 29 年来某地区考取大中专学校的学生,绝大多数为未婚青年(1977 年、1978 年考取大中专学校的学生中只有个

别已婚),这些人如果没有离开当地,就只能在当地种地务农或工作,也必然在当地结婚生子,较早的 77 级、78 级学生可能已经有了第三代孙子女辈。所以从 2003 年的人口总数看,这些已经离县到外地工作的大中专学生对当地教育移民(本质上起到了当地人口外迁的移民效果)数量的贡献就不仅仅是其本人,还应该加上他们的子女人数和孙子女辈的人数。教育移民调节系数,就是指这些离县工作的大中专学生平均每个人在 2003 年的子女人数和孙子女辈的人数(见表4)。

表 4　教育移民调节系数

调节系数估计方案	教育移民调节系数	说明
方案一	0.5	一对夫妻平均生育 1 个孩子,平均一个人有 0.5 个孩子。目前城市家庭基本上是这种情况。
方案二	1.0	一对夫妻平均生育 2 个孩子,平均一个人有 1 个孩子。据我们调查,会宁、景泰、民勤和安定 4 县、区的多数城镇家庭是这种情况。
方案三	1.5	一对夫妻平均生育 3 个孩子,平均一个人有 1.5 个孩子。据我们调查,会宁、景泰、民勤和安定 4 县区的多数农村家庭一对夫妻生育 2~3 个孩子。

　　由于实际上很难得到这些事实上已经离县到外地工作的大中专学生平均每人在 2003 年的子女人数和孙子女辈人数,以下分析中教育移民调节系数取值为 1.0。因此,教育移民对缓解人口压力的相对贡献的含义,指教育移民数量占在没有教育移民的情况下当地现有人口数量的百分比。

（三）教育移民总贡献的分析结果

按以上模型可计算出，1977—2005 年，4 县、区考取大中专学校的学生有 109773 人，其中回县工作的有 34436 人，离县工作的有 75337 人，教育移民总贡献（教育移民总人口）为 150674 人，教育移民对缓解人口压力的相对贡献为 8.62%（见表 5）。

表5　教育移民对缓解人口压力的贡献

	会宁	景泰	民勤	安定	合计
2003 年当地总人口（人）	583300	230200	307200	477100	1597800
29 年来考取大中专学生人数（人）	39754	18729	23335	27955	109773
大中专毕业生历年平均回县工作率（%）	20.2	15.4	51.8	40.9	31.4
29 年来考取大中专学生回县工作人数（人）	8030	2884	12088	11434	34436
29 年来考取大中专学生离县工作人数（人）	31724	15845	11247	16521	75337
29 年来教育移民总贡献（人）	63448	31690	22494	33042	150674
教育移民对缓解人口压力的相对贡献（%）	9.81	12.10	6.82	6.48	8.62

资料来源：2003 年当地总人口数来源于甘肃省统计局：《甘肃年鉴（2004）》，2004 年。

四、贫困县教育移民的定性和基本特征

(一)教育移民的定性

根据以上分析,教育移民就是在各级政府的大力扶持下,贫困地区人口的外向型转移及其对人口增长压力和人口养育压力的缓解。也就是说,在干旱贫困地区通过政府的有力扶持和社会的共同关注,使国民教育发展水平有比较快的提高,从而大幅度提高中考和高考入学率,增加这些地区的青年学生在外地上学、就业、安家的几率,可以有效地达到移民的目的。

(二)教育移民的特点和优势

1. 层次较高。一般的生态移民和开发式移民是将迁出地的农村人口整体搬迁到新的居住地,这对人口的素质和质量没有特殊的要求,也不会对移民安置区的人口素质产生多大的影响,一般地也就是能够引起移民安置区人口数量的增加。而教育移民对人口素质有很高的要求,这种要求不仅是人口平均接受教育的年限长,而且是人口的年龄结构比较轻,是典型的和潜在的生育年龄组人口。所以,教育移民对控制人口有利,对整体提高人口素质有利。

2. 效果明显。从我们对甘肃省4个县、区教育移民的调查情况看,教育移民对于解决干旱贫困县的人口压力有非常明显的效果。假定这些移民人口当中只有很少的比例考上了大中专院校并在外地工作和居住,那么,将会给这些地区带来巨大的人口养育压力。

3. 机制稳定。由于教育移民机制的核心是对人力资源的开发,对教育的重视和对教育的投资增加,会在这些地区形成比较稳定的教育发展机制,并形成"投资—教育—移民—增加投资—提高教育水平—扩大教育移民"的良性发展机制。比如,会宁县这些年就把发展教育作为该县的核心发展战略,把科教兴国战略转换成与当地情况

相结合的有效的教育移民战略,实践证明是成功的。

4. 连带效应。调查还发现,教育移民还有一个比其他移民形式更明显的优势,这就是这种移民形式会产生极强的连带效应,即教育的功能不仅保证了受教育者达到了移民的目的,而且,当这些已经移民的高层次人口一旦在外地的城市或者企业居住、工作稳定的时候,他们当中的某些人员就会将自己的父母、兄弟、姐妹甚至朋友等吸引到他们的身边,形成移民的连带效应。在我们调查的 4 个县、区中,这种事例很多。值得注意的是,由教育移民而引起的移民连带效应并不需要政府投资,是民间的自愿行为。

五、教育移民与其他移民的成本比较

(一)教育移民成本

2005 年,会宁县、景泰县、民勤县和安定区 4 县、区高考录取率的简单算术平均值为 50.8%。设有 1000 名高中毕业生,则平均有 508 人可以被各类高校录取,按 31.4%(见表 5)的回县率计算,这些人中回县工作的有 160 人,有 348 人成为教育移民。现在,会宁县、景泰县、民勤县和安定区 4 县、区的普遍情况是,九年义务教育已经基本普及,但由于高中阶段的教育资源极为短缺,初中毕业生升入高中的比例很低。以会宁县为例,2005 年会宁县有初中毕业生 18000 多人,其中上高中的约为 6000 人,占初中毕业生总数的 1/3。一个学生如果有机会接受高中教育,则有 34.8%的可能成为教育移民,一个学生如果没有机会接受高中教育,则成为教育移民的可能性几乎为零。所以,在这里把一个学生接受高中教育的成本看做是教育移民的成本。

会宁县第五中学是一所新建的学校,只设高中部,学校占地 550 多亩,建设总费用(包括教学设备购置)约 3000 万元,按 30 年折旧,年均折旧费用 100 万元,学校每年的教师工资、办公经费等支出约

400万元,年总费用为500万元。会宁县第五中学在校学生规模4000人,平均每年毕业学生1333人,按以上估计的34.8%的比例计算,有464人可能成为教育移民,平均每个教育移民的成本为10776元。学生读高中每年的教育支出(由家长负担)约1000元①,3年共3000元,所以,从移民成本角度看,政府为每一个教育移民负担的成本为7776元(2004年价格水平),不足8000元。而产生的收益不仅仅是一个高中毕业生作为教育移民外迁,还培养出了两名高中毕业生,提高了当地的人口素质和文化教育水平。

(二)参照移民成本

1. 甘肃省疏勒河项目的移民成本。甘肃省的疏勒河农业综合开发移民项目,从"八五"计划开始建设到2004年底,已累计安置"两西"移民、疏勒河移民26613户、111040人,其中,计划移民18123户、82499人,占移民总数的73.8%,移民耕种各类土地47.3万亩。该项目已累计完成投资14.21亿元,再加"两西"建设资金,共计投入18.01亿元,按实际移民人数111040人计算,政府投入的人均移民成本为16219元,按计划移民人数82499计算,政府投入的人均移民成本为21831元(葛正芳、蒋江川,2005)。

2. 三峡工程的移民成本。按照三峡工程可行性研究报告确定的标准,原可行性研究报告移民总经费为185亿元(1990年价格水平),考虑到近年来淹没实物指标增长、物价上涨、国家新政策出台及规划不周等因素,移民经费总额为400亿元(1993年5月价格水平)。根据三峡工程论证(1992年审批通过),全部移民人数为113.18万人。

---

①孙志军(2004)的一个类似研究结果是,甘肃省小学教育私人的直接成本是年级平均183元,初中教育私人的直接成本是年级平均332元。

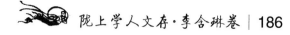

1992年长江水利委员会对移民人数进行了复查,1997年公布的复查结果是全部移民超过120万。按移民费用400亿元、移民人数120万计算,政府支出的人均移民成本为33333元[①]。

3. 异地搬迁和生态移民成本。目前,政府规定的扶贫开发地区的异地整体搬迁的国家财政补贴标准费用为人均5000元。2006年《甘肃甘南黄河重要水源补给区生态保护与建设规划》中,测算的关于甘南民族地区异地整体搬迁、生态移民等的费用标准是:生产基础设施人均4500元、公共基础设施人均3500元、住宅建设人均8000元,三项合计为每人16000元(甘肃省林业调查规划院,2006)。

4. 甘肃省阿克塞县牧民整体向县城搬迁定居成本。2002年我们曾四次到甘肃省的阿克塞哈萨克族自治县做关于牧民新村建设的调查(李含琳、王成勇、魏奋子,2003),这个县从1998年到2000年,共有546户、占全县82%的牧业户整体搬迁到在县城旁边规划建设的民俗村。他们的规划设计和建设费用情况是,每户占地300平方米,建设住宅180平方米,全部平顶、砖混结构,总费用5万元,政府补贴5000~10000元。这个费用不包括院墙、大门、道路、供水、通电、网络的建设费用,住户之外的公共建设费用由县上统一解决。合计每户的成本大概是10万元左右,人均2万元(按照户均5口人计算)。

(三)各类移民成本比较和教育移民可行性预测

根据以上分析,我们认为,如果要大规模建设新农村,就农民居住条件一项,每人的最低建设费用应该在15000~20000元,这还不包括新村公共设施建设费用。如果按照目前中国农村每户平均人口5人计算,那么,移民费用应该在8万~10万元。这个费用对于西部地

①按照1993年价格水平计算。

区的大多数农民来说,事实上是难以承受的,如果让政府来承担,搞小型示范性项目可行,但大范围推广有很大的难度(见表6)。按2004年价格水平计算,政府支付的教育移民人均成本最低(7776元),疏勒河移民人均成本较高(25082元),三峡工程移民人均成本最高(46606元),疏勒河移民人均成本、三峡工程移民人均成本、甘南生态移民成本、阿克塞整体搬迁成本分别是教育移民人均成本的3.22、5.99、2.05和2.58倍。

当然,这里讨论的教育移民成本只是一个理论值,教育移民、疏勒河移民、三峡工程移民、生态移民等都具有各自的特殊性、必要性和不可替代性。但是,如果只从最本质的政府平均为一个移民所支付的移民成本多少的角度看,这几种不同方式之间的移民成本还是可以进行横向比较的。尤其是教育移民成本与疏勒河移民成本之间的可比性更强,因为本质上教育移民和疏勒河移民都是甘肃省解决干旱贫困县的人口压力、寻求农村过剩劳动力转移途径以及调解人与自然不协调矛盾的一种方式。

六、贫困县教育移民的推动机制

(一)政府推进机制

建立稳定的贫困县教育经费投入机制是教育移民的关键。一是要进一步落实“以县为主”的农村义务教育管理体制。县(区、市)级政府要把发展农村义务教育作为一项重要职责,建立规范、稳定的经费投入保障机制,增加农村义务教育经费。二是省级政府要建立和完善贫困县中小学教职工工资保障机制。对于依靠现有资金渠道不能解决中小学教职工工资的贫困县,省级财政要增加转移支付资金,补足拖欠的教职工工资,补助工资发放,确保教职工工资按标准按时足额发放。三是各级政府要把中小学危房改造纳入本地区基础设施建设

表6 不同移民方式单位移民成本比较

移民方式	政府支出的人均移民成本(元)		商品零售价格指数(1978年=100)		政府支出的人均移民成本(元)(2004年价格水平)	移民成本比较(以教育移民成本为100)
	数量	价格水平	年份	价格指数		
教育移民	7776	2004年	2004	356.4	7776	100
疏勒河移民	21831	1994年	1994	310.2	25082	322
三峡工程移民	33333	1993年	1993	254.9	46606	599
甘南生态移民	16000	2004年	2004	356.4	16000	205
阿克塞整体搬迁	20000	2000年	2000	354.4	20113	258

规划,设立专项资金,确保所有危房都能及时改造。四是要大力增加高中教育资源。中央政府和省级政府要从支付给贫困县的扶贫资金和移民资金中划出一定比例的经费,用于扩大贫困县的高中教育资源和教育规模,努力提高初中毕业生的升学率。

(二)社会推动机制

贫困县要把教育放在优先发展的战略地位,把教育移民放在移民工作的重要地位,要动员社会力量兴办教育,形成全社会重视教育、全社会支持教育发展的推动机制。一是向上级部门和机构积极争取各类教育援助项目资金,例如"全国中小学危房改造工程"项目资金、"希望工程"项目资金、"春蕾"计划贫困女童救助资金、上海"青基会"资金、香港"苗圃行动"资金等海内外资金。二是多渠道、多形式筹集教育经费和物资,积极动员企业、个人和社会力量向学校援助资金和教学设备,向金融部门贷款、由承建单位垫付改造学校危房、扩大教育资源、改善教学条件。会宁县政府财政实力很弱,政府对教育的投入十分有限,近几年,会宁县的县、乡级财政收入每年只有2000万元左右,如2004年只有2007万元。会宁县大力依靠政府和社会力量对教育的投入,办学条件有了较大改善。2002年、2003年两年间全县共投入义务教育经费8124.4万元,2004年全县投入教育经费3000多万元,2001—2004年投入学校建设经费近1.2亿元,这在会宁县历史上是空前的,社会力量援助对教育事业的发展起到了重要的推动作用。

(三)家庭推动机制

家庭推动机制是贫困县教育移民的核心。甘肃省会宁等贫困县教育条件虽然很苦,但从城镇到农村,不论干部、工人、农民、知识分子,人人都把供孩子上学读书当做生活中最重要的大事来对待,不管家庭经济情况多么困难,就是借债、贷款也要供子女读书。会宁县新庄乡新庄村东坡社地处会宁县北部,属旱山塬地带,农民年人均纯收入不足 1000 元,共有 38 户人家、224 人,自恢复高考以来共考出大中专学生 63 人。会宁县韩集乡苟岘村堡子社地处会宁县东部,属干旱山区地带,农民年人均纯收入不足 800 元,共有 31 户人家、170 人,自恢复高考以来共考出大中专学生 75 人。1977—2005 年会宁县累计升入大学本科、大学专科、中专的学生共有 39754 人,从会宁县走出了 200 多名博士、2000 多名硕士、20000 多名学士,许多人成了"教育移民",现在仅在北京工作的会宁籍大学毕业生就有 500 多名,既减轻了本地的人口压力,又为社会作出了较大的贡献。

(四)教育贷款机制

目前,中国现存的教育助学贷款包括商业性教育助学贷款和财政贴息的国家助学贷款两种。商业性教育助学贷款是用于借款人自己或其法定被监护人就读国内中学、普通高校及攻读硕士、博士等学位或已获批准在境外就读大学及攻读硕士、博士等学位所需学杂费用(包括出国的路费)的消费贷款;国家助学贷款是由中央财政或地方财政贴息,用于借款人本人或其直系亲属、法定被监护人在国内高等学校就读全日制本、专科或研究生所需学杂费和生活费用的助学贷款。这些教育助学贷款在申请人条件、贷款额度、贷款期限、担保方式等运行机制方面要求较高,并且绝大部分是为接受高等教育所需费用的助学贷款,贫困县的农民由于收入低,绝大多数家庭没有银行认为值得抵押的资产,不能满足贷款担保条件,因而很难贷到用于子女接受中小学教育的贷款。要加紧对现存教育贷款机制进行适当调整,降低担保条件,增加财政贴息额度,专门设计出用于贫困县城乡家庭子女在小学、初中、高中教育阶段的教育支出的教育贷款新机制,促进贫困县教育事业的发展,促进贫困县提高劳动力素质,促进贫困县"教育移民"。

虽然我们所调查的几个干旱贫困县在教育移民方面作出了很大的贡献,也积累了丰富的经验,但是,在调查中我们发现,西部干旱贫困县的教育资源非常贫乏,这与他们的贡献是极不匹配的。目前甘肃省干旱贫困地区的不少县还没有普及九年义务教育;有些县中小学13.8%的校舍是危房,有些县高中专任教师学历达标率不足50%;一些县基础教育累计负债8089万元,相当于全县4年的财政收入。

七、教育移民的战略和政策运作

目前中国的区域发展水平和收入水平有很大的差距,在不平等的经济基础上采取相同的政策是难以达到均衡发展的,必须采取非均衡性的政策方式来进行协调。所以,我们建议在西部贫困地区、民族地区实行12年义务教育政策,还可以考虑在贫困人口和少数民族人口比较集中地区的中专、技校和职校等中专类学校,实行贫困家庭子女就学免费的政策。这样可以比较快地发展这些地区的教育事业,缩小与发达地区的差距。

国家要启动贫困地区的教育移民投资专项政策。在国家的扶贫开发政策中,有许多政策是非常成功的,如以工代赈、小流域治理、以粮代赈、希望工程、生态家园工程等。除此之外,建议把教育移民作为一项专门的扶贫政策,给予特殊的政府资金保障,制定相应的规划和管理制度,从而丰富和创新扶贫政策体系。教育移民专项资金定性为扶贫资金,这样,既可以与扶贫专项资金一起下拨,又可以单独建立扶贫专项资金管理体系,单独运行和管理。从财政部、国务院扶贫办,一直到省、市、县三级扶贫办,都要建立统一的教育移民专项资金管理制度,实行目标管理。

教育部门要把教育移民作为教育事业中长期发展规划的重要内容。人口发展战略也应把教育移民作为重点,增加关于提高人口发展质量和教育移民方面的政策扶持内容。贫困地区的政府在地方性教育发展的中长期规划中,教育发展的重点要有所倾斜,通过多建设几所品牌学校带动贫困地区教育的全面发展和教育移民水平及规模的提高。在西部贫困地区选择若干县,确定为教育移民示范县,给予特殊的政策性投入。

参考文献:

[1]葛正芳,蒋江川(2005),《对甘肃酒泉移民问题的调查和思考》(http://theory.people.com.cn)。

[2]甘肃省林业调查规划院(2006),《甘肃甘南黄河重要水源补给区生态保护与建设规划》。

[3]李含琳,王成勇,魏奋子(2003),《中国西部民族自治地方城镇化的形成和发展模式探讨》,《民族研究》第5期。

[4]孙志军(2004),《中国农村的教育成本、收益与家庭政策》,北京师范大学出版社。

(原载于《中国人口科学》2006年第4期)

人口、资源与环境经济学研究

资源弹性理论与西部资源开发战略

一、资源弹性理论

1. 西方经济学中的弹性理论

弹性理论最基本的涵义是指，一种变量对另一种变量的微小百分比变化所作的反应,用公式表示就是 $\triangle Y/Y \div \triangle X/X$。弹性理论的主要内容包括:(1)需求弹性。需求弹性用来表示影响需求的诸因素(自变量)发生变化时,需求量(因变量)作出反应程度的大小。需求弹性包括需求价格弹性、需求收入弹性和需求交叉弹性。(2)供给弹性。供给弹性是表示一种商品的供给量对它本身价格变化的反应程度。供给弹性包括供给价格弹性、供给交叉弹性等。(3)弹性分类。根据弹性数值,可以将弹性分为五种类型:一是 Ed(Es)>1,表明弹性充足;二是 Ed(Es)=1,表示弹性为 1 或单元弹性;三是 Ed(Es)<1,表示弹性不足;四是 Ed(Es)=∞,表示完全弹性;五是 Ed(Es)=0,表示完全无弹性。(4)弹性因素。决定需求弹性和供给弹性大小的重要因素是替代品和时间因素。此外还有消费品用途大小和耐用程度及支付比例等。

2. 弹性分析的条件

应当承认西方经济学对弹性基本问题的论证是清楚的。但要注意的是,西方弹性分析的条件假设与现实经济生活较远,并且是一种静态均衡分析,不考虑不同的国情、不同的宏观经济政策以及资源禀赋等,这就使得用弹性理论无法有效地解释现实经济运行的一些情况。

例如，由于资源禀赋关系不同，即资源稀缺和资源丰裕的差别，使供给量的变化不一定以价格变化为基础，而是受资源约束力量的变化的可能性较大。一般来说，在资源丰裕的国家，假定资源开发的条件是完全具备的或基本具备的，那么资源对市场商品供给量的影响就较小。但在资源严重短缺的国家，资源对市场商品供给量的变化的约束就形成硬约束，这时，不论资源价格如何变化，供给量不会有太大的变动。

3. 资源产品的弹性特征

资源产品的供给弹性特征。一般商品供给量的变化受要素价格等因素的影响，而资源产品的供给量的变化受价格和资源本身存量的限制。在资源库存充足时，价格的上涨会增加对资源开发的投入，导致资源产品供给能力提高；在资源库存量急剧下降，资源开发潜力萎缩的情况下，用增加对资源开发的投入的办法增加供给量是基本无效的。因为受到"资源陷阱"的制约。可见，在市场价格等因素已知的条件下，资源供给弹性是由资源库存决定的。另外，由于资源（尤其是工矿型资源）的不可再生性特征，使得资源库存量和持续开发潜力是递减的趋势，开发得越快，递减得速度越快，越容易步入"资源陷阱"。所以，从长期动态的角度看，资源产品的供给弹性是趋向弹性不足或完全弹性。

资源产品的需求弹性特征。一般商品的需求弹性是由市场价格等因素决定的；资源产品的需求弹性则是由投入规模和投入成本决定的，而投入规模又受到宏观经济政策、发展战略、发展目标、政府行为等非直接经济因素的制约。一般来说，经济发展的高速度、高目标和扩张战略方针是决定投入增长的根本原因。这时，如果资源存量是充足的，开发手段是先进的，那么由高投资引起的高增长速度是成立的;如果资源存量严重不足,或开发手段落后,那么保证高投资高速度的可能性选择就是扩大进口;如果资源存量比较充足,但开发手段落后,那么高投资必然导致虚假的高增长和资源收益的快速递减。由此可见,资源的需求弹性在我国总是呈现出弹性比较充足和完全弹性的情形。

二、资源战略误导

1. 战略误导

所谓资源战略误导,意思是指由我国各级政府制定的有关资源外延扩大再生产的政策和策略的体系。这种战略的特征是:(1)对本国资源存量和开发利用能力往往估计过高,确定资源战略的基点不是资源的供给弹性,而是经济增长的速度,资源评估缺乏科学性。(2)资源开发的点面布局并不考虑长期利益和长远目标,而是以近期利益为目标,所以机会成本非常高,资源的近期开发收益远远低于未来(或延期、长期)开发的收益。因此这种资源战略实质上是一种耗损型,甚至是破坏型的战略,也可叫做枯竭资源战略。(3)资源战略的制定、选择、出台和实施,完全是由政府控制的,主观臆断的成分非常多,执行起来带有很大的强制性、冒险性,所以风险成本非常高(如"大跃进"时期对工矿资源的破坏性开采),实际收益却非常低。

2. 战略误导的危害

由于宏观上资源战略的误导,导致了现实经济生活中资源开发中的种种扭曲现象。一是资源开发失控。法律规定工矿资源属国家所有,由国家按计划统筹开采利用。但是实际上是由各级地方政府甚至乡村来支配,占有关系替代了所有权关系。二是资源需求支配资源供给。由于高投资和高速度的关系,导致资源产品的供给缺口增大、价格猛涨。为了保障供给,各种开采手段齐上,形成了单纯追求产量而

不顾开采成本的局面，其中非所有权主体的不付产权成本的情况对乱开乱采起着刺激效应。三是资源价格机制失灵。资源价格越是上涨，越促使企业或单位提前投资；资源价格下跌，资源开发照样进行。

3. 资源开发论点评述

由于宏观资源开发战略的误导，在我国西部资源开发利用中形成了几种似是而非的观点。

一者是资源优势论。持这种观点的人总是认为资源优势是西部经济优势的根本特征，因此主张采取加快资源开发的步伐提高竞争能力。这种观点存在的主要问题是：其一，西部的资源优势是相对的还是绝对的。许多研究成果表明，西部资源有优势是相对的，是相对于东部资源短缺而言的优势。其二，西部的资源优势多数是指现已探明的资源库存量的优势，但预计的开发成本很高，近期内不会形成实际生产能力。其中许多工业矿藏是贫矿多富矿少、共生和伴生矿多而单一矿少、中小型的矿床多而大型矿床少。其三，资源库存向资源的市场优势的转化是需要付出昂贵的开发成本和时间的，有一个转化的过程。因此，笼统地提资源优势论是不恰当的。

二者是资源转化论。在西部资源开发战略中，有一种很具有代表性的论题是资源转化论，即所谓的"资源优势→产品优势→商品优势→市场优势→收入优势"模式。从80年代初期开始，这种转化论就兴盛起来，几乎成了工矿型小企业的代名词。加快真正具有优势的资源转化工作的确无可厚非，但实际上很难办到，这是因为：其一，人们往往把优势资源与劣势资源混为一体，统统都成了转化的对象，结果使缺口资源更短缺、短线更短。其二，把资源转化简单地等同于卖资源，吃资源的老本，而且价格偏低，出现抢卖资源的现象，如各种形式的资源大战。这一方面是因为国家对国有工矿资源管理不善，另一方面是因为某些资源的产权边界的确模糊不清。其三，在资源无序经营的过程中,政府和企业很少,甚至根本不考虑资源的弹性特征,是先开发还是后开发?用什么方法开发?以及开发的机会成本和收益的关系究竟怎样?

三者是资源贸易论。持这种观点的人认为,西部有资源优势,东部有资本和技术优势,两方面可以通过互补贸易的形式发展各自的经济。这种观点存在的问题是:其一,西部的资源优势实际上并没有多强的市场竞争优势,这是因为普遍采用的是落后的开采手段,开采成本较高;相当数量的矿床是贫矿,开采难度大。其二,在市场条件下,贸易的主要形式是资本、技术和劳动等,而不是资源。从国际经验(尤其是德国的早期开发和贸易保护)看,资源是受政策和法律保护的主要对象,在一般情况下是不宜大规模进行贸易的。其三,贸易保护对资源产品来说有重要的现实意义,不宜把资源的贸易保护同一般商品和劳务的保护等同起来。

三、资源弹性的实证分析

1. 资源弹性的特征

从上述分析中我们可以发现,我国西部资源的供求弹性的基本特征是:需求弹性充足与供给弹性不足的状况同时并存。由于需求弹性受扩张型战略、资源转化及贸易政策的支持,因而是持续增长的;相反供给弹性由于某些资源过早地步入枯竭期而赶不上需求的增长,出现供给弹性递减的势头。这种情况在甘肃的白银公司开发区、玉门石油开发区是比较典型的。

这种二重现象还会引起价格等一系列新的经济问题,如价格弹性机制扭曲。按照弹性理论,价格上涨会降低需求,但由于需求过旺,不但不会降低需求,反而会促使地方和企业的提前投资,以便避免延期投资的损失,这样做的结果会更加促进需求的增长或膨胀。由于需求过旺和价格上涨同时并存,这又促使资源开发的扩张,以便增加供应,获取涨价之利。中国西部的资源开发就是在这种"资源战略误导→资源盲目开发→加工企业膨胀→需求持续上升→资源再度盲目开发"的模式中循环运动的。其结果必然是资源开发的成本越来越高昂,浪费越来越严重,资源收益持续递减。我们把这种情况称之为"资源陷阱",即由于资源的盲目开发而导致资源开发过早地进入枯竭期,资源的供给弹性趋向零。

2. 资源供求弹性协调的方法

从这里我们还可以看出,调整西部资源开发战略的主要问题是:协调供给弹性与需求弹性的关系,使两者尽量趋于某种均衡状态。就目前西部的现实看,解决这个问题的出路无非有三种:一是保持需求总量不再增加,同时增加供给量;二是保持供给量不再增加,同时降低需求量;三是保持供给量不变和限制需求量,同时提高资源的综合利用率,以满足需求的增长。第一种思路由于供给弹性的降低而无法保证供给的满足。第二种思路由于需求增长在短期内难以限制因而也是难以办到。第三种思路是可选的,但以必须提高资源的综合利用率为前提。这就是说,对西部来说,资源开发战略调整的根本问题是用提高利用率的办法来弥补供给的不足,这又包括资源开采利用率、资源冶炼利用率和资源加工利用率等三个方面。又由于提高资源的综合利用率必须以技术的现代化为条件,所以,从中央政府到地方政府以及各个有关的部门和企业,要积极地增加对资源开发的资本投入,用于技术改造和采用先进生产工艺。

3. 资源战略调整的可能

从现实情况看,我国尤其是西部提高利用率的余地还是相当大的。首先,在矿物资源的开采方面,我国绝大部分矿床伴生多种有用成分未能开采利用,或采主弃副,或采副弃主,只有20%的矿床综合利用率达到 70%。在资源利用方面，统配煤矿的资源回收率仅为 60%，小煤窑不到 20%，大量可用资源被永远弃之地下。乡镇工矿企业的铁矿等金属矿的开采率只有 20% 左右，是国营企业的一半，是国外同类企业的 1/5。其次，在生产过程中的资源消耗也很高，浪费严重。我国每单位国民生产总值的矿物原料消耗不但比发达国家高 2~4 倍，甚至高于巴西和印度。另据统计资料分析，1953—1985 年，我国国民收入增长 6.25 倍，但同期能源消耗增长 13.23 倍，能源消耗与经济增长的比值大到 2.1:1。80 年代和 90 年代上半期，我国矿产资源开发的总回收率仅为 30%~50%，比国外低 10%~30%。另以能源投入系数为例，中国是日本的 9 倍、德国的 6 倍、美国的 3 倍。再次，我国废旧矿物质的利用率极低。据专家测算，按目前的技术水平，每回收利用 1 吨废钢铁可炼钢 850 公斤，利用率在 80% 以上。近年来通过技术进步，冶金行业每年回收废铁已达 250 万吨，但还有 300 万吨未回收利用，大部分废金属的回收率只有 40% 左右。最后，工业"三废"的利用率低。据统计，我国工业废渣年排放量约 7 亿吨，综合利用量仅为 3.25 亿吨，历年来弃外堆积达 70 多亿吨，占地 100 多万亩。

由此可见，我国并不是能源等基础产业发展慢，而是资源的综合利用率太低。如果将利用率提高 5%~10%，就可抵消资源单纯数量增长的压力。同时也说明，把经济增长的基点定位在增加资源供给量上，并归结为所谓的"缺口"或"短线"的提法是不恰当的。问题的关键仍然是发展的质量，一般产品要追求质量和降低成本，资源产品更要追求质量和降低成本，速度也有个质量问题，而且是最重要的质量。

4. 资源战略调整的保证措施

要提高资源开采、冶炼、加工的利用率，根本的是这方面的技术投入（也叫软投入）要增加，但恰恰在这个关键问题上我国与国外相比差距较大。

实际上,要提高对资源开发的技术投入是完全有可能的。这是因为我国具有相当水平的科研队伍和设备,对科技的投入资本从总量上而言也并不太大,只是新增生产投资的一小部分,我们完全有能力做到。从国内外的成功经验看,要有效提高资源的利用率,用有效利用弥补供给量的不足,必须从三方面入手:一是要形成完整的资源综合利用和"三废"治理技术体系,走产业化之路;二是尽快建立实用技术推广应用的机制;三是把"三废"治理与资源综合利用结合起来,采取生产全过程控制的对策。

四、建立高效低耗型经济发展模式

根据资源弹性理论调整资源开发战略的基本思路,应是控制供应量和控制需求量双向并举,同时以提高综合利用率为核心,加大对资源开发利用的技术投入,从而使资源产品的供求弹性趋于一致,在此基础上建立高效低耗型的经济增长模式。为了更深刻地理解这种思路和采取相应的对策,还必须弄清楚下述问题。

1. 资源开发价值的评估

资源开发价值的评估是资源战略选择的必备条件。资源开发价值的评估有两种基本方法:一种是近期评估法,另一种是远期评估法。近期评估是根据现行资源产品的市场价格与收益的相关性,来确定和调整资源开发规模、速度和重点,价格上涨加快开发,价格下跌减少开发。近期评估的根本问题是价格因素。远期评估是根据资源存量的丰裕程度和开发条件的可能,有计划地实施开发战略,价格的影响作用较小,近期资源收益与远期资源收益的比较起主要作用,即当远期开发收益高于近期开发收益时,会抑制近期开发;而当远期开发收益等于或低于近期开发收益时,会扩大近期开发。所以,评价资源开发的价值,不能单纯追求眼前利益的获取,还要看长远利益的大小。在一定条件下,减少开发量,提高利用率,会大大增加未来的预期收益。

2. 资源开发的机会成本

所谓资源开发的机会成本是指,资源开发的成本所表示的是稀缺性资源的机会价值,即运用稀缺性资源进行生产所放弃的这些资源在其他可能的最佳用途上所创造的价值。严格说来,由于资源具有不可再生性,所以,对于工矿资源的任何一种形式来讲,都具有供给弹性趋向零的可能,故而资源的供给弹性值也是影响机会成本的重要因素。更由于在近期资源开发中,综合利用率只有 30%~50%,这就意味着近期的机会收益是以严重的资源耗损和高昂的机会成本为代价的。资源的开采、冶炼又具有一次性的特征,而不像土地资源可以重新配置利用,这又加大了开发的机会成本。因此我认为,必须从 90 年代中后期开始,大幅度调整西部资源开发战略,使资源的开发规模和速度有一个比较科学的、合理的、高效的度量标准。同时要注意到,我国是一个区域差别极大的发展中大国,资源的开发与配置必须从战略的高度,妥善处理好效益目标与均衡目标(主要是长期动态均衡)的关系,不能只追求一种目标,而放弃另一种目标。

3. 资源开发的弹性延续

对于目前西部的资源开发来说,问题的焦点是采取相应的对策保持资源供给的弹性能力,不至于降到零或趋向枯竭。这就存在如何延续资源弹性的问题。也就是说,资源要有持续开发利用的价值。其涵义,一是因为自然资源是属全人类共有的财富,在当代人之间以及当代人与后代人之间应该公平地占有和使用资源。二是因为资源弹性的充足和延续是社会经济持续稳定健康发展的物质保证,是积极地开发资源,而不是消极地开发资源。因此,资源持续利用战略首先要求改变目前不合理的资源使用结构方式,积极利用可再生资源,并以不损伤其再生能力为限。在逐渐减少对不可再生资源使用的同时，积极开发人类的智慧和技术力量，在不可再生资源的弹性趋向下降时，找到可替代的新资源。

4. 建立节约资源的机制

我国现有的资源储备开发利用状况表明，资源供给不足的紧张局面在相当长的时期内将不会有大的改观，丰富的可再生资源的利用在近期内还不能取代传统的能源资源。现实的选择可能是控制开发量和节约使用同时并举，建立高效低耗型经济体系。要使资源持续利用战略付诸实施，必须依靠强有力的管理手段和经济刺激机制，其中最要紧的是价格限制和产权约束。价格机制可以引导人们逐渐减少对稀缺程度大、价格相对较高的资源的使用，转而增加对稀缺性相对较小，价格较低的资源和替代资源的使用，从而起到保护资源的作用。我国目前由于还没有完全进入国际市场，故而国内的资源价格自成体系，普遍较低，这也是我国资源利用率不高的一个重要原因。因此应当逐渐调整资源的价格，用价格限制开发和利用。同时，我国资源的产权界定不清楚，也是资源滥开滥采的原因之一。

5. 资源零增长战略

关于资源发展战略的选择，基本上有三种可能的模式或思路：第一种是维持现状，继续保持高速度；第二种是大幅度削减资源产品产量，关闭部分小企业，保护资源；第三种是实施资源零增长战略，即保持目前的开发规模，除少部分资源产品外（供给弹性较大），绝大部分资源产品的生产不再有大的增长，同时努力提高利用率，用提高利用率弥补供给不足，用科技的倾斜投入创造提高利用率的条件。根据前文的分析和观点，第一种思路显然不可取，因为这样会使我国陷入越来越深的"资源陷阱"。对此，有人曾设想通过进口填补资源大缺口。这实际上是不可能的，或者说是局限性太大。中国是一个人口大国，更是一个资源消耗大国,试图通过进口替代解决资源短缺矛盾,是不了解中国的现实。第二种思路无法实施,从资源粗放型战略过渡到内涵型战略需要一个过程,如果在条件不具备时,就立马减少对资源开发的投入来限制产量,会使经济增长转入某种停顿状态。所以,最好的选择只能是第三种思路。需要申明的是,资源零增长战略,并不是指资源收益的零增长,而是特指资源产品量的零增长,如果有充分的技术投入条件做保障,大幅度提高我国工矿业资源的开采率、冶炼出品率和加工利用率是完全有可能的,从这方面获取的资源收益率将会比过去更高,并且还会给未来的资源开发创造更多更好的获利机会。

参考文献:

[1]刘再兴.中国资源配置的历史、现状与发展趋势,《开发研究》1994 年第 1 期。

[2]姜百臣.我国资源管理战略对策,《中国农村经济》1995 年第 3 期。

(原载于《经济学家》1997 年第 4 期;中国人民大学报刊复印资料《国民经济理论与计划》1997 年第 9 期全文转载)

论乡镇企业向城镇搬迁聚集战略

经过 20 多年的发展,中国的乡镇企业已经完成了数量增长的任务和目标,开始转入结构升级的新阶段,特别是对西部地区的乡镇企业来说,选择向城镇搬迁聚集的战略非常迫切。把乡镇企业分期分批地搬迁到城市和小城镇,进而进行重新布局和结构调整,不仅是大力推进城镇化进程的需要,而且是实施新型工业化战略的必然选择,是一项意义十分重大的宏观战略决策。

一、选择乡镇企业搬迁聚集战略的依据

1. 选择乡镇企业搬迁聚集战略符合工业发展的本质和规律。乡镇企业从本质上讲属于工业范畴,是第二产业的重要组成部分。既然乡镇企业属于工业范畴,那么中国乡镇企业的未来发展战略选择,说到底应归并到工业化的宏观战略中去。从国内外的工业化发展历史看,城市或城镇始终是工业发展的承载体,城市是工业发展中效率最高的聚集性平台。没有工业就没有城市,没有工业化就没有城市化,而不是相反。因此,乡镇企业向城市搬迁聚集是实施城市化战略的具体实现方式。不仅如此,中国农村要坚持走新型工业化道路,也必然依赖于乡镇企业或乡镇工业的集团化和规模化。从长远发展和规范发展的意义上看,所谓的乡镇企业也需要还原正名,即乡镇企业应改为工业企业或工业公司,乡镇工业应还原为城市工业。"农转非"要与"企转非"结合起来。这是因为对工业来说,其基本类型的划分选择规

模标准(大中小企业)或制度标准(国有企业、私有企业或混合所有制企业)比较科学,乡镇企业本来就是一个不太规范的概念。

2. 选择乡镇企业搬迁聚集战略对于利用工业化来消除城乡二元经济结构有直接作用。从我国改革开放 24 年的发展来看,城市化战略的实施在一定程度上是一种非均衡发展模式,大中城市发展是超常规的,而小城镇发展是严重滞后的。例如甘肃省的情况就比较典型。与全国平均水平特别是东部地区相比较,甘肃省的城镇化发展步伐是最慢的。截至 2003 年 4 月底,甘肃省城市建制已发展到 15 个,其中 11 个地级市,4 个县级市,在全国各省区城市个数中居第 21 位,城镇人口占全省总人口比重为 24.51%,居全国第 27 位,城镇化水平比全国平均水平低 13 个百分点。在西部 12 个省区市中,甘肃省的城市化水平排在第 9 位,在西北 5 省区中居第 5 位。尽管如此,甘肃省的大城市发展却非常快,2001 年甘肃省城市 GDP 达到 638.98 亿元(不包括市辖县),占全省 GDP 的 60%;财政收入 73.6 亿元,占全省的比重为 59.3%;工业增加值 247.68 亿元,占全省的比重为 69.5%;地方财政预算内收入 37.73 亿元,占全省的比重为 54.8%。但相反,甘肃的小城镇发展却非常慢,到 2000 年甘肃省只有建制镇 228 个,占全部乡镇总数的 13.64%,只有浙江省的 22.69%,小城镇工业在全省的比重不到 10%,二元结构的特点非常明显。

3. 选择乡镇企业搬迁聚集战略可以有效地解决我国城市发展中的断档现象。在我国的城市发展过程中,不仅一般城市与小城镇之间有差距,而且大城市和特大城市跟小城镇之间也存在断档现象。例如兰州市是我国西北地区的第二特大城市,1980 年以来发展极快,它的外围小城镇却发展极慢。据统计,2000 年兰州市的 GDP 总量达到 309.43 亿元,占全省城市经济总量的近 1/2,占全省 GDP 的近 1/3。工业化水平系数为 2.39,工业增加值占 GDP 的比重为 40.46%,比全

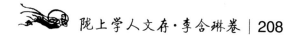

省的33.40%多7.06%,2002年的GDP为386.78亿元。根据目前的速度,到2005年,兰州市的GDP总量可以达到500亿元。但从另一方面看,兰州市市辖永登县、榆中县、皋兰县和红古区四个县区,有阿干镇、三角城、甘草店、中川、秦王川等近10个有一定规模的建制镇。在这10多个小城镇中,永登县城关镇由于有永登水泥厂(上市企业)等十几个大中型企业而规模略大外,其他的小城镇规模和经济容量都比较小,或者经济实力比较分散,难以形成地区产业经济聚集区。可见,兰州市的小城镇发展对地方经济和社会发展的作用是非常有限的,县城和其他建制镇的发展对大城市的回波效应也是比较低的。关于大城市与小城镇发展之间的断档现象,还可以从城乡居民的收入比来看。例如2000年,兰州市的城镇居民可支配收入为6500元,农民纯收入为1900元,城乡收入比是3.5∶1,而同期我国东部地区的收入比是2∶1,甘肃省的收入比是3∶1。从规律上说,大城市与农村之间的收入比越是大,说明城市与小城镇的发展之间有明显的断档现象。因此,通过把乡镇企业搬迁到城市或小城镇,聚集新的工业竞争力,是消除中国城市化过程中二元结构问题的必然选择。

二、乡镇企业向城镇搬迁聚集的积极效应

1. 可以节约耕地占用。许多研究成果证明,城市化是节约耕地的有效途径,这是因为城市的发展并不是我国耕地减少的主要原因。根据有关统计资料,近年来我国耕地减少的50%是由国家基本建设项目引起的,而真正由城市发展引起的耕地减少只占很小的比重。从道理上说,农民进城特别是举家搬迁到城市还有利于保护耕地,因为城市利用土地的效率要比农村高得多。对城市化与耕地的关系问题,如果单独看某一个城市的发展,确实占用了很多的土地,但如果从整体上看,就会发现城市化对土地的占用有积极的遏制作用。如安徽省

芜湖市大桥镇在 205 国道处开辟工业园区，让原先零星分散的乡镇企业均搬迁进入工业园区，使全镇乡镇企业占地总面积由原来的1973 亩减少到 700 亩，节约土地 65% 以上。与此同时，他们又把原来的企业用地通过复耕变成农业用地。另据国家土地管理局的专题调查，河北省近几年来仅"空心村"改造就增加耕地 50 万亩。

2. 可以节约企业的原始资本投资。分散布局乡镇企业是我国在改革初期做出的过渡性战略决策，并不是长久之计，因为当时不论是中央还是地方政府，都还没有足够的经济实力来启动政府全面支持农村企业发展的计划。因此，在这种情况下，乡镇企业的原始资本投入只能靠农村集体和农民自己，而他们的资本又非常有限，所以只能是分散布局和小型化发展。这样做的结果是，不仅占用了大量的耕地，而且由于在分散布局时引起的企业基础设施的重复投资，几乎把企业的原始资本全部用光，致使乡镇企业流动资本非常少，只能靠向银行借债维持经营。经过 20 多年的发展，我国不仅中央政府，就是各级地方政府的经济实力已经有了极大的变化，政府已经有能力通过扩大公共项目建设，来对企业进行投入和扶持。在这种情况下，由于政府对企业基础设施的集中布局与投资，使得企业的发展减少了原始资本投入的制约，使企业可以全力以赴地进行经营和管理。

3. 可以使乡镇企业共享城市经济资源。我国西部乡镇企业发展比较慢的原因，除资本规模小、经营机制落后和科技水平低等因素外，一个重要的原因是严重缺乏共享经济资源。一般来说，企业发展的共享经济资源主要分布在各种城市，如市场建设、桥梁道路、通信设施、信息网络、文化氛围等。城市企业的发展在外部环境上来说，几乎可以无偿地或低成本地分享城市的各种经济资源，而农村的乡镇企业却没有或者很难得到这种"国民待遇"。把乡镇企业分期分批地向城市或小城镇搬迁聚集，可以从总体上把城市企业与乡镇企业真正摆在同一条起跑线上,为他们进行公平竞争创造条件。同时,由于共享经济资源的充分供给,也可以大大提高乡镇企业的发展机会,大大提高他们的竞争力和投资回报率。

4. 可以形成新型的企业发展机制。在分散布局和各自发展的条件下,由于环境条件的限制,使许多乡镇企业无法与外部保持良好状态的联系,无法及时得到企业发展所需要的经济、技术、人才、产品、品牌、市场等各种信息,从而减低了企业决策的质量和水平。不仅如此,由于分散布局和经营,企业之间也难以通过联合、重组、兼并等实现结构调整和提升企业的核心竞争力。相反,如果我们选择乡镇企业向城市或小城镇搬迁聚集的战略,不仅可以促进企业的兼并重组,使乡镇企业发展之间产生合力,而且可以加快建立和发展我国的乡镇企业集群,形成以乡镇企业为骨干的新的工业经济增长带和增长区。同时,实施把乡镇企业向城市或小城镇搬迁聚集的战略,还可以由于乡镇企业的集中布局和企业发展基础设施的集中投资,而建立集中治污的新的环保体系,降低企业的治污成本。

三、乡镇企业向城镇搬迁聚集的方案设计

据有关部门统计,我国到 2001 年底有各种城市 663 个,建制镇 2 万个,城镇人口 4.8 亿,城市化率为 37.7%。在我国 1.3 亿农村富余劳动力中已有近 8000 万实际生活在城市,外出务工农民的收入已占农村总收入的 80%。另据统计,1990 年以来,农转非带来的经济效益相当于我国 GDP 的 5%~12%;城镇从业人员比重每提高 1 个百分点,就能使 GDP 增加近 0.2 个百分点;农村劳动力转移到非农产业,每增加 1%,就能使 GDP 增加 0.5~0.85 个百分点;农村人口转移到城镇,每增加 1%,将使我国城镇居民消费总额提高 0.19~0.34 个百分点。可见,通过实施乡镇企业搬迁战略,加快农民向城镇转移的速度

有积极的意义。

现在的关键问题是如何设计搬迁方案，我们的基本思路是实施分类分区的搬迁计划。据调查分析，从 1980 年到 2001 年的 21 年中，我国每年农转非人口的平均数是 1335 万人。其中，40%进入大城市，40%进入中小城市，20%进入小城镇。可见农民进入城市的比例要远远高于小城镇。从经济学意义上讲，城市农转非人口的数量大于小城镇，说明城市有其吸纳外来人口的比较优势，并且把农转非人口转化为经济人口的能力比较高。但是，如果我们选择将大批的乡镇企业搬迁到城镇的战略或计划，那现有的转移模式就不一定适应了。问题的焦点在于这次的转移与以往的转移相比较有很大的不同：一是过去是以人口转移为主，这次是以企业为主；二是过去的转移人口规模比较小，这次的人口规模比较大；三是过去的转移比较均衡和分散，这次的比较集中。因此，如果集中向城市进行转移，那就会因为城市的规模和基础设施跟不上转移的速度而引起别的问题。所以，选择分区分类的转移模式比较符合我国的国情。

选择分区分类的转移模式的最大问题是，一定要实事求是地根据我国的乡镇企业，特别是西部落后地区乡镇企业的实际情况，根据企业的资本规模、技术结构、人力资源、产品品牌、创新能力等来把企业划分成若干个大类，再以类别选择适合的转移对象和转移方法。一般可以分为三大类：第一类是集团型乡镇企业。集团型乡镇企业因为有比较雄厚的资本实力、项目开发能力、产品外贸能力和市场经营能力等，可以通过与我国城市大型企业之间展开公平竞争而进入城市，占领城市的部分市场。为了促进集团型乡镇企业向大城市的转移，所有大城市的政府应当调整工业发展思路，把积极引进集团型乡镇企业作为迅速提高大城市综合经济实力或经济竞争力的重要举措来对待，出台优惠的政策，扶持企业进入。第二类是特色型乡镇企业。这类乡镇企业的特点是规模比较小,对资源的要求比较高,一般需要就近生产和加工,不宜离资源的产地太远。所以,对这类企业选择就近进城的策略比较合适,企业是就近进入大城市,还是进入中小城市,要根据具体的情况来决定。第三类是一般型乡镇企业。这类企业的数量比较多,规模普遍比较小,经济竞争力弱,要想进入大城市有一定的难度。所以选择就近进入小城镇的策略比较合适。当然了,在实施搬迁计划的时候,总体上还是要把搬迁与资产重组结合起来,坚持"政府启动,搬大为主,小企兼并,规模进城"的思路和原则比较好。

由于大批的乡镇企业要向小城镇转移,所以加快小城镇建设就非常重要。必须明确,小城镇建设的中心任务不是要解决农转非和第三产业的发展问题,而是要从根本上解决小城镇建设的长期稳定发展的内在机制问题,是经济体系的形成和运转。小城镇建设固然需要大量的劳动力,但是如果小城镇没有足够的经济实体用来吸纳和承载这些劳动力,来为农转非劳动力提供足够的就业机会和就业场所,来为他们提供可以取得经济收入的稳定的来源,那么小城镇也不可能发展得起来,所以,在选择小城镇的发展思路时必须把迅速提高小城镇综合经济实力的问题放在最重要的位置。对小城镇构建经济体系的重要性问题,我们还可以从小城镇发展的历史与逻辑关系上去看。从逻辑关系上看,农转非和城市第三产业的发展是小城镇发展的结果,而不是动因。小城镇发展的动因是工业或者其他具有相当优势的特色经济类产业的发展,当这些具有相当优势的特色经济类产业的发展达到一定程度的时候,才能真正带动城市第三产业的发展,才能真正带动大批农民向城市的转移。如果片面地或单纯地期望通过所谓小城镇第三产业的发展,或者期望通过放宽农民进城的政策限制,就可以推进小城镇的快速发展,那是不可能的。

四、启动乡镇企业搬迁集聚的政策与措施

1. 公共投资政策与措施。在市场经济条件下,对政府投资的必要性要准确地理解,不能因为有了市场就否定政府投资的价值。在市场经济机制的基础上,政府投资的关键问题是投资方式的改变,而不是投资必要性的改变,即政府投资要解决好公共性投资与经济性投资的关系问题,既要保证政府投资要满足社会发展的需要,又要保证政府投资有一定的经济效益。在启动乡镇企业搬迁集聚政策的问题上,政府投资应当确立"先投后收"的思路,即通过政府的投资来建设企业搬迁所需要的基础设施,企业发展后又反过来可以为政府提供越来越多的税收,创造越来越多的经济增长实力。这实际上是政府和企业两方面的双赢策略。在实际操作的过程中,可以利用优惠政策启动民间资本参与城镇公共基础设施的建设。据统计,我国目前有民间金融资本 11 万亿元,启动和开发民间资本的余地很大。

2. 工业园区政策与措施。各种城市和县城的经济开发区、科技园区、农业示范区等要为乡镇企业,尤其是个体和私营经济的产业集群的形成创造政策条件和环境条件,各种开发区不仅要向外资和外商开放,而且要向个体和私营经济全方位开放。从 80 年代我国开始实行对外开放政策以来,西部各省市区从省会城市到地县,甚至个别乡镇政府所在地,都建立了不同类型的开发区。从实际效果来看,在这些开发区中有的招商引资成果显著,但也有相当多的开发区是有区无商、有市无企、有区无企或有市无商,占用和浪费了大量的土地资源,使大量的公共基础设施处在无效运行的状态。在启动开发区引进和发展乡镇企业的过程中,也要选择积极的战略对策:一是调整和出台新的开发区发展规划,其主要内容是把乡镇企业包括进开发区的整体发展规划中;二是在乡镇企业经济发展比较快的地区选择几

个开发区,建立专业型非公有制经济开发区;三是对有特色优势的乡镇企业经济实行倾斜的扶持政策,建立非公有制经济的城镇和城市发展带;四是把大中城市中的"城中村"改为社区管理体制,土地归并到经济开发区来管理。

3. 地价政策与措施。我国目前城市企业用地的价格政策是以高价为主,这种高价政策对企业有排斥作用。从动机上说,我国形成高地价政策的诱导因素是城市财政承担公共产品投资的能力有限,所以政府企图通过高地价收入来补充基础设施建设资金不足的问题。实际上,这种高地价政策对城市经济的发展,特别是对工业企业的发展所起的作用负的多,正的少,会对地方政府的财政收入增长产生长期的和消极的抑制作用。之所以会这样,是因为由于高地价政策的长期执行,抑制了企业发展的原动力,造成城市经济增长乏力。因此,要用低价土地政策取代高价土地政策,具体操作方法是,通过建立政府城市土地储备制度,启动政府储备土地,平抑土地价格,降低乡镇企业进入城市的门槛成本。据我们的调查,1999年甘肃省秦安县政府用收购一个破产国企的200多亩土地,创办了县城南部工业开发区,又以每亩7万元的价格向搬迁到开发区的乡镇企业租赁经营50年。到2003年4月该开发区已经搬迁进企业11家,工业总产值2亿多元,增加政府税收200多万元,成为该县的新的经济增长区。

4. 户籍政策与措施。对于已经由乡镇企业的集中而形成的非农人口聚居区,应当及时调整其行政区划政策,拆村建镇,并将聚居人口转为城市户籍;对于实际在城市居住,且在城市有固定职业的原农村人口,应当确认其城市户口;对于就业已经转移到第二、第三产业的原农业人口,应根据其就业的所在地,属于城市范围的,应当确立其城市户口;这几部分农业人口从农村转移出来后,随之要调整其承包的农田和批拨的宅基地,进行土地使用权的重组和用地性质的重新整合。户籍政策的调整要有利于农民整体进入城市,而不是部分。在调整户籍政策的同时,也要转变对农民进城的观念和看法,要用农民"进厂又进城"的新观念取代"进厂不进城,离土不离乡"的旧观念。

5. 企业待遇政策与措施。在 WTO 条件下,各种城市特别是沿海地区的开放城市,不仅要向外资和外商开放,而且要向城乡个体和私营经济全方位开放。对外资企业的"国民待遇",乡镇企业和个体私营企业也完全有权利享受。从另一个方面来看,现行的招商引资政策对乡镇企业和个体私营经济也是完全适用的, 如由政府无偿提供公共基础设施条件,企业建设初期享受免税政策,企业投产后的近几年内享受减税政策,与国有企业一样享受同等的贷款和外贸政策优惠等。

(原载于《甘肃理论学刊》2004 年第 4 期;中国人民大学报刊复印资料《乡镇企业、民营经济》2004 年第 9 期全文转载)

西北地区农业生产的水成本评价及政策意义

在我国严重缺水的西北地区农村，水成本或者水价格偏低的现象，在很大程度上不仅掩盖了农产品高成本的问题，而且助长了大水漫灌的农民种地习惯，严重抑制了节水农业的发展。本文以对西北部分地区的调查资料为基础，把农业生产的水成本问题放到建立市场经济体制上去认识，试图对水成本市场化的科学路径进行解释，并对西北地方政府的农业生产水战略和水政策进行重新设计。

近年来我国构建节水型社会面临着许多难题，其中一个最大的难题是有许多因素影响农民节水的积极性和投资热情。这些因素主要是大水漫灌的传统生产方式、国家的水成本补贴、农业增产不增收等。从市场经济最根本的运行模式"成本—收益"角度看，在农村经济的研究和决策方面，似乎化肥、农药、燃料、种子、租金、人力等多数要素的成本已经完全市场化了，唯独水成本的问题没有完全市场化。人们似乎共同性地忽视了农业生产的水成本问题，之所以如此，一是因为在政府采取大额补贴的前提下水成本表面上不高；二是因为农户与农村水利设施管理机构之间的交易是"软交易"，而非"硬交易"。所谓"软交易"和"硬交易"是指市场交易双方在交易过程中的权力、义务和信誉问题，也包含交易的主动权意思。硬交易是指商品或者服务与现金的同时进行，而在软交易的场合，交易双方有可能出现一方不兑现的情况，俗指"赖帐"。

在市场经济条件下，我国农村农产品生产过程中成本最高的可能并不是化肥、农药、燃料、种子、租金等生产要素,而是水要素。我们可以用两种方法大概算个账:一是比较法,即用我国的水成本比较发达国家的市场制水成本。我国目前灌水量在 7500m³/hm² ~ 12000m³/hm²,大概平均水价只有 0.10 元/m³,水成本为 900 元/hm² 左右。美国是 0.094 美元/m³(约合 0.625 元),以色列正常价是 0.14 美元/m³(约合 0.931 元),超额价是 0.5 美元/m³。我国是美国的 1/9,以色列正常价的 1/14、超额价的 1/50。如果按照美国的水价标准计算,我国的水价为 4680 元/hm²~7500 元/hm²。二是市场法,即按照我国水商品的成本价计算。我国目前水价大致占水成本的 8%~10%,水成本价应该在 4990 元/hm²~8400 元/hm²。

根据有关资料,我国水浇耕地的粮食产量为 6000kg/hm² ~ 9000kg/hm²,2010 年粮食的大致市场平均价格为 1.8~2.0 元/kg,收入为 9600 元/hm²~18000 元/hm²。不论用哪种方法计算和对比,都会发现,水成本太高了。在例子中的三种情况下,我国的水成本价分别都要占到粮食收入的 40% 以上,这个比例是其他任何一种生产要素的成本所不能比拟的。由此可见,我们确实忽视了农业生产的水成本的统计分析和成本控制问题。而实际上,水成本是农产品成本中比重最高和最难以控制的成本。造成这种现象的原因,一是因为水成本是农产品生产过程中不能取消的必然成本。我国北方大部分地区是干旱半干旱地区,不给农作物浇水是不行的。二是因为我国人均拥有的水资源占有量只是世界平均水平的 1/4,约 2250m³。因此,越是缺水水资源的内在价值就应该越高。三是目前农户交的水费只占农产品生产成本 8% 左右的原因是政府对水利工程建设和管理部门的大额补贴,这种补贴政策在一定意义上掩盖了水成本的事实真相。四是因为许多地方农民还没有形成"水商品"的概念,认为自己应该无偿地用水。五是因为实施节水农业战略是必然的政策选择,但是成本也必然是很高的,这个成本如果让农户完全承担,则根本承担不了,因为节水设施的整体投入实际上要高于其边际收益,如果让政府完全承担,则农户就完全有可能丧失搞节水的积极性,因此难度较大。

一、研究基础:西北地区的水土资源

农业用水是指由水利工程直接供应的粮食作物、经济作物用水和水产养殖用水,由此所发生的与水相关的费用叫水成本。目前,全国灌区的灌溉总面积为 5333.33 万 hm^2,农田灌溉用水总量 3600~3800 亿 m^3,其中,粮食主产区的省约占 40%,农业水费标准在 240 元/hm^2~480 元/hm^2 年,取平均数按 360 元/hm^2 年。我国农业用水占全国总用水量的 70%左右,农业灌溉用水有效利用系数仅为 0.42 左右,明显低于节水先进国家 0.7~0.8 的水平;作物水分生产率全国平均约 0.8kg/m^3,发达国家可达 2kg/m^3 以上。我国以净耗水生产的粮食不足 1kg/m^3,远远低于一些发达国家的水平 2kg/m^3~3kg/m^3。

(一)土地资源丰富

西北地区土地面积 315 万 km^2,占全国总面积的 33%,其中黄河流域为 57 万 km^2,占 18%;内陆河地区为 257 万 km^2,占 82%。人口为 7438 万人,与土地面积的分布不同,黄河流域人口比重较大,有 5432 万人,占 71%;内陆河地区有 2206 万人,占 29%。城市化率 28.5%,略低于全国水平,黄河流域仅 24%,内陆河地区达 39%。耕地总面积为 1300 万 hm^2,其中黄河流域 766.67 万 hm^2,占 59%,内陆河地区有 533.33 万 hm^2,占 41%。人均耕地 0.175hm^2,其中黄河流域 0.141hm^2,内陆河流域 0.242hm^2。有效灌溉面积 575.07hm^2,其中黄河流域有 225.60hm^2,占 38%;内陆河流域有 369.47hm^2,占 62%。实际灌溉面积达 608.80 万 hm^2,其中黄河流域有 199.87 万 hm^2,内陆河流域有 408.93 万 hm^2。

(二)水资源供给紧张

多年以来,西北地区平均地表水资源量约为 1463 亿 m³,其中黄河流域部分 544 亿 m³,内陆河流域 919 亿 m³。人均地表水资源量 1915m³,其中黄河流域人均 1001m³,内陆河流域人均 4166m³,耕地地表水资源量 11250m³/hm²,其中黄河流域 7095m³/hm²,内陆河流域 17235m³/hm²。地下水资源量 998 亿 m³,其中黄河流域 304 亿 m³,内陆河流域 694 亿 m³。地下水资源与地表水资源重复计算量 789 亿 m³,其中黄河流域 217 亿 m³,内陆河流域 572 亿 m³。西北地区水资源总量 1672 亿 m³,其中黄河流域 631 亿 m³,内陆河流域 1041 亿 m³,人均水资源总量 2189m³,是全国平均水平的 97%,其中黄河流域人均 1162m³,内陆河流域人均 4719m³,耕地水资源量 12855m³/hm²,其中黄河流域 8235m³/hm²,内陆河流域 19515m³/hm²。

二、西北地区农业生产的水成本评价

据国家有关部门的统计,全国水利工程水价普遍较低。2005 年全国大中型灌区现行农业平均水价 0.065 元/m³,实际供水成本 0.17 元/m³,农业平均水价仅为成本水价的 38%,平均水费实收率仅为 57.3%,实收水费只占成本的 22%。2007 年全国百家水管单位农业水价 0.0616 元/m³,2008 年全国平均农业水价 0.0733 元/m³,目前大概在 0.10 元/m³ 左右。

(一)在西北地区陕西省的农业水价标准最高

在其省属五大灌区的自流引水灌溉中,斗口灌区的粮食作物水价为 0.115 元/m³,经济作物水价为 0.30 元/m³。在抽水灌区,除按上述标准计收水费外,还要按方加收电费。如交口抽渭灌区和东雷抽黄灌区分别高达 0.195 元/m³ 和 0.571 元/m³。农业水价居于中间水平的是甘肃省。甘肃省实行的是两部制水价,自流灌区每年收费按 15m³/hm²~

45m³/hm²，再按 0.03 元/m³~0.08 元/m³ 计收水费；抽水灌区再加收电费。全省农业水价平均 0.07 元/m³。青海省农业用水水费按照实物折价后的平均水价约在 75 元/hm²~225 元/hm²·年。新疆全区农业灌溉水价平均为 0.029 元/m³。

（二）西北各省（区）的水价有高有低，均未达到成本价格

如新疆约为成本的 63%，陕西为 55%，甘肃为 50% 等。抽水灌区水价高的主要原因是电费问题。比如，甘肃省尽管在抽水电价上实行了极为优惠的政策，电费只有 0.045 元/kW·h，仅为全省平均电价的 17%，但斗口灌区水的成本价仍然高达 0.4 元/m³。再比如宝鸡峡灌区的单方供水成本费用为 0.493 元/m³，而 2001 年省政府批准的农业水价为 0.175 元/m³（含电费、外购水源费），仅占成本的 35.5%。也就是说，目前我国农业用水成本约 800 元/hm²~900 元/hm²，占供水成本的 10%~20%，且地区之间的差别比较大。

（三）农业用水价格偏低，投入不足，直接影响节水农业的正常发展

一是水费实收率低。水管单位农业水费实收率仅为 40%~60%。100 家大中型水管单位农业水费实收率只有 70% 左右。二是国家水利工程投入不足。根据水利部农水司 1999—2000 年对全国 195 处 2 万 hm² 以上的大型灌区的调查，骨干工程建筑物的完好率不足 40%，有 20% 已报废或失效。三是水费支出不合理。许多灌区的农业水费收入基本上全部用于发放工资，大部分乡镇也未将水管单位的水费返还用到工程维修上。四是没有建立起节水的利益补偿机制，节约的水大多情况下不能为供水单位带来补偿利益，灌溉供水单位没有节水的积极性。五是农业用水的浪费很大。目前多数灌区渠系多为土质渠道，现状渠系水利用系数为 0.48 左右，灌溉水利用系数仅为 0.38，有的灌区的尾水灌区输水损失高达 80%。

三、西北农业水价的典型区域分析

严格地说，要对西北地区的农业用水价格给出一个确切的评价，是很难的。这是因为西北地域辽阔，水利设施、渠系配套、自灌提灌、计划内计划外、降雨量大小、种植植物品种、生产工艺等区别很大。所以，只能对最主要的作物和区域做出大致的判断。根据有关调查和统计分析的结果，从 1980 年到 2000 年的 20 年间，我国农业生产的水成本占土地总收益的变化趋势是持续上升，其中，按照主要农作物中稻、小麦、玉米和大豆的情况看，分别从 5.3%、3.2%、3% 和 1% 上升到 10.7%、10.4%、8.3% 和 5.2%，取中间值应该为 8% 左右。从区域来看，一般北方灌区水费占生产成本的 10%~20%，南方一般只占 3%~5%。

对于西北地区农业水成本和水价的比较研究，我们选择甘肃省的河西走廊和新疆生产建设兵团。河西走廊有五个地级市，有 1000 多万亩耕地，其中 70% 以上是水浇地，属于内陆河灌区，有石洋河、黑河、疏勒河、洮赖河、党河等五大内陆河，水源地都集中在祁连山。新疆生产建设兵团属于天山内陆河灌区，有几千万亩的耕地，是我国大宗优质农产品的生产基地。

在河西走廊调查时发现，在许多地方政府的统计资料当中，几乎都没有关于农业生产水成本的原始统计资料和数据反映，在有关农产品生产成本结构的分析方面，主要还是常规的指标，比如种子、农药、柴油、化肥等。河西走廊的水价是按行业（农业、工业、服务业）、区域（各县、各灌区）分别制定不同的价格。现行农业水价是 1997 年核定的供水成本价格，平均仅为 7.1 分/m³，比全国的平均价要低。近年来，水利工程固定资产和水资源管理供水成本成倍增加，现行水价仅占供水成本的 49%。2003—2008 年进行了水利工程供水价格改革，目前,武威市的农业水价为 0.157 元/m³,金昌市为 0.101 元/m³,酒泉市为 0.081 元/m³;疏勒河灌区 2009 年的水价为 0.11/m³~0.129 元/m³。近年来只有张掖市的农业水价改革一直没有启动。

河西走廊是我国节水农业的早期示范区之一,近年来通过工程节水、农艺节水和种植结构调整、示范推广等措施,提高水的利用效率和效益,促进人与水、经济与生态的和谐统一,为干旱缺水地区解决水资源矛盾、建设节水型社会、推进经济社会可持续发展提供了可资借鉴的范式。2010 年,河西走廊五个地级市的 1000 多万亩灌区中的亩均农作物毛灌溉定额如下:川区小麦 611m³,制种玉米 770m³,普通玉米 770m³,带田 820m³,蔬菜 833m³,油料 528m³。目前,大部分地方的灌溉水都是按照这个标准控制的,但是,基本上还是以漫灌为主,用水量很大,浪费非常严重。

新疆是西北地区相对水价比较低的地区。对近年来的农产品水成本变化可以通过新疆生产建设兵团的专题调查报告看出。该课题通过对 2008 年所调查的 8 种大宗农作物、12 种特色经济作物、6 类园艺作物、3 个畜种的成本效益及主要成本构成项目进行分析比较,结果表明,棉花、小麦等大宗农作物的水成本比重:棉花 8.9%,玉米 15.2%,小麦 14.5%,水稻 23.1%,甜菜 10.1%,油菜 2.8%,油葵 8.2%,制种玉米 18.4%;各种特色农作物水成本比重:啤酒花 6.3%,马铃薯 6.3%,红花 5.2%,薄荷 5.7%,薰衣草 6.4%,万寿菊 5.1%,留兰香 14.0%,茴香 17.9%;大宗园艺作物水成本比重:苹果 5.4%,红枣 10.6%,梨 8.9%,葡萄 9.6%。但是,在认识这些水成本比重的时候一定要注意,成本高低与土地的总收益不能直接挂钩,这是因为不同农产品的产量不同,总收益就有很大的区别。

四、农业水价调整科学参照系的确定及政策建议

重视和积极推进西北地区农业生产的水价格改革，需要在思路上明确几个问题：①水费是经营性收费，是农业生产成本的组成部分，不能把水费看作是额外负担。②考虑到农业生产的特殊性和西北贫困面大的实际情况，在相当时间内国家在西北农业的水政策仍然要以半公共产品的性质来对待，实行市场计划双制控制。③要坚持水价改革透明化、公开化和公正化，这样才能解决"水费便车"问题，减少农户的负担。④要重视农产品生产过程中的水成本问题，不能仅仅只看化肥、农药、燃料和种子等的费用，如果水成本真正市场化了，很有可能是农产品的第一成本。⑤从水价改革和执行较好的灌区来看，提高和调整水价，有利于促进节水，促进农业结构调整，促进节水型高效农业的发展。⑥我国的农业用水基础价很低，虽然提价空间大，但提价需要渐进推进，分步到位，农户的承受能力提高需要一个阶段。下面从宏观决策的角度提出几点建议。

（一）水价参考尺度

必须在农户实际承担能力范围内适当调整水价。根据目前国内对灌区的调查、测算和分析成果显示：农业水费占农业生产成本的比重一般以 20%~30% 为宜；占产值的比重 5%~15% 较合理；占灌溉增产效益的比重 30%~40% 较合理；占净收益的比重 10%~20% 较适宜。以上指标是从水费占生产成本、灌溉增产效益、产值及净效益四个方面给出了各适宜标准值，应该说，这个指标体系还是可靠的和有可行性的，可以参照。但在参照这个指标体系的同时，应该区别不同的农村产业的具体情况而选择。

（二）国家补贴政策

要对灌溉用水进行适当的财政补贴，但要改变补贴方式，使补贴

方式对促进节水有效。现在的问题是,从国外的情况看,对农业用水进行财政补贴实际上包括两大方面:一是对大中型水利设施建设的直接投资和管理拨款,政府之所以要这样做的主要原因是这些水利设施的共同特点是投资很大、建设周期长、回报率低;二是对农户用水收费的补贴。第一种补贴应该继续坚持,而第二种就应该区别不同情况和采取不同方式了,不能再简单化处理。比如,①对定额之内的补贴要高于超定额的用水的补贴;②对节水方式的补贴要高于传统灌水方式的补贴;③对提灌的补贴要高于自流灌溉的补贴;④对粮食作物的补贴要高于对经济作物的补贴;⑤对农作物的补贴要高于养殖业的补贴;⑥大面积规模经营式的专业户的补贴要高于个体农户的补贴。

(三)重视区域差异

西北的农业灌溉面积上亿亩,大部分集中在内陆河和我国主要河流的上游地区,而这些地区在客观上又多是干旱和半干旱地区。建议国家在制定区域水价调节系数的时候,要充分考虑雨水东南多西北少的实际情况。一是在农业用水的国家财政补贴政策上要有区域差别,对西北的补贴要高于中东部地区;二是中东部的农业用水基础价要适当高于西部、特别是西北地区;三是对西北地区的国家级或者省级贫困县的水战略重点,应该首先放在大幅度增加水利设施投入,再考虑农业用水的补贴方式;四是对民族地区来说要区别水源涵养区(如三江源区)与水资源利用区(如银川灌区和河套灌区),对民族地区的水价改革应更加慎重。

(四)把握用水额度

应该制定四大类用水额度:①与传统灌溉方式对称的最大用水额度。目前大水漫灌的耕地年用水量一般在500~800方,为了抑制浪费这个额度应该定在500方为宜。在500方之内是基础价,超过部分是成本价。②与农村各种养殖业对称的成本价用水额度,从扶持农村经济和增加农民收入的意义上对农村的各种养殖业实施成本价政策,同时不宜再制定用水额度。③与农村经济产业发展对称的微利用水额度,对农村的工业、商业、贸易、服务等完全经营性产业则实行水成本加微利的水价政策。④与国家的农村鼓励发展政策有关的特优惠水价额度政策。比如,节水型农业、新兴农业、生态林、湿地等,由于特殊的发展需要可以采取既优惠价格、又实行补贴的政策。

(五)分步实施到位

由于我国严重缺水和大量浪费水并存的国情,确实需要快些改革水价。由于农业用水占全国用水的 75%~80%,因此,农业用水价格改革是国家水战略的重点。对于农业用水价格的改革,应该选择"国家宏观决策+地方全面实施+政策适应调整"的方式。因为我国的水价改革实际上早在 20 世纪 90 年代就已经开始了,并且已经有许多比较成熟的经验和做法。所以,只要国家下决心解决这个问题,我们完全有可能在"十二五"规划期间达到理想的目标。

参考文献:

[1]廖永松.灌溉水价改革对灌溉用水、粮食生产和农民收入的影响分析[EB/OL].中国乡村发现网,2008-11-28.

[2]饶华,高新康.兵团农业成本比较效益与农业结构调整[J].兵团经济研究,2011-01-18.

[3]郑通汉,王文生.水利工程供水价格核算研究[M].北京:中国水利水电出版社,2008.

[4]施熙灿.国外(地区)水价概况,中国水利科技网,2011-01-10.

[5]楚鹭伊人.我国水价形成机制发展历程及评述,中国水利科技网,2009-01-22 .

[6]赵霞则,詹美礼.水价政策——灌溉工程可持续发展的经济杠杆[J].河海大学学报,2005,21(1):64-67.

[7]许学强,李华.试论新形势下农业水价改革,《中国水利学会2010 学术年会论文集》(下册),2010.

[8]李华.制定水利工程供水价格应体现以工补农政策[J].价格理论与实践,2010(1):39-40.

[9]水利部财务经济司调研组.当前农业水价改革中存在的问题、影响与对策[EB/OL].www.cws.net.cn,2006-08-01.

（原载于《农业现代化研究》2012 年第 1 期）

甘肃陇南市灾后重建与人口迁移的现状及对策

一、陇南地震灾害基本情况和重建定位

根据民政部的调查报告,在 2008 年 5 月 12 日发生的大地震中,甘肃省的地震严重程度仅次于四川省,全省有 70 个县(市、区)、941 个乡(镇)、10931 个行政村受灾,受灾户数 129.32 万户,受灾人数达 526.48 万人。根据国务院的批复和规划,汶川地震重建和人口迁移规划包括四川、甘肃、陕西 3 省的 51 个县(市、区)。其中,有甘肃省的重灾县(区)8 个,一般灾县(区)32 个。重灾区是文县、武都区、康县、成县、徽县、西和县、两当县、舟曲县,7 个县(区)在陇南。在一般灾区的 32 个县(区)中,陇南市的礼县和宕昌县也在其中。这样一来,陇南市的 9 个县(区)全部被列入国家重建规划之中,总投资初步确定为 642 亿元,其中,移民安置投资 96.56 亿元。

根据各方面的统计报告,这次地震涉及陇南市的 195 乡(镇)、2343 村、42.58 万户,人口达到 174.76 万,占全市总人口的 62.5%,涉及陇南国土面积的 70%,全市需转移安置人口 89 万人。从该市的现有条件来看,解决这些问题显得特别困难。2007 年该市 GDP 是 111 亿元,人均只有 3418 元(折合 488 美元),城镇居民人均可支配收入只有 6000 多元,农民人均纯收入只有 1600 多元,这些指标在甘肃的 14 个市(州)中也是最低的。研究如此经济发展欠发达地区的灾后重建和人口迁移问题,对当地今后的发展规划、产业布局、结构调整、人

口发展等有重大的现实意义。

二、地震对陇南灾区人居环境的破坏

1. 对人口自身的破坏。地震对人口自身的破坏主要表现在两个方面：一是人员伤亡严重，人口数量骤然减少、素质降低。二是家庭和社区严重受创，家庭结构的变化使个体的社会关系网络被破坏。在地震中，大量的家庭遭受了人员伤亡、房屋和财产损失。地震后，原有的许多社区不复存在，或者发生了巨大变迁。家庭结构和社会人文关系的破坏使个体丧失了亲人、居所和情感支持，也使社会稳定性下降。灾区群众对家乡的归属感降低，甚至对原定居地产生某种程度的恐惧、压力、厌恶等心理负担。因此，我们在评估损失的时候，不能只重物质而轻精神，只重自然而轻社会。

2. 对经济体系的破坏。地震摧毁了受灾地区多年以来累积的财富，灾区发展的产业基础被极大地破坏。交通、供水、供电、通讯等基础设施遭受严重损毁，全市多家工业企业生产设施受损。同时，还造成了农业系统、商贸服务业、旅游业、交通基础设施、市镇公用设施等多方面的直接损失。产业基础的毁损和经济发展遭受的重创，导致大量劳动力短期内丧失就业机会。尽管三至五年以后，经济可以得到逐渐恢复，但是在短期内灾区群众会面临较大生存和发展的困境，甚至其生存和发展的信心也会受到严重影响。

3. 对资源环境的破坏。地震导致重要资源的破坏，灾区大量居民丧失生存和发展的基础。陇南受灾的 9 个县（区）基本上都是以农业为主，第一产业在地区生产总值中分别占了 1/3 以上，农业生产在县域经济中占据重要地位。但是在这次地震中，山体倒塌或滑坡，耕地、林地和草地毁损灭失，许多地方成为无法生产的地区，地震使许多人特别是农村人口丧失了基本的生存条件，受灾群众陷入耕作无土地、建房无地基的困境。地震还对生态环境造成了严重破坏。有专家估计,地震极重灾区的生态恢复至少需要 20 年以上,从而使许多地方成为不可居住或者不适宜居住的地区。主要表现为:山体松动,地质灾害隐患加剧;植被破坏,水源涵养和气候调节能力降低;病险水库和堰塞湖增多,对下游居民的生命和财产安全构成极大威胁。

三、陇南人口容量与迁移量评估

1. 经济人口容量。利用经济人口密度(常住人口与地区生产总值之比) 来静态地估计一个地区的经济人口容量是许多研究中常常采用的方法。但是这一方法有三个隐含的假设:一是制度设计允许人口自由流动;二是各地区经济结构的同质性;三是人口的自由流动会导致各地区边际产出达到均衡。尽管这些假设实际上并不完全成立,但是抽象地考察区域的经济人口容量, 利用经济人口密度仍然具有一定的合理性。2007 年,陇南市的国内生产总值为 111.81 亿元,总人口为 275.7 万人,经济人口密度为 0.405 人/万元。2007 年全国的经济人口密度为 0.533 人/万元。以此为标准,地震前陇南市 9 个县(区)的经济人口容量为 209.77 万人,比实际人口少 65.93 万人,即抽象掉特殊性后,从 9 个灾县(区)的经济人口承载力看,已经超载了近 60 万人。

2. 各县(区)的经济人口容量。在已测算的该市经济人口容量基础上,我们再作如下的分析:一是经济发展程度不同,不同县(区)的经济人口承载力不同。在 9 个县(区)中,成县和徽县的经济人口容量比实际人口高,而其他 7 个县(区)的经济人口容量比实际人口低。也就是说, 仅仅考虑经济总量这个因素,前者还有容纳更多人口的空间,而后者已经超载,需要向外迁移人口。二是考虑经济结构因素后的扣除量。如前所述,优化的产业结构在经济总量相等的情况下能够容纳更多的劳动力,陇南的人口容量在 209 万人的基础上还要做一

定数量的扣减。三是地震后经济人口承载力进一步降低,经济人口容量应再做扣除。地震之后,由于工厂停工、大型项目损毁等因素使经济对人口的短期承载力急剧下降。

3. 土地资源容量。资源环境人口容量需要综合考虑土地资源、水资源和环境保护等约束下的人口规模,由于陇南水资源比较丰富,暂不考虑其对人口容量的约束。而陇南灾区最主要的农业生产资料是耕地、林地、草地和可养殖水域,因此,只要计算出土地资源可以容纳的农村人口, 再根据一定的城市化水平就可以得出该区域的人口容量。根据生态足迹理论中对各类土地资源生产力的换算比例,将所有土地资源换算成耕地。从土地资源约束的角度考虑,地震灾区能够承载的人口应该由三个因素来决定,即可利用的耕地资源、人均耕地占有标准和城市化率。我们将 2006 年全国农村人口人均占有耕地面积 2.5 亩作为农村人口人均耕地占有标准;部分受灾地区不宜大规模发展第二产业,城市化率不能太高;地震导致耕地遭破坏,假定损失耕地不可复垦或不宜复垦。由此,可以得到陇南市的耕地人口容量为 173.4 万人,比实际人口少 102.3 万人。由于耕地的因素,陇南市的全部县(区)都处在耕地资源严重不足的状态。考虑到历史和现实的原因, 陇南的耕地人口容量与经济人口容量基本上可以看作是吻合的,但是,耕地的容量明显要低些,超载人口应该在 80 万左右。

4. 生态环境容量。如前所述,陇南地震灾区的特殊生态地位决定了人口容量还应该考虑到生态约束。同时,本次地震启示我们,在作城市(镇)规划时,需要留下足够的临时安置和紧急避险场所,平时为开放空间,灾时为安置营地,这一要求也会降低人口容量。通过以上分析可知,综合考虑资源环境以及经济社会发展情况,7 个极重灾县(区)的人口容量不超过 200 万人;也就是说,该市人口迁移量至少为 60 万到 80 万,灾区人口过量已经是不可回避的事实。

5. 陇南市人口发展基本资源保证条件。陇南市的国土面积为 2.78 万平方公里,其中,耕地面积少,而且耕地的质量非常低,绝大多数耕地是山坡地,其中,在宕昌县、武都区、文县、康县,山耕地的情形大体与四川、贵州、云南的山地相仿。水资源比较丰富,全市每年有保证水资源 68 亿立方米,人均可以达到 2490 立方米,这在甘肃省是最高的。水资源最丰富的有文县、武都区、徽县和礼县,人均在 3000~4000 立方米。此外,还有 1775 万亩的森林,1042 万亩的草场。总体来看,陇南市人口发展的基本条件是具备的,主要缺陷是山地多、耕地少。

四、陇南灾后重建和人口迁移的政策思路

1. 人口迁移需要协调好的重要关系。包括:一是迁移人口与迁出地的关系。人口迁移加强了迁出地与外界社会的经济、科技、思想和文化等的联系,有利于经济社会的发展;尤其是对人口压力较大的地区来说,人口迁出缓解了人地矛盾,对更好地保护环境有积极作用。因此,迁出地对人口迁出行为应该做好各项服务,例如培训、咨询、信息、手续办理等,尽量减少人口迁移的阻力。二是迁移人口与迁入地的关系。人口迁入一方面推动了迁入地经济社会的发展,另一方面也给当地资源环境造成了巨大的压力。迁入人口的居民身份确定、生产资料安排和社会保障待遇是迁入地需要处理好的主要问题。三是迁出地与迁入地的关系。人口迁移意味着资源在不同地区的重新分配,迁出地与迁入地之间既要处理好利益的冲突,也要做到政策统一和衔接,避免因政策的缺陷增加人口迁移的成本。

2. 分类指导与功能分区结合,科学实现灾区重建和人口分布优化的目标。灾后恢复重建要从灾区实际出发,科学界定适于重建和不适于重建的区域,调整优化城乡布局、人口分布、产业结构和生产力

布局:一方面,应站在全国主体功能区规划和人口发展功能区规划的高度来审视受灾地区的重建问题。按照国家人口计生委制定的人口发展功能区战略规划,人口发展功能区域可分成限制区、疏散区(收缩区)、稳定区、集聚区。另一方面,受地理条件、经济社会发展水平和地震破坏程度不同的影响,地震灾区人口迁移的具体情况不尽相同。

3. 人口迁移区划。在尊重灾区居民意愿的基础上,采取就地就近分散安置、迁移,与异地就业分散安置、迁移相结合的方式。一是高山高原区,人口和经济密度较低,受灾损失不大,可按照新农村建设的要求,引导牧民集中定居,并适度进行生态人口迁移。二是山中深谷地区,正好处于地震带上,地质灾害频繁,耕地资源贫乏,矿产和水力资源丰富,这些县(区)的发展应以生态保护和生态旅游业开发为主,同时将人口做县内转移或县外迁移,减轻人口经济活动对资源环境的压力。三是受灾较轻的地区,人口密集,交通发达,城镇建设条件好,应该成为重灾区人口、产业转移的主要承接地。

五、分阶段推进人口迁移

第一阶段:灾后过渡安置期临时性人口流动。地震灾后初期,由于生产条件、居住条件的破坏,人口需要也必须大量外迁。在这一阶段,受灾群众被政府统一安置,或者被转移出去就医、就学、投亲靠友,尤其是以劳动力转移为主的流动,既解决了灾区民众的生计问题,又避免失业可能带来的心理压力和社会压力。这些短期外迁的投亲靠友、异地学习和打工的人,一旦灾区的生产、生活和学习等条件恢复后,很大一部分会回迁,所以并不构成永久性的迁移。但是,其中一部分人,尤其是以务工为主产生的流动人口,有可能会留在当地,成为永久性的迁移人口。这种人口迁移具有明显的灾后救济性特征,所以我们可以把它称之为"救济型"人口迁移。

第二阶段:恢复重建前期政府组织的人口迁移。恢复重建的工作一般在地震半年后全面展开，而在重建前期发生的人口迁移明显具有政府主导的特征。这一阶段的人口迁移主要有三种途径:一是地震人口迁移，即由政府将某一地区的受灾居民全部转移到适合生产生活的地方。对于在地震中完全丧失生产资料的乡镇居民，可以由政府组织较大规模的人口迁移，向适宜人居的地区转移。二是城镇迁址和重建所发生的人口县域内迁移。这类人口的迁移应该密切与当地工业化、城市化结合起来，进行区域人口重组。三是依托劳动力转移所进行的灾区群众异地安置。灾区群众安置的难点不在城镇居民，而是农民，因地形变化、山体滑坡所造成的大量农田基础设施毁坏，使他们实际上无业可返，只能作非农安置和城市安置，以就业带动异地安置是最主要的方式。此外，还有以学龄人口为主的"教育迁移"，以地震孤老、孤儿和伤残人员为主的"福利迁移"。上述人口迁移现象具有明显的政府主导、规划安置的特征，因此可以将其称之为"安置型"人口迁移。

第三阶段:恢复重建后期个体自发的人口迁移。经过 2~3 年的恢复重建，灾区的基础设施、商业、农业、工业以及教育、医疗等公共设施得以基本恢复，大部分灾区民众的住房得以重建，灾区的生产生活秩序逐渐步入正常，此后便进入社会整合与提高的阶段，我们将其称之为恢复重建的后期。在这一阶段，人口迁移的规律呈现出政府指导下个体自由迁移的特征，政府通过产业政策限制重灾区工业类(尤其是劳动密集型)企业的发展，鼓励培育农林渔以及生态旅游业，从而促使灾区剩余劳动人口有序向外转移，有效降低地震带上的人口分布密度。这种人口迁移具有市场调节的特征，体现了公平性、权益性和自主性，因此可以将其称之为"自由型"人口迁移。

当前陇南重建和人口迁移的阶段性判断。根据对陇南各县(区)

实际情况的调查和研究,我们认为,陇南市的灾后重建目前实际上处在最艰难的时期。如果把重建分成"灾后安置—恢复建设—长效发展"这样三个阶段的话,目前还处在第一阶段向第二阶段转变的时期。陇南目前的重建有以下特点:一是目前的重建仍然以灾后安置为主,安置任务还有 1/3 左右;二是重建规划和重建政策的某些方面需要根据实际情况做一些调整,但是调整工作跟不上;三是地震灾害的损失在重建中得到了部分解决,但是新的自然灾害又在发生;四是灾后长效发展机制还没有建立起来,地方自我发展和抵抗自然灾害的能力非常弱。鉴于这些情况,我们认为,今后的重建工作仍然要坚持基本的重建原则,认真、全面地落实重建规划,把重点放在如何建立长效发展机制和提高自我抵抗自然灾害能力上面来。

六、截至 2010 年 12 月底的重建进展情况

1. 农村居民住房恢复重建全面完成。该市列入规划的 186459 户农村居民住房维修加固于 2008 年底全部竣工。列入规划的 227932 户农村居民住房重建于 2009 年底全面完成,对文县尚德镇任家坝村集中重建点群众反映的住房质量问题正在进行调查处理。农村居民住房维修重建累计完成投资 149.6 亿元,其中,维修加固完成投资 9.6 亿元,占规划投资的 171.6%;重建完成投资 140 亿元,占规划投资的 107.2%。

2. 城镇居民住房恢复重建基本完成。该市城镇居民住房重建累计开工 14558 户,竣工 14375 户,分别占复核调整规划的 100%、98.7%,累计完成投资 13.5 亿元,占复核调整规划总投资的 99.5%;40284 户城镇居民住房维修加固全面完成,累计完成投资 2.42 亿元,占复核调整规划总投资的 100%。

3. 公共服务灾后重建实现了目标任务。该市公共服务灾后恢复

重建项目累计开工 1567 项，竣工 1318 项，开工率和竣工率分别为 95.2%、80.1%，累计完成投资 46.9 亿元，投资完成率 66.4%。其中，教育项目累计开工 552 项，竣工 497 项，开工率和竣工率分别为 98.9%、89.1%，累计完成投资 26.6 亿元，投资完成率为 75.1%；医疗卫生恢复重建项目累计开工 254 项，竣工 227 项，开工率和竣工率分别为 98.5%、88%，累计完成投资 8.4 亿元，投资完成率为 69.1%。

4. 农村建设等重建项目进展良好。该市基础设施、城镇建设、农村建设、生产力布局和产业调整、市场服务体系、防灾减灾、生态环境、精神家园等八大类项目累计开工 2209 项，竣工 1734 项，开工率和竣工率分别为 96.3%、78.5%；累计完成投资 105.8 亿元，投资完成率 68.4%。

七、整村重建和易地搬迁的情况

1. 整村重建情况。由于地震灾害所引起的人口迁移方式主要是围绕重灾区的农村地区，进行整村搬迁和整村就地重建两种形式。根据调查和统计，从 2008 年 5 月到 2010 年 4 月底，在两年的时间内，陇南市的原规划的整村重建重点村为 551 个行政村、53947 户，其中，整村搬迁村有 243 个行政村、21754 户；整村就地重建村有 308 个行政村、32193 户。到目前为止，该市已经完成的重建户在 20 户以上的整村搬迁村有 235 个行政村、21641 户；完成的在 20 户以上的整村就地重建村有 303 个村、32117 户；完成的重建在 20 户以下的行政村有 13 个、189 户。

2. 易地搬迁工作进展顺利。在这次重建过程中，虽然重点的人口安置是以就地、就近、安全、环保为主，但是，跨区域的易地扶贫搬迁也在正常进行。根据统计，从 2008 年到 2009 年的两年中，该市共实现易地搬迁总数为 3910 户、17527 人。其中，2008 年 1772 户、

7830 人,2009 年 2138 户、9697 人。根据有关统计,从 2004 年到 2010 年,该市易地扶贫搬迁中的国家易地搬迁专项资金达到 17535.02 万元,中央其他专项资金 3552.25 万元,地方配套为 3220.20 万元,群众自筹 26785.57 万元。就易地扶贫搬迁的投资而言,总计达到 5.1 亿多元,其中,国家易地搬迁专项资金、中央其他专项资金和地方政府配套合计为 2.43 亿元,占总投资的 47%,群众自筹占 53%。可见,陇南市的易地扶贫搬迁基本上是政府支持和群众自我发展并举。实际上,易地搬迁不仅仅是易地扶贫搬迁,还包括一般性的易地搬迁,扶贫性质的易地搬迁只是易地搬迁的主要形式而已。自开展灾后重建工作以来,陇南市一方面结合重建,做好扶贫易地搬迁的工作,另一方面,也没有停止一般性的易地搬迁。

3. 移民开发脱贫现状。根据调查,在近两年中陇南市有 7.6 万人已经告别贫困。该市通过灾后重建、整村推进、劳务移民、产业扶贫等方式,千方百计增加扶贫投入,又有 7.6 万人告别贫困。陇南山大沟深,人均耕地面积不到 1.8 亩,是我省最贫困地区之一,"5·12"特大地震又造成不少山区群众返贫。2008 年以来,陇南市以灾后重建为契机,加大 1558 个重建贫困村的规划编制,争取到中央财政灾后恢复重建基金 5.32 亿元。目前,23 万受灾户搬入新居,惠及 90 多万人。该市完善整村推进扶贫开发方式,积极探索项目带动、整流域推进的新模式,先后启动实施了 110 个村的整村推进项目,下达资金 8538 万元,通过修路、发展产业、整理土地、修建人饮工程等,使这些村的生产生活条件得到改善。同时,市上紧抓劳务移民和科技、产业扶贫,向新疆生产建设兵团和省内的灌区、移民点输送移民 8000 多人,贫困村输出劳动力 65.96 万人次,培训农民 14.55 万人次,加快了群众脱贫致富步伐。

八、当前存在的主要问题

1. 规划落实问题。主要有：一是总体规划和专项规划确定的部分项目与实际需求不符，存在批准项目规模小，但实际建设需要资金量大，下达项目存在缺项、漏项问题。二是规划调整还没有落实，增加的急需新建项目还待批。三是规划落实很难到位，个别重建户没有及时入住。四是宕昌县的实际困难和问题比较多，也没有确定对口援建城市，导致县上灾后恢复重建资金总量少，集中安置点基础设施配套建设资金缺口大。

2. 项目建设问题。主要有：一是灾后重建项目地方配套难，征地配套落实难，前期费用落实难，资金配套难。二是有些项目没有在国家总体规划中体现出来，例如两当县目前还有 234 项没有挤入国家规划，在国家专项规划中没有体现出来，造成一定的项目缺口。三是行业部门、直管部门与发改委衔接不上。有些项目是行业部门或直管部门立项的，上报发改委后反馈太慢，造成项目统计上有出入。一些配套的保障政策不够完善，比如项目建成后的使用管理及后续发展等，没有引起足够的重视。

3. 资金保证问题。主要有：一是资金缺口大。根据国家批准的灾后重建规划，陇南市灾后重建投资总需求约为 660 亿元，但目前落实的财政性资金仅有 236.6 亿元，银行贷款约 171 亿元，企业和群众自筹 68.4 亿元。综合考虑其他因素估算，全市灾后重建资金缺口达 169 亿元。二是部分县（区）资金缺口非常大。例如在成县，目前重建就面临很大的资金缺口。三是资金使用结构不合理。重建资金的估算没有充分考虑市场供求关系的变化，在资金使用上对非公经济项目资金的使用等方面没有具体的政策规定，非公有制经济恢复和发展基本游离于重建之外。四是上级拨付重建补助资金速度比较慢，影响了重建工作进度。

4. 基础设施问题。主要有：一是公共基础设施项目重建资金缺口较大。例如在武都区，全区公共基础设施项目规划总投资 47.45 亿元，而中央重建基金只落实了 8.89 亿元。二是整村重建村基础设施未完善。一些整村重建村道路、排水、垃圾处理等设施未能配套建设，已影响重建户入住新居。三是城镇居民住房重建进展慢。城镇住房存在产权关系复杂，重建对象核定难度大，拆迁任务重，住户意见难统一，各种利益矛盾突出。四是征地和拆迁安置难度大。据调查，全市目前未开展前期工作的灾后重建项目多数是因为征地或拆迁安置难以解决导致的。五是集中重建点基础配套设施建设资金缺口较大。六是暴洪灾害对恢复重建造成了新的困难。

5. 易地搬迁问题。主要有：一是易地搬迁、生态移民、灾后易地重建涉及内容多，是一项复杂的工程，通过搬迁切实能够改善群众生产生活，但也存在着一些困难和矛盾。二是整村组搬迁缺乏配套项目资金。三是在灾后恢复重建新建移民安置工作中问题多。安置住房建设缓慢，方案落实迟缓。四是重建农户的生活仍然很困难。虽然国家、省上对重建户均给予 2 万元补助，并提供了 2 万元优惠贷款，但要完成住房重建任务，户均资金缺口仍有 3 万元。大部分农户为了完成住房重建倾其所有，后续生产投入乏力，同时还面临着巨大的还款和生活压力。据调查，有 70% 左右的农户难以在规定的三年内还清国家贷款，需要研究延长期限和利息政策问题。

九、对策和政策建议

1. 以项目建设为核心建立长效发展机制。一是加快重点项目建设。认真做好项目土地征用、房屋拆迁、审批办证等服务工作，为重大项目建设搞好服务。二是进一步加强监督检查，着力解决项目实施管理中存在的问题,加快项目实施进度。三是各县(区)要根据条件和能力,建立和健全地方项目库。四是强化项目前期工作,市(县、区)财政增加项目前期经费投入,为项目前期工作提供有力保障。五是加大项目争取力度。抓好项目储备,不断充实项目库,努力解决后续大项目储备不足的问题。六是提高项目管理水平。加强各类项目特别是中央投资项目的管理,完善管理办法,规范项目审批、核准、备案制度。

2. 以基础设施建设为契机彻底改变发展条件。一是继续扎实推进灾后重建工程,抓好农民住房重建完善提高和验收工作,加快城镇居民住房重建,加快重建项目进度,继续加强对口援建工作,保证灾后恢复重建质量。二是加快交通等基础设施建设,着力改善发展条件。加强通信建设,实施电信、移动信息化建设合作项目。三是强化城镇建设管理,大力提升城镇化水平。四是做好土地储备,盘活存量土地,提高土地利用效率。五是加大招商引资力度,引进社会资本、民营资本和外资投入城市建设。六是做好县、乡土地利用总体规划修编工作,加强城镇建设特别是各类建设用地管理,严格执行土地征收征用政策,规范土地征用,坚持依法征地、依法拆迁、和谐拆迁。下大气力加强城市管理,使城市面貌有新变化。

3. 在恢复活力的基础上努力提升产业水平。一是着力加快工业发展,提升工业质量效益。特别要做好加快工业园区建设、提升工业质量效益、改造提升传统产业、推进节能降耗等工作。二是加快发展特色农业产业。全面落实各项强农惠农政策,加快特色农业产业发展,大力推广农业科技,加强农业基础建设,加快扶贫开发,抓好新农村建设示范点创建工作。三是大力发展第三产业,特别是旅游产业和文化产业,深度开发这方面的优势资源,尽快形成经济拉动能力。四是要认真做好资源开发和产业形成的配套服务工作,特别是财税和金融服务工作。

4. 以改善民生为核心加快发展社会事业。一是坚持优先发展教育事业,开展教育改革年和教育质量提高年活动。二是实施好科技项目,培育科技创新和科技示范型企业,深入推进科技特派员创业行动,抓好农民科技培训。三是加快发展卫生事业,抓好乡(镇)、村和社区卫生服务机构建设。四是严格执行人口和计划生育各项政策法规,坚持统筹解决人口问题,全面落实各项优先优惠政策。五是开工建设市博物馆、图书馆、文化馆,加快乡(镇)综合文化站、农家书屋工程建设进度,整合文化资源。六是坚持实施积极的就业政策,落实扶持政策。七是进一步建立健全各项社会保障制度。八是全力维护社会稳定,促进社会和谐。

5. 政策建议。一是根据需要及时调整重建规划。对各县(区)新上报的规划调整意见、急需建设项目等争取挤入规划,对有资金缺漏的项目增加投资。二是努力解决好资金到位问题。建议中央、省里协调解决集中重建点的资金缺口,加大对陇南的公共基础设施项目的投资力度,设立生产条件重建资助项目,对于易地搬迁农户、生态移民搬迁的农户要进行生产基本条件的补助。三是促进人口迁移安置和定居乐业。对边远迁出区的耕地实行退耕还林,政府实行粮款补助,至少补助 3~5 年;把搬迁群众纳入最低生活保障范围;加大搬迁群众经费投入,加大搬迁群众产业发展扶持基金投入,支持农民群众到省外、市外定居。四是增加对生态移民的政策扶持。切实解决生态移民的住房问题,在移民的过渡期或适应期,政府要强化教育管理,加强后续服务。五是加大扶贫开发的政策支持力度。提高陇南等贫困集中区的贫困判断标准和扶贫补助标准,这样有利于增加政府的贫困人口和低收入人口的补贴。六是根据陇南市的乡村债务沉重的事实,建议上级领导机关充分考虑灾区的这些情况,制定相应的政策,把地震重灾区的乡村债务纳入重建范围，在重建资金内划分出一定的比例，专门用于化解债务。

（原载于《甘肃理论学刊》2012 年第 5 期）

经济政策研究

中国改革进程中的经济政策选择

中国正在进行着的经济改革,首先是一个经济政策的调整过程。经济政策调整不是个别方面而是政策体系的调整,包括政策主体、政策目标、政策手段和效应等多层次内容,政策目标与手段的选择是否合理及目标与手段之间是否协调,直接关系到经济政策能否取得预期的效果。为此,必须建立与整个经济体制相适应的经济政策模式,采取恰当的政策策略。任何一种经济政策的作用总要在特定的体制条件下才能发挥出来,尤其是对正处在经济体制改革时期的中国来说,经济政策的任何调整不可能不涉及经济体制的某些变动,也不可能离开这些变动的配合。所以,本文着重从经济体制改革的时代背景出发,对经济体制与经济政策做些辩证的分析。

一、经济政策目标模式及其操作手段分类

经济政策的模式是指国家在一定时期内为了组织和调节国民经济运行而选择的政策目标和手段,以及协调目标与手段之间关系的基本原则和方法的体系。政策目标是一个多元化的目标系统,包括货币政策、财政政策、投资政策、价格政策和税收政策等。在多元化目标结构中,有些目标在内容上可能重叠或交叉,有些目标在方向上一致,但有些目标则是相互冲突的,各个政策目标之间存在着相互联系又相互制约的关系。要保证政策的有效性,就需要协调各个目标之间的关系。各种经济手段也具有不同的特点,有些手段的功能虽然相同

但作用程度不一,有些手段的功能则截然相反。为了达到既定的政策目标,一般可选用几种政策手段,而一种政策手段又可以影响多种目标。各种经济政策目标与各种政策手段之间具有错综复杂的组合关系,各个目标与手段既可相互协调,产生比较理想的政策调节效应,也可能相互矛盾,导致政策调节效应不理想。不仅如此,经济政策所产生的效应是多方面的和多层次的,能够引起连锁反应。这是因为经济系统内部各环节具有密切的内在联系,某项经济目标的实现,必将波及其他经济领域,引起其他经济行为的变化。

尽管如此,经济政策的目标选择还是有一定规则可循的。根据中外实践经济调节的历史和现实状况,经济政策目标模式的选择一般有三种。

计划政策模式。这种模式是建立在高度集中型经济体制之上的,苏联的传统体制和我国的旧体制就属这种模式。这种模式的特点是:(1)发挥作用的基本途径是通过以行政权力等级结构为基础的指令性计划来调节国民经济的运行,具有权力高度集中,直接管理企业微观经营活动,排斥市场竞争的特征。(2)能迅速地集中分配和使用短缺的或有限的经济资源,使国家能够集中人力、物力、财力投向优先发展的部门和地区,实现较高的积累率,有助于落后国家在一定时期内恢复和发展经济。这种模式的不足是,企业仅仅是政府行政机构的附属物,没有自主权和活力,内无利益刺激,外无竞争压力,企业发展基本上靠行政命令推动,使国民经济的发展失去了内在的动力。同时由于排斥市场机制,国家难以及时掌握宏观决策所需要的全部信息,从而在政策目标和手段的选择上往往容易出现与整个经济情况不相符合的决策,致使国民经济比例严重失调。

市场政策模式。这种模式是建立在市场经济基础上的,经济政策的调节作用主要是通过市场机制发挥作用来实现的。西方发达的资本主义国家就实行这种模式。这种模式的运行特征是：国家利用财政收支和货币供给水平的变化影响社会供求水平，通过市场机制影响企业的微观经济活动，从而实现对国民经济的宏观控制。其具体操作程序是，当经济衰退时，国家减少税收，刺激个人消费和私人投资，增加政府开支，放松银根，以刺激社会需求和供给，增加就业，防止经济进一步衰退并促使经济回升。反之，当经济高涨时，国家增加税收，减少政府开支，收紧银根，以抑制社会总需求的膨胀，从而抑制经济过度扩张，减轻通货膨胀的压力。在这种经济政策的调节过程中，始终伴随着经济的激烈波动及社会劳动的巨大浪费。

协调政策模式。协调计划与市场关系，通过计划机制和市场机制两方面的作用来实现国民经济的协调、持续增长，正成为经济政策选择的主要目标。在协调的经济政策模式中，经济政策既要通过市场发挥作用，以克服单纯依靠计划机制的弊端，同时也要发挥市场机制的作用，以克服单纯依靠市场机制的局限。一般来说，经济政策要依靠国民经济计划，对那些关系到国民经济全局的战略性经济活动进行直接的控制。在有计划商品经济体制下，企业的日常经济活动基本上由企业自行决策，国家主要是通过调整经济流量，增加或减少某些物质利益来鼓励或限制企业的经济行为，使政策目标通过市场机制来实现。概括地说，一方面国家可以运用经济政策直接调节经济活动，另一方面国家应利用经济流量与市场的内在联系，根据经济计划调整收支，影响市场供需变动，从而引导和约束微观经济活动。当社会总供给和总需求大致平衡时，经济政策应主要通过市场机制发挥作用，当社会总供求失衡时，应主要通过计划机制发挥作用。

我国经济政策模式由计划型向协调型的转变，改变了政策的作用途径，由过去通过统包整个国民收入分配，直接控制社会供求和直接调节经济利益的方式，转变为通过参与国民收入分配直接或间接地调节国民经济的方式。这一转变,意味着强化了经济政策对宏观经济的调控作用,而放宽了微观经济的活动范围及其活动能量。经济政策主要转向调节经济总量、经济结构和经济利益平衡上。

经济政策模式的转变要求各种经济政策手段合作生效。各种政策手段必须合理地组合,才能达到预定的政策目标。所谓经济政策的组合效应就是指综合运用各种经济政策手段所产生的总体效果。合理运用各种政策手段,必须准确地把握各种手段的特点和要实现的目标的具体要求,主要要确保政策目标与各种手段的统一性,各种政策手段的作用方向必须一致,各种政策手段的调节功能能取长补短,在各种手段的多重组合中选择组合效应最大化者。

政策目标和手段的不同组合就形成不同的政策,通过政策手段的不同组合,实现政策目标,实际上就是运用不同类型的经济政策来调节国民经济的活动。主要包括:(1)膨胀性经济政策与紧缩性经济政策。膨胀性经济政策是指通过调整国家的财政收支规模和结构,调整投资策略、信贷政策和价格政策等,扩大社会总需求的政策。这种政策手段的组合方式是以刺激经济的近期复苏为宗旨的,包括减税让利,加速折旧,增加政府投资,扩大信用规模,实行赤字预算等。紧缩性经济政策是指通过增加财政收入减少财政支出抑制社会总需求的政策,包括提高税率,扩大征税面,提高企业上缴利润比例,调低折旧率和减少企业投资资金,压缩投资需求,调整产业结构,压缩消费需求,以及减少公债发行,实行盈余预算。这种政策手段的组合方式是以抑制经济扩张,实现近期或局部发展平稳为目的的。(2)自动调节政策与相机抉择政策。自动调节政策是指利用经济手段与经济运行的内在联系来调节经济的政策。这种内在联系指政策手段在经济周期中能够自动地缓和社会总需求的急剧变化所带来的社会与经济震荡。具有自动调节功能的政策手段主要有累进所得税、社会保障支出、银行贷款的不同利息率、不同地区的不同政府投资政策以及部分政府补贴。这种政策具有高度灵敏、反应及时的特点,但其调节作用有很大的局限性,突出表现是调节效应的局部性或差异性,因而其最终作用的结局是不平衡的。相机抉择政策是指政策主体为了达到预期的目标,根据对客观经济形势的判断,适时地调整政策重心,选择恰当的政策手段,或者刺激经济,或者紧缩经济,或者实行二者兼而有之的结构调节。它的特点是灵活性强,调节作用范围和程度比自动调节手段要广泛和深刻,但具有较长的时滞。(3)存量调整政策与增量调整政策。存量调整政策就是调节国民收入存量形成和合理分布的政策。存量是一定时点的量,是既成的投入,包括资产存量、收入存量、利益存量三大部分,关停并转策略就是调整存量结构的重要政策手段之一。增量调整政策指的是国民收入新增部分的合理分配政策,是一种微调手段。增量是一个时期的量,它是分配成果在空间上的扩展,直接依存于存量。增量调整政策的主要调节对象是国家、企业以及个人的新增收入和资产等。在当前我国经济体制改革时期,资产的存量和增量是相互依存的,在一定时期,可供国家分配的增量是有限的,如果存量分配格局不变,则增量分配的回旋余地就较小。因此,没有合理的存量政策就不可能有恰当的增量政策, 而增量政策不合理就必然会加剧存量结构的扭曲。

　　总之,不论采用哪种经济政策,目的都是为了调节经济运行的方式和状态,以达到平衡供求和协调增长的目的。在我国社会主义初级阶段,由于资源约束力度很强,社会总供给与总需求的失衡往往表现在总量上是总供给不足,总需求过旺,供给缺口增大;在结构上是部门内或部门之间供求比例失调, 由此形成总供给不足和局部生产过剩的格局。目前,国家运用经济政策调节社会供求关系时,主要侧重于需求管理。要看到,这种需求管理政策是一种短期的调节政策,更为重要的是，针对需求约束型经济中经常发生的总供给过剩总需求不足的情况，着重运用需求调节政策所取得的效果，要比资源约束型经济中运用需求管理的政策所产生的正效应要大些。因此，在我国资源约束型经济条件下，不但要运用需求管理政策，而且更有意义的是要运用供给管理政策。供给管理政策主要是结构调整政策，通过优化供给结构，扩大优化供给规模。由于调节供给的过程一般较长，所以供给管理是长期调节政策，它的基本特征是刺激性和限制性，刺激性是指通过倾斜性投资和利益诱导，重点扶持某些部门或某些产品的生产，增加这方面的供给。限制性是指通过经济手段限制某些部门的发展，压缩局部供给过剩的政策。当然，我们在实际操作过程中，应根据各项政策自身的特点和不同发展阶段的经济情况来选择具体的经济政策。

二、双重体制下经济政策的运行状况

任何经济政策的选择和实施，总是在特定的经济体制环境下进行的，在经济体制与经济政策之间，经济体制起着决定性的作用。主要表现在：(1)经济体制决定经济政策的目标选择。在不同的经济体制下，经济政策的目标是截然不同的。在指令性计划经济体制下，经济政策的基本目标就是力求实现经济增长的高速度；在计划调控下的市场经济体制下，经济政策的基本目标是经济关系、经济利益和经济运行的协调与平衡发展。(2)经济体制的状况决定经济政策的实现形式。经济政策作为一个总的原则，总要转化为具体的经济策略和措施才能实现，因而在经济活动中形成的各种具体的现实经济运动形式便构成了经济政策的实现形式。这些实现形式及其经济行为是由经济体制决定的。在指令性计划经济体制下，经济政策主要采取非价值形式和非货币形式的统收统支的实物手段来实现，而在计划调控的市场经济体制下，是通过利益诱导和利益约束这样一种以经济实体独立性为前提的价值形式来实现。(3)经济体制决定着经济政策的操作方式。经济政策的实现形式反映着经济政策通过什么媒介或手段来实现，而经济政策的操作方式则反映着经济政策是如何实施的，反映着这些媒介和手段是怎样被运用的。在市场经济体制中，经济政策的操作具有间接性、导向性和分散性，而在计划经济体制下，经济政策的各种具体指标都是作为行政指令直接传递并被执行的，国家的直接决策完全控制着企业的生产经营活动。(4)经济体制决定着经济政策的调节重点。市场经济中经济政策的调节重点在结构效益，通过对资源配置过程和收入分配过程进行调节以保证经济结构的协调和经济的稳定增长。计划经济中经济政策的调节重点在总量方面，通过对资源的直接实物配置来协调各方面的关系。这是两种根本不同的政策调节方式。

为了更深入地讨论经济体制与经济政策的关系，有必要对我国改革开放以来的经济政策作些回顾与评价。从总的方面来看，中国在十多年的改革中所实行的经济政策多数是成功的。主要有：①经济政策主体结构的优化改革。政策制定中经济学专家和实业家们的作用加强了。②政策制定程序开始优化。民主决策与科学监测手段得到初步应用。③政策目标的多重选择。对经济运行的扩张与紧缩都相应建立了必要的政策调控体系。④政策手段的综合运用。计划调节和市场调节结合使用，各种经济杠杆互补实施。⑤经济政策的作用空间明显增大。企业和地方自主决策的权限放宽，中观和微观的经济活力得到开发。但与此同时，中国的宏观经济政策也有许多失误之处，如政策主体方面的领导与权力因素还很大，政策制定中的民主原则贯彻不彻底，政策目标的变动太频繁，稳定效应差，在政策手段使用方面的问题就更多。概括起来说，中国的经济政策带有明显的供给学派的扩张性特征。十多年来我国通过"减税让利""简政放权",使整个社会的宏观控制能力下降,经济实体的留利增加,自控能力增强,整个社会资金的配置更多地从预算内转移到预算外,并且预算内资金使用与管理倾向软约束,财政收入占国民收入的比重显著降低。同时由于"税前还贷"政策,一方面给予了企业投资的积极性,另一方面却助长了投资膨胀的势头。在追求总量增长和总量平衡的同时,忽略了结构平衡和结构效益,从而导致自1979年到1990年,除1985年财政略有节余外,年年出现财政赤字。这些情况表明中国改革十多年来经济政策的执行结果,在很大程度上倾斜于供给管理,在总量增长上求平衡,而忽视了需求管理以及供给与需求管理的关系协调问题。

当然,中国的供给性经济政策体系又不完全相同于西方供给学派的理论和政策主张。供给学派主张在减税的同时压缩政府支出,因此并不是鼓吹赤字财政政策。而我国在大幅度减税的同时非但没有压缩政府开支,反而增加了政府支出,且速度超过了财政收入的增长,结果连年财政赤字,因基本建设扩张、财政补贴、行政费用等,使政府的经济负担越来越沉重。供给学派的理论坚持减税的重点是降低企业所得税率,刺激企业的自身积累,从而把经济资源相对更多地从消费领域引导到投资领域。而我国的企业由于商品生产者条件具备不充分,没有长时期自我积累、自我发展的内在动力,因而在其可支配收入规模不断扩大的情况下,并没有把资金更多地投向积累,而是投向消费。供给学派主张减税应在市场自由竞争的基础上完成,目的是刺激企业提高效率。但中国的现实经济状况是,整个社会经济中尚缺乏完整的市场体系,尤其是缺乏以价格结构为核心的市场机制,因而各个企业实际上处于一种不公正的市场机会中,加之企业机制本身松散,并且事实上不承担完全的市场竞争风险,所以也就没有充分的内部竞争压力和预算硬约束。在这种机制下,企业的外部经营条件更为有利和宽松，它可以更多地通过与政府在收入分配方面的讨价还价来增加自身的收入，而不是把注意转向提高生产率，结果大大降低了减税让利对于增加有效供给的刺激作用。

应当承认，我国改革进程中经济政策的这样一些选择也是历史的必然，因为传统的计划经济体制已运行多年，而计划调控下的商品经济体制又处在萌芽生长时期，加之我国与商品经济相适应的政策机制和法规机制也在摸索阶段，故而政策的选择及其实施必然会发生某些扭曲现象，这既是经济体制变动的结果，也是经济体制转换时期内在矛盾的反映。因为国有经济的产权关系还没有真正理顺，所以企业没有长期投资的内在动力，减税让利和简政放权刺激投资的作用就十分有限；因为市场取向改革不明确，市场机制不健全，运行不规则，所以不能产生促使企业提高效率的强硬的外部竞争环境，因为政府在经济生活中的地位和功能未界定清楚，所以市场机制的宏观调控体系未能真正建立起来，仍然用行政手段管理市场；因为价格体系不合理以及工农关系摆不平，政府又不得不承担大量的财政补贴和行政经费。

总而言之，我国经济体制改革以来所出台的一系列经济政策明显带有下列缺陷：(1)经济政策的目标不明确。是用经济政策作用经济体制向商品经济转变，还是作用经济体制继续维持原有模式，在这二者之间的选择是经常摇摆的。体制目标不明确，政策目标就难以选择。(2)经济政策的空档太多。随着有计划商品经济体制目标的确认，经济政策的选择制定未能及时配合上，这反映在给经济实体放权的同时，宏观经济调控体系及其政策措施不能配套，培育市场体系，建立市场机制的同时，调控市场的经济参数体系和政策体系未能配套，特别是价格改革不配套，竞争机制不能正常发挥作用，企业经营机制改革的同时，企业的产权关系未能理顺，产权机制未能配套。(3)经济政策的调节重心不稳定。在体制改革与转换的过程中,经济政策的作用重点在经常地变动,形成放松→紧缩→再放松→再紧缩的循环周期,政策的稳定性极差。同一经济政策随着经济运行的变化,时宽时紧,变化无常。(4)经济政策的内部矛盾加剧。许多经济政策的效应是相互矛盾甚至严重抵触的,对同一体制改革内容会施以作用相反的不同经济政策,从而造成许多经济矛盾和掣肘现象,致使改革的方略难以顺利推进。(5)经济政策的运行不规则。这表现在:①经济政策仍主要是通过行政途径来付诸实施的,行政权力对经济政策的约束力极强。②中央的经济政策到了企业甚至地方,马上会变形走样,与地方和企业利益相符的政策就执行,不相符的则拒绝执行或变通执行,普遍存在用小政策或"土政策"对付大政策的问题。③伴随"诸侯"经济的发展和"地方割据势力"的增强,经济政策的制定、出笼和实施越发无规则可循,有的随意改变政策,有的自己制定政策,经济政策的法律约束性和权威性大大降低。

总之,改革十多年来我国经济体制改革在探索中走了一些弯路,经济政策也随之发生了许多变化与挫折。现在的总体状况是,旧的经济体制被打破了,新的经济体制又没有真正确立起来,因而既不能实现旧体制下的经济平衡,也不能实现新体制下的经济平衡。在这样的情况下,经济政策体系及其机制的自我完善的任务就更加艰巨。

三、体制转换时期经济政策选择的实证分析

治理整顿时期要实现紧缩经济与深化改革的双重目标,就必须有正确的、高效的宏观经济政策,以保证对经济进行有效的控制与调节。在宏观经济政策中,最主要的是货币政策、财政政策以及价格政策。而现在的问题是,不论是货币政策还是财政政策,都已遇到调节乏力、进退维谷之困境,这的确是一种双重困难、两难选择。但我们又

要看到,这两个方面的双重困难背后实际上是一个共同的问题,这就是经济政策必须以经济体制的变动来保证,因此政策问题最终还是一个体制问题。同时,由于中国经济生活中目前面临的种种经济的和非经济的制约因素,通过全面深化经济体制改革,紧缩经济,实行平衡发展,这无疑是一项长期而又艰巨的任务。在可以预见到的近几年里,这个任务不仅难以完成甚至都难以真正被提到经济工作的中心位置。因而在短期内特别是在经济调整时期,实行紧缩政策的侧重点就必须放到增加国家宏观经济调控实力上来,这就进一步要求在经济体制上强调计划性、集中性和统一性,合理调整收入分配格局,适当集中财力。这是因为,既然压缩所要求的改革任务在短期内难以取得成效,而经济调整虽然不能急于求成但也不能旷日持久,那么便只能首先在增加收入方面作文章。同时经济紧缩和调整的主要任务也要求增强宏观调控的力度。紧缩要解决预算外资金在使用过程中的投资膨胀、消费膨胀、结构失衡问题;紧缩与调整要减少以至消除财政赤字;紧缩要在调整总量的同时重点调整结构。这一切都说明在治理整顿时期,要实行紧缩政策就不能回避体制问题,政策调整是同体制调整紧密联系在一起的。在这个问题上,要么进行经济体制的某些调整而实现紧缩的目标,要么维持目前的体制状况而放弃紧缩政策,似乎没有第三条道路可选,试图在没有体制变动下实现紧缩政策实际上是很难做到的。

为了把问题讨论得更清楚,这里我们具体分析一下我国的货币政策、财政政策和价格政策,因为这几项政策是最基本的调节性政策,准确分析它们的现状,对确定政策策略有重要的意义。

货币政策。改革促进了我国经济货币化程度的提高,从而使货币政策的地位和作用明显增强,具体表现为货币政策的紧与松直接影响到经济的热与冷,即货币的扩张→失控→紧缩→再扩张,是与经济的过热→膨胀→萎缩→再过热紧密相关的。值得注意的是,从1989年第四季度以来的银根放松,并没有启动经济的迅速回升。经济的低速徘徊预示着货币政策遇到两难选择:若进一步扩张,经济可能有所回升,但同时潜伏着新一轮物价上涨的危险;若继续紧缩,上涨的物价水平可能会有下降,但经济将会进一步萎缩。我们认为,问题症结不在于货币自身,而在于经济和金融结构的严重失调与僵化。在结构失调的条件下,单纯的货币总量扩张或紧缩,不但不能改善经济结构反而会加剧结构的失衡,而当经济结构失调到一定程度时,货币政策扩张的刺激效应就会减弱。很显然,在结构失调的僵化状态下,要实现物价稳定和推动经济增长的双重目标就十分困难。因为资金存量的调节刚性决定资金流量的调节刚性,资金流量的调节刚性又决定货币信贷扩张及紧缩的刚性,进而将决定货币投放及总量需求扩张的刚性。随着新增资金量不断凝固和扩大资金存量,靠扩张货币增量来刺激经济增长的余地越来越小,经济效益不断下降,当扩张时,有效需求增长将超过有效供给的增长,而当紧缩时,有效供给的下降将超过有效需求的下降,从而使货币政策面临着稳定物价或支持增长的两难选择。

财政政策。我国财政政策的负担更重,由于近年来的不断放权让利,中央财政可直接集中和支配的国民收入比重明显下降,仅占15%左右。中央对宏观经济的影响也相应下降,目前全部财政收入中的地方财政收入比重为55%,中央财政收入只占45%。财政收入的分散化分配与使用,进一步削弱了财政政策的调节力量。更为严重的是,在财政收入分散化的同时,中央财政与地方财政的政策目标和政策手段也频繁发生矛盾,地方和企业总是从中观和微观的利益出发来确定财政的投资方向和投资结构,由此势必会削弱宏观财政政策的整体调节功能。由于物价上涨和信用危机,中央财政在收入比重下降的同时,其支出负担都在加重,如高额财政赤字,各种物价补贴,企业亏损补贴,基础投资需求增加,偿债高峰期到来。这些都说明,通过减税让利和增加财政支出来刺激经济增长的余地很小。因为我国目前面临的并不是单纯的或全面的有效需求不足,生产过剩,而是在总需求超过总供给的同时,存在着严重的结构矛盾,是有效供给不足和有效需求不足相并存,商品短缺与商品积压相并存,有效生产性投资不足与低效非生产性投资膨胀相并存。这种情况当然不能采取单项的财政政策。

价格政策。市场是通过价格杠杆起动运行的,因此,价格政策对于形成市场体系,对于宏观导向微观是至关紧要的。由于我国目前结构性的生产过剩,以及市场机制的欠发育,价格政策的调整困难相对于货币政策和财政政策来说较小。也就是说,我国有限性买方市场的形成,对于较大幅度地调整某些部门或产品的价格(如能源、原材料、住房、粮油等),理顺这些产品与其他产品的比价关系比较有利。当然,价格政策的调整困难也是相当大的,调节成本也较高,因为价格调整的涉及面较广,涉及社会各个部门,各个阶层的经济利益关系。不论怎样困难,价格总是要动的,只是个时间先后的问题。

从上述三种政策的现状和困境可以看出,我国经济政策调整正面临着严峻的挑战。那么,怎样才能对经济政策作出正确的选择呢?我的基本思路是:针对我国经济中实际存在的结构过剩与结构短缺、宏观调控乏力与中观微观运行失控的情况,在近期内采取结构紧缩与结构刺激,增强宏观与搞活微观、价格调整先行与结构调整配合同时并举的政策大方略。事实上价格政策的调整应是核心问题,因为不论是结构过剩还是结构短缺,其根本原因还是价格不合理。当然有不少人对价格先期改革政策抱怀疑态度,担心会引起经济混乱,这也是可以理解的。价格改革必然会引发经济利益的重新分割和一定程度的物价上涨，但最终目标或总体效应仍然是促进结构调整和市场的形成，这应当是问题的主要方面，是经济发展的主流。此外，既然我国经济的根本问题是结构问题，那么在政策调整时，一定要坚持区别对待的原则，按照不同情况和不同目标制定出结构政策，切勿再犯一刀切的政策错误。

端正了经济政策的调整思路，还要对不同类型或不同目标的具体政策做些探讨，以便选择出更加切实可行的政策方案来。主要有三种类型的政策选择模式。第一种类型是短期政策与长期政策的选择。短期政策调整是指要解除我国当前的经济困境，使经济尽快走出低谷，就应当实行适当放松或扩张的经济政策，在同时扩大投资与消费的基础上，推动有效需求及国民经济的高速增长。这种选择的基点在于造成经济困境的主导因素是有效需求不足和经济紧缩的过急过度。长期政策调整是指主要通过深化改革和调整结构，使经济进入良性循环。这种选择的基点是我国经济体制和经济结构矛盾发展到一定阶段的必然结果。第二种类型是存量调整和流量调整政策的选择。存量调整是指调整结构应以调整资金存量为主，通过关停并转及其他各种资金重组方式，实现资金存量的优化组合，通过资金存量结构的变化带动资金流量结构的优化。因而通过调整流量来调整存量是很困难的。流量调整是指通过优化资金流量结构来推动资金存量结构的变化。主要根据是在短期内要调整存量结构不现实，因为资金存量是既定的物质化了的投资，有些能全部调得动，有些只有部分可调性，有些则根本无法重新调整。相对而言，作为新增资产的资金流量则容易调整些，通过重新分配资金投入就可以逐步改善和优化资金结构。第三种类型是单项政策与多项政策的选择。单项政策是指主张以某一项政策为核心，其他政策附之的政策选择思路。如以财政政策为主干政策，重新分配财政收入份额，增加中央财政收入，提高宏观调控经济的实力。或以货币政策为主干政策,控制信贷和投资规模,尤其是重新配置预算外资金的所属关系及其使用方式,通过控制投资膨胀制约消费膨胀和平抑市场供求。多项政策是指经济政策的选择不分主次,政策选择应首先是一个政策体系的创新过程,各项政策的功能是不同的,其作用也不能相互替代,而且各项经济政策之间又是相互联系、相互制约的,因此,经济政策调整要采取总体调整的策略。

应当明确,上述经济政策调整的任何一种选择都是有其道理的和在一定程度上或一定范围内可行的。但我国经济改革过程中的经济政策选择必须全面考虑,必须采取综合性结构调整的策略才能奏效。这就是说,在短期政策与长期政策、存量调整与流量调整、单项政策与多项政策中间,应针对不同的问题,采取不同重点的政策,将短期政策与长期政策结合,存量调整与流量调整并用,总量调节与结构调节并进。核心问题是通过深化体制改革与经济政策调整,培育出适应中国国情的经济政策体系来,再由这个崭新的经济政策体系来调节、推动经济改革与经济发展。

(原载于《青海社会科学》1992年第5期;中国人民大学报刊复印资料《国民经济计划管理》1992年第11期全文转载)

论西部大开发中国家政策与地方政策的协调

西部大开发需要创造良好的软环境,软环境一般包括政策支持、信息网络、人才开发、法规法制等。本文试就区域经济发展中的政策支持问题,结合国家宏观经济政策中区域经济政策的新趋向和西北五省区大开发战略选择重点,专门讨论国家政策与地方政策的协调运作问题。

一、当前我国区域经济发展新态势

经济发展是政策调整的基础。为了更准确地讨论国家区域经济政策问题,我们首先对当前我国区域经济发展的现状和趋势做些概括。

1. 中国区域经济正处在工业化社会的中期,工业化与城市化进程正处在高潮之中。因此,产业和人口的空间集聚过程远远大于扩散的过程,产业的优势区位集中,形成各级经济中心,形成城市群或城市圈,并进一步沿主要交通干线形成产业、城市和人口密集地带。如果我国到 2010 年的城市人口比重达到 60%,则人口总数将达到 8.4 亿。若 1/4 以上的人口生活在大城市,则有 2 亿以上的人口生活在大城市,而 100 万以上的大城市的个数将从目前的 32 个增加到 120~140 个,200 万以上人口的特大城市将从 10 个增加到 30~40 个。其他 6 亿多的城市人口则将居住在 1500 个中小城市和万余个小城镇,每个城市圈都将拥有 150 个以上的大城市和中小城市,彼此互相依存且形成城市体系。

2. 区域经济发展不平衡,各地区的空间结构各自处在不同的发展阶段。如长江三角洲、珠江三角洲、京津唐地区等,区域经济发展程度较高,作为空间巨系统或社会经济有机体的条件日臻成熟。而中西部地区以及以它们为核心的城镇群或城镇点轴系统,虽然具有较好的资源禀赋和发展潜力,但由于经济实力不够强大,产业结构不够先进和完善,因而其辐射吸引力还不够,对区域经济的带动作用也不大。因此,要注意:(1)在探讨经济区的形成和经济区划时,应从我国各地区经济发展不平衡的现实出发,所划分的经济区不可能在发展水平和规划上强求一致。(2)在规划各经济区的形成和发展战略时,应充分考虑每个地区经济联系的多方向性,这就需要改变过去那种认为经济区不能重叠的观点。

3. 在保证效率优先的条件下兼顾公平的宏观区域经济发展思路已经确立。适当加快中西部的发展现已摆上议事日程,正确处理这一问题的难点在于协调国民经济增长方式转换与兼顾公平之间的矛盾。中西部今后的发展方向应是:(1)脱贫与兴地富民应成为发展的重要任务,缩小东部与西部差距的重点不在区域间人均收入的简单比较,而应是扶贫和大面积消除贫困人口。(2)加大改革力度。在中西部地区,旧体制存在的基础要比东部强大得多,因此,改革能否深化和成功将是西部振兴的症结。(3)加快存量资产的优化再组合过程,重点放在利用对外开放形势,与所有制结构调整相结合,进行原有存量资产的优化组合上。(4)集中财力物力,有重点地对能源和矿产资源进行开发。

4. 中国区域经济在今后若干年内将更深刻地参与国际经济大循环,介入国际经济一体化进程,充分利用外部资源、资金、技术和世界市场,促进我国国民经济的持续增长。当前世界经济发展的一个突出特点是,在世界经济逐步走向一体化的大背景下,各民族各国家纷纷走向开放,各种地区性的经济集团应运而生,如欧盟、东盟、环太平洋经济圈、大中华经济圈、黄渤海经济圈等。这种形势为中国经济走向世界提供了机遇。抓住世界性产业结构转换的机会,逐步走向国际分工的稳定参与,实现与外部特定合作区域的一体化增长,这正成为新世纪区域经济发展的一个新特点。

二、国家区域经济政策的基本趋向

关于国家区域经济政策,实际上包括两部分:一部分是党中央在有关文件中提出的区域经济方面的政策,这是我国区域经济政策调整的指导思想和基本原则;另一部分是国务院出台的有关区域经济方面的政策,这是我国区域经济政策的实施规则,或者说是区域经济的政策的具体内容。这两方面综合起来,就是我们一般所说的中央政策。"八五"以来,国家关于区域经济政策调整的内容十分广泛,但重心是支持西部大开发。

1. 投资与布局政策。自 1993 年下半年开始的宏观调控以及在制定国家"九五"计划和 2010 年远景目标纲要时,中央对地方发展政策进行了大调整。这次调整首先是投资政策的调整,调整的基本思路是优先在中西部地区安排资源开发和基础设施建设项目,调整加工工业的地区布局,引导资源加工型和劳动密集型产业向中西部转移。从国家预算内基本建设投资分布来看,自 1993 年以来又逐步提高了对内陆地区的投资比重,到 1995 年内陆地区的比重已占 48.84%,比 1993 年提高了 37.3 个百分点。在 1994 年安排的 151 个重点项目中,中西部占了 91 项。由于投资体制的改革,国家预算内投资在全社会固定资产投资的比重逐年下降,到 1994 年仅占 3.3%,1996 年只占 2.7%。从全社会固定资产投资分布来看,虽然近几年东部地区比重仍然上升,但"九五"以后东部的增长率与中西部已十分接近,1996年已低于中西部地区。这表明国家的引导政策已开始产生效果。实际上,由于东南沿海地区80年代后期以来的大规模投资已引起工业投资的边际报酬下降,如1994年东中西三大地区工业企业的资金利税率已趋接近。在土地和劳动成本大幅度上升的压力下,部分产业向中西部转移已成自然。同时,为了配合开发西部的发展战略,国家加大了对西部地区的外商投资的优惠程度,如放宽西部地区吸收外商投资领域和设立外商投资企业的条件,以及外商持股比例限制;对已有国内投资的外商投资企业到西部再投资的项目,凡外资比例达到25%以上的,可享受外商投资企业待遇;对设立在西部的鼓励类似外商投资企业,在现行税收优惠政策执行期满后三年内,减按15%的税率征收企业所得税。

2. 财政和税收政策。近年来国家财政税收政策调整的基本趋向是,实行规范的中央财政转移支付制度,逐步增加对中西部地区的财政支持。1994年实行分税制,从而改变了中央与地方的收入分配格局。1993年的全国财政收入中中央和地方之比为22%:78%,1994年调整为55.7%:44.3%。这使地方财政支出在不同程度上需要依靠中央税收的返还,从而有利于中央通过财政转移支付来协调地区之间的不平衡问题。对西部地区而言,中央一方面将资源税(除海洋石油资源之外)全部留给地方,另一方面在确定各地区增值税、消费税增长时,采取按全国平衡增长速度挂钩返还给地方的做法,这有利于西部地区的发展。但分税制的改革和实施并没有兼顾和解决好西部贫困地区的特殊情况,使原有的一些发展民族经济的优惠政策不复存在。新税制虽然赋予了地方政策更大的征税、用税能力,但由于地方财力在财政总收入中的比例下降了33.7%,故而实际可调控的财力大大缩小了。

3. 贸易和开放政策。近几年来国家开始实行更加灵活的对外开放政策和贸易政策，以便加快中西部改革开放的步伐，引导外资更多地投向中西部地区。目前中西部地区大部分城市已开放，同时随着分税制的实施，吸引外资的政策也有大的调整，主要是对国内各地区开放的政策区别将转向对外商投资的产业导向政策，从地区倾斜向产业倾斜转变。即各地区在税收优惠方面的政策逐步拉平，而对外资投资于出口导向、进口替代的项目，或投资于农业、原材料工业、基础设施、高新技术的项目，给予优惠，包括适当减税和开放市场。此外，中央还决定国际金融组织和外国政府贷款的 60%以上今后要直接用于中西部地区。据统计，从 1979 年至 1996 年，我国中西部 19 个省区外资项目累计 56285 个，协议外资金额 593.9 亿美元，实际到位金额 252.9 亿美元，分别占国内同期总额的 19.9%、6.8%、14.9%。

4. 区域合作发展政策。区域合作发展政策是近几年区域经济发展的新形式，其基本内涵是利用多种形式鼓励并加强东南沿海地区与中西部地区的经济、技术合作。1995 年国务院批准实施的《乡镇企业东西合作示范工程》，目的就在于促进东部地区较先进的技术、管理和较强实力的资本积累与中西部地区较丰富的原材料、能源和劳动力资源相结合。三年来已签订东西合作项目协议 3 万多份，这些项目都将建在中西部地区，并从东部地区引进投资额 350 亿元，可吸收农村转移劳动力 2000 多万人。另一措施是实行东部发达省区和内陆落后省区的对口支援和协作。如上海对口帮助云南省和三峡库区、北京帮助内蒙古、天津帮助甘肃、江苏帮助贵州、浙江帮助四川、广东帮助广西、辽宁帮助青海等。对口帮助包括合作投资项目，提供技术服务和人才培训、商品贸易等。如到 1997 年底，上海已与云南省签订合作项目协议 81 项，投资达 25 亿元。

5. 扶贫开发政策。1994 年国家制定了"八七"扶贫攻坚计划，力争在 20 世纪末基本消灭中西部地区的贫困现象。为此,国家每年在原有 100 亿元以工代赈资金的基础上,再增加 15 亿元扶贫拨款和 10 亿元扶贫贴息贷款,重点用于贫困面大的省、自治区,集中力量帮助修建乡村公路、基本农田、人畜饮水设施和进行农民技术培训等。同时我国各级政府又提出了许多新的反贫困思路和对策,如加强东西合作开发,国家投资重点西移,全面推广小额信贷扶贫方式,在中西部地区试行 BOT 投资方式,以及实施希望工程、幸福工程和光彩事业等,力求稳定反贫困的已有成效,提高反贫困的长期效应。

三、西北五省区区域经济发展战略和政策趋向

1. 甘肃省的区域经济发展战略和政策趋向。综观甘肃省近几年的发展现状,思路调整较快,选择范围较大,倾向性比较明显。这主要表现在以下几方面:(1)区域经济政策的调整思路由过去的全面发展向分区开发、分类指导转变。分区开发是联系甘肃各地县的实际经济基础、资源存量结构、产业发展方向来制定不同的发展目标和重点,走不同的发展道路,从而形成有实际保证的特色经济。分类指导是在实施分区开发战略时,政府采取针对性极强的政策支持。按照这种思路,甘肃省把全省分为若干经济开发区,如陇东干旱半干旱经济区、定西中部干旱经济区、陇南高寒阴湿经济区、兰州和白银工业经济区、河西经济区。(2)区域经济政策的发展重心由过去的注重地区发展向注重产业倾斜发展转变。具体做法是,省上在继续抓好资源及原材料工业、重化工业和农业产业化的基础上,集中投资建设高新技术产业、毛纺织业、旅游业、家用电器等。现在不仅扩大了兰州—白银工业经济区,巩固了天水工业经济区,而且使金昌工业区、连城工业区形成了较大的规模优势。在农业方面,河西商品粮基地已成为国家级的大型基地,陇南的绿色经济(茶叶、果树、经济林、药材)、陇东的草

畜经济和林果经济、定西的干旱农业等都有不同程度的发展。(3)区域经济政策的实现机制由过去的行政命令式逐步向市场机制转化。主要表现在:一是加快市场体系建设,把区域经济的发展整体纳入市场机制之中。陆续在全省各大中小城市建设了一大批大中型批发市场、集贸市场、专业市场等,资本市场、技术产品交易市场、人才和劳动力市场、信息市场等发展较快。二是注重市场结构的合理化,用大市场带动中小市场,用中小市场保证大市场。从1994年起,按照国务院的部署,甘肃省在兰州开始实施"商贸中心"建设方案,历时5年效果显著。三是发展与甘肃联系的外部市场,如甘肃各大工商企业在全国其他大中城市建立分公司或代理机构,有的甚至在国外还建立了分支机构。多数地县政府在兰州和全国重要城市建立了办事处和经济商贸联络单位。

2. 陕西省的区域经济发展战略和政策趋向。近几年陕西经济增长速度连续超过全国平均速度。1997年比1996年增长10%。1993—1997年全省乡镇企业以年均39%的高速增长。1997年全省城镇居民人均可分配收入达4000元,比1992年净增2282元,农民人均纯收入1285元,净增726元。农村贫困人口由1993年的500万减少到200万。目前,陕西省的区域经济政策明显有以下倾向:(1)区域经济政策明显偏重于支持新型主导产业的成长。从历史上看,陕西省主要有纺织、能源、机械、药品等优势产业。近10多年来陕西省大力支持机电、化工、医药、建筑、旅游、果业等六大支柱产业的发展,在投资、税收、工商、贸易等许多方面提供优惠条件。(2)区域经济政策的灵活性加大,不再是主要依靠行政支持,而是依靠市场经济发展区域经济。全省近几年市场建设的步伐明显加快,名牌战略也提得很响,为了积极引进外资,陕西省还确定了以资源换技术,以产权换资金,以市场换项目,以存量换增量的大胆调整思路。(3)区域经济政策支持科研技术进步的力度明显加大。据统计，全国科技综合实力强的城市，西安排名第 3 位。再加其他有关的优势，陕西在西北五省区，乃至整个西部地区中科技实力排名前列。为调动科技人才的积极性，陕西省近年来采取了提高工资待遇，改善工作条件，加强校企合作，增加科研经费，重奖科技人员等举措，收效甚大。

3. 新疆维吾尔自治区的区域经济发展战略和政策趋向。改革开放 20 多年来，新疆的经济社会发展速度在西北五省区中是最快的，这主要是由于中央政府的大力支持和新疆丰富的自然资源条件及边贸条件。在"九五"计划中为支持西部地区的发展，国家制定和采取了一些更优惠的政策措施，例如：实行规范的财政转移支付制度；优先安排资源开发和基础设施建设项目；鼓励国内外投资者到内陆边疆地区投资；理顺资源性产品价格；引导东部的部分产业向中西部转移等。其中中央对新疆的投资将达到 1600 亿元。在上述背景下，新疆的区域经济政策变化主要倾向于：(1) 大力支持东部"夕阳产业"向新疆的转移，利用新疆地大物博、能源充足、资源丰富、市场广阔、人力和土地成本低的优势，加快新疆的产业结构转换。(2) 积极支持资源产业的发展，使其成为长期主导产业。农牧业是新疆第一大产业，工业开发中的资源存量保证相当充足，特别是石油、天然气、煤炭、铁、铜、铂、金等的储量丰富。这有利于把新疆建成全国重要的畜牧业基地、纺织业基地和能源基地。(3) 加强区内外横向经济联系。立足于搞活经济的目的，近年来新疆采取了多种措施发展与东部发达地区的横向经济联系，如合资联营、补偿贸易等。同时注重境内的经济联合，主要是生产建设兵团与地方之间、南疆与北疆之间的经济联合。(4) 发挥地缘优势，扩大对外开放。兰新铁路在新疆向西延伸，可以辐射欧洲 30 多个国家，新的亚欧大陆桥的贯通，以及新疆 15 个边境贸易口岸的相继开放，为其发展边境贸易、转口贸易与过境贸易创造了极佳的条件,同时可以带动运输、保险、信息、包装、金融等产业的发展。因地制宜,新疆及时确立了"东联西出,开拓中亚市场"和"资源开发,加工增值,转口贸易,扩大出口"的新思路。

4. 青海省的区域经济发展战略和政策趋向。青海省最近提出的区域经济发展战略总体思路是"开发一线,带动两翼,稳定发展青南"。即要优先支持人口密集、基础设施条件较好的东部地区率先发展,集中力量搞好黄河上游和柴达木盆地能源和矿产资源开发,进而支持和带动环湖和青南地区发展。并将过去以行政区划划分的西宁经济区、东部经济区、环湖经济区、柴达木经济区和青南经济区,调整为以西宁市为中心的东部经济区,以格尔木为中心的柴达木经济区,生产力水平较低的青南经济区。其中,东部经济区是指以西宁为中心的区域,还包括海东市、海北州、海南州及黄南州的北部两县,总人口400万,面积11万平方公里。柴达木经济区总人口28万,面积32万平方公里,是资源富集地区。青南经济区是指玉树、果洛两州和黄南州的南部两县,总面积29万平方公里,总人口45万。青海省区域经济政策变化的新趋向是:(1)偏重于支持和培育四大支柱产业,即以水电为主的电力工业、石油天然气工业、盐化工业和有色金属及其他高耗能产业。今后培育和壮大的产业是畜牧业。(2)积极培育新的经济增长点,形成青海省经济发展的"五朵金花"。这就是青海省近几年以优惠政策支持进行的格尔木青藏经济开发试验区、钾肥产业基金、黄河上游水电资源滚动开发、铝电联营和南水北调西线工程等五项重点建设项目。(3)大力支持国企改制和非国有制经济的发展。如支持国企的集团化改组,与外资联营合作,发展高新技术,以及实施科技兴省战略等。

5. 宁夏回族自治区的区域经济发展战略和政策趋向。在西北5省区中,宁夏回族自治区属后起的发展地区,但近几年的发展速度明显加快。其区域经济政策的新变化主要表现在:(1)宁夏区域经济的发展仍需要争取国家的支持和东部的支援。所以,自治区的区域经济政策的基本趋向明确确定为东西合作、互惠互利、利益均沾、对外全方位开放。近几年在不断争取中央在宁夏多安排一些大的建设项目,如大柳树水利枢纽工程、交通建设项目以及一些现代工业建设项目。(2)加快调整经济发展战略,确立支柱产业。在农业方面,将发展水利和节水农业作为宁夏农业发展的突破口。在扬黄扶贫灌溉工程已全面开工的基础上,力争使沙坡头水利枢纽工程和六盘山引水工程早日开工。在工业方面,宁夏倾向于以现有工业为基础,加快组织结构调整和资产重组的节奏,通过强强联合向集团化经营迈进。(3)重视区域规划和重点发展。依托资源、人才、技术、管理的优势,宁夏正将经济发展的重点 放在北部川区的引黄灌溉地区。在这些地区内以银川市、吴忠市、灵武市、青铜峡市作为宁夏经济发展的增长极,加大对这一地区的投资力度。从西北5省区近年来区域经济发展战略和政策调整的总趋势看,加大改革力度和对外开放,积极培育市场体系和支柱产业, 选择更切合本地实际的发展思路以及灵活调整政策是共同的,这种趋势充分体现了实事求是的原则,有利于省区之间形成相互促进、相互补充的经济政策效应,也为我们今后更高效地调整思路和选择政策提供了重要的现实依据。

四、国家政策与地方政策协调的思路

1. 当前我国区域经济政策协调方面的现实矛盾。90年代以前,我国的宏观经济政策倾向于东部地区,国家对经济特区、沿海开放城市的政策含金量极高。相反对西部地区优惠政策的含金量却逐年下降,1994年基本取消。如实行分税制后,使原先可以享受国家税收减免的政策不但丧失,相反还要给中央上划一部分增值税和消费税。固定资产项目投资体制改革后，西部贫困地区项目要想进入国家的大盘子难度增大，这是因为西部贫困地区由于地方财政困难，根本无法达到地方按 33% 配套资金的要求。再如，西部地区是我国少数民族人口最集中的地方，国家一直对其实行民族经济扶持政策，但 90 年代以来，许多民族经济扶持政策名存实亡，其中影响力最明显的是民族贸易三项照顾政策，这一政策现在已被变相取消。总而言之，当前国家政策与地方政策难以协调运作的原因主要可以归纳为：一是中央政策对区域经济政策的调控权力过于集中，地方政府调整政策的权力太小，没有灵活性；二是中央政府给予西部地区的优惠政策含金量过低，难以发挥激励作用；三是区域政策的稳定性太差，难以持续发展效应。这就要求我们做更深的探讨。

2. 对区域经济政策本质的再认识。区域经济政策本质上要体现国家全面发展的方针与政策要求，因此，区域经济政策是国家宏观经济政策的重要组成部分。但是另一方面，区域经济政策毕竟不同于国家其他类型的宏观经济政策，如货币政策和财政政策。这是因为：(1)区域经济政策的形成及其客观性是立足于各地区不同的区情而定的，所以，区域经济政策是针对某一或某几个地区的现实状况和发展需要而制定的，不是针对宏观经济。如特区经济政策、开放城市政策、贫困地区政策、民族地区政策等。(2)区域经济政策的实践意义在于具体解决某一区域发展中的实际问题，因此政策的可操作性要求相当高，政策本身制定得也比较详细、清楚，不像有的宏观经济政策那样抽象概括。从这两点我们可以看出，制定区域经济政策必须对特定的地区的情况做深入细致的调查研究，这项工作的质量如何直接决定着区域经济政策的质量和实践价值，决定着区域经济政策的区域性、特殊性、可操作性的发挥。然而，我国区域经济政策的制定权和调整权长期以来是由中央政府垄断的，地方只有制定实施细则和对策的权力。从实践上看,由于区域经济政策的特殊性,中央政策制定出台的区域经济政策很难保证质量, 因为中央政策对地区情况的了解很难达到地区本身的了解程度,因而制定的政策与区情的脱节现象比较严重,有的时候甚至发生"相背"的情况。这种情况说明,根据市场经济体制中增强地方和区县自主权的客观要求, 中央政府有必要下放区域经济政策的制定权和调整权。

3. 要研究区域经济政策的实施成本问题。区域经济政策的实施成本是长期以来我国制定政策时所忽视的一个问题。按照制度经济学的理论分析,区域经济政策的实施成本主要包括:(1)取得政策制定信息资料的成本;(2) 提出多种政策方案并进行权衡筛选的成本;(3)政策执行中的各种费用;(4)政策修正的费用。假设由地方政府来制定区域经济政策,那么上述费用会大大降低。这是因为:(1)中央政府要从全国各省区取得制定政策相关的信息, 要花费比地方更大的费用。(2) 中央的区域经济政策往往是整齐划一的,其政策内涵会同时发生超过地方实际和脱离地方实际的相背效应, 这也降低了政策作用,同时增大了地方的实施成本。

4. 协调国家政策与地方政策关系配置的根本思路是创新区域经济政策的制度基础。要按照分权制的思路来进行制度创新。具体构想是:(1)形成区域经济政策结构。把国家区域经济政策分为两大类:一类是横向效应比较突出,对全国大部分地区的经济社会发展都有直接影响的宏观区域经济政策; 另一类是局部效应比较突出,对某一特定地区的经济社会发展有直接影响的地方区域经济政策。(2)分离政策制定权和调整权。宏观区域经济政策的制定权和调整权应归中央政府,地方性区域经济政策的制定权和调整权应归地方政府。(3)建立区域经济政策的协调机制。宏观区域经济政策是指导,地方区域经济政策是基础,二者应相互制约和补充。不同省区之间的地方区域经济政策的协调应通过政府干预和市场机制协调两种方式来完成。

五、当前迫切需要解决政策立法等问题

1. 政策立法的客观必要性。以往我国区域经济政策多变或者失效的原因很多,但其中最根本的一个原因,是政策立法工作落后。不论是党中央的原则性政策,还是国务院及其职能部门的具体政策,多数是以文件、规定、条例、意见等形式发布实施的,只有极少数部分要通过全国人大常委会审议通过后才能实施。所以,这样出台的区域经济政策的法律含义和强制的约束力就很低。作为地方政府和企业来说,既可以执行,也可以不执行,甚至变相执行。可见,政策的立法问题不解决,对西部大开发的影响将是相当大的。建议国务院西部大开发领导小组及其办公室认真研究这个问题,就西部大开发的有关政策的立法问题交由全国人大常委会讨论通过,再付诸实施。

2. 政策立法的重点和方向。美国和其他一些市场经济国家的经验都表明,国家的地区政策和促进欠发达地区发展的措施必须有法律作保障。只有以严密的法律条文将中央与地方的权责利予以明确的界定,才能避免中央和各地方之间经常陷入无休止的讨价还价的危机当中,避免地区政策仅仅停留在抽象政策表述上的弊端,使区域政策、民族经济扶持政策更具有权威性和稳定性。在我国区域经济发展的政策立法体系中,当前尤以建立关于地区发展政策的根本法和关于特定后进地区振兴的法律为当务之急。建立关于地区发展政策的根本法和特定法律,可以考虑首先从《西部开发法》《贫困地区经济社会开发促进法》《西部民族自治地区经济发展法》《西部投资法》《我国中央财政转移支付法》等入手。用这些基本的法律形式把国家实施西部大开发战略的总体方法、实施手段,各有关开发主体的责任、义

务和利益等重要问题给予明确的界定，使这些政策措施更加规范化并具有法律保障，有效地提高政策措施的实效性和操作性。

3. 实施西部大开发需要国家出台系统性的政策投入。我国西部地区多山的地势、干旱的气候、远离海洋的区位条件，决定了我国西部开发的难度是相当大的，是一项艰巨的系统工程。因此，西部大开发依靠单个政策是难以奏效的，需要国家系统的政策投入支持。主要包括：（1）总的政策要求应由过去"效率优先，兼顾公平"的原则，向"效率与公平兼顾"转变。（2）加快建立规范的财政转移支付制度。根据国际经验，最为彻底和规范的财政转移支付办法，是在实行中央税和地方税分税制的基础上，按照科学和严密的公式计算各地区的"基准财政收入额"和"基准财政支出额"，两相比较其赤字规模，来确定中央财政转移支付的额度。（3）西部应实行更宽松的金融政策。可考虑设立西部开发银行，专司管理为在西部地区及其他欠发达地区创业和从事经营的企业提供融资业务。还可考虑在西部较发达的地区或城市，如重庆、昆明、兰州、西安等，允许国外金融机构设立分支机构。（4）建立东西部之间合理的利益补偿机制。西部大开发中的生态建设是个全局性的问题，东西部都有责任和投入义务。因此，需要通过设计和建立合理的地区间利益补偿机制，使上游和下游地区之间在生态建设费用的负担和受益上达到相对公平的程度。（5）入区政策优惠应是所有扶持政策的重点。西部大开发不仅短缺资本要素，而且短缺除劳动力外的几乎所有的生产要素。因此，制定吸引外部要素的优惠政策是当务之急。可以考虑采取以下做法：一是重点开发区的基础设施建设投资主要由中央政府承担；二是为入区企业提供内外资一视同仁的税收优惠政策；三是由地区开发金融机构为入区企业提供融资的方便和优惠；四是以最优惠的价格向入区企业提供工地和厂房；五是对重点开发区和重大项目实行吸引人才的优惠政策，提供必要的生活补贴。

（原载于《天水行政学院学报》2000 年第 3 期；中国人民大学报刊
复印资料《社会主义经济理论与实践》2000 年第 11 期全文转载）

论西部大开发中政策支持的制度基础和体系创新

一、政策支持的理论与现实依据

1. 缩小东西部经济差距,实现区域经济社会的协调发展需要政策支持。在改革之前,中央在区域经济发展问题上采取的是均衡发展战略,因而直到改革开放初期,东西部经济发展水平差距不大,区域经济基本上是协调发展的。改革开放初期,按照邓小平"两个大局"的思想,中央给予东南沿海地区倾斜性的投资政策与开放政策,带动了东部经济的迅速发展。可以说,东西部发展差距在很大程度上是投资与开放"双倾斜政策"的必然结果。例如在"七五""八五"期间,我国的发展资金相对稀缺,国家的投资政策向哪个地区倾斜,就意味着该地区能获得较多的发展利益。在中央政府发展资金有限的情况下,投资政策向东部倾斜的同时必然减少西部的发展资金,实际上牺牲了西部的发展利益。例如,1982 年至 1992 年,国家基本建设投资中东部占 46%,约为西部的两倍;1992 年我国投资增量中约有 62% 是在东部地区完成的。如果东西部差距继续拉大,一方面会影响中国的全面现代化以及我国第三步发展战略目标的实现,另一方面会在政治、民族关系等方面产生不良影响。因此,实施西部大开发,除西部地区自身的努力外,还需要中央特殊的倾斜政策,一方面矫正已经过度倾斜的区域关系,另一方面通过优惠政策来引导、动员各方面的力量,加大对西部大开发的支持力度。

2. 西部开发所面临的一系列特殊问题需要通过政策支持来解决。长期以来,在我国的工业布局中,客观上形成了东部沿海地区以加工制造工业和新兴产业为主,西部以能源和原材料工业为主的分工格局,由于价格改革时间上的差异性,使东西部产品在较长的一段时间存在着不等价交换。东部地区的工业品,尤其是轻工产品的价格首先放开,价格由市场决定,而西部地区的能源、原材料产品的价格在相当长的一段时期内由计划价格控制,价格普遍偏低。东西部之间长期的不等价交换使西部应得利益转移为东部所得,造成西部经济利益绝对受损。特别值得注意的是,东西部产品价格剪刀差的现象至今仍没有得到改变。此外,如老、少、边、穷地区脱贫与发展问题,老工业基地的改革问题,生态环境保护问题,基础设施滞后的问题,军工企业问题等,都是西部大开发初期面临的主要障碍,而要解决这些问题就需要中央给予特殊的倾斜政策。

3. 东西部不平等的竞争关系要靠政策支持来调整。目前我国东西部之间的经济关系是一种不平等的竞争关系。就政策方面的原因看,主要有以下几个方面:(1)在价格方面,资源性产品低出高进,形成了不等价的交换,东部以低价从西部购得原料,加工为成品后又以高价卖到西部地区,造成了西部地区财富的双重流失;(2)在财税方面,改革开放初期中央曾给东部较大的投资和财政支持,并给沿海地区以税收方面的优惠政策,加快了其经济增长,而这些政策中央并未给予西部;(3)在金融方面,东南部沿海地区在资金信贷、公司上市、资本市场等方面享有优惠政策,使其投资高于西部,导致了西部的资本外流;(4)在人事方面,东南沿海地区在户籍管理、人员流动、工资政策等方面享受有更大的自主权,使西部垫付成本所培养的大量技术、管理人才流向东部,增加了东部的人力资本优势;(5)在所有制结构方面，改革开放之初东南沿海地区在外商与非公有制企业准入方面享有优惠政策，使其所有制结构更加适应市场经济的发展，而西部地区国有企业比重大，非公有制经济比重小，这种所有制结构很难与东部的所有制结构平等竞争；(6)在政策的时差方面，即使同样的政策由于东西部经济发展条件的差异性，在实施过程中也存在着时差效应；(7)在体制方面，改革开放以来，由于多种原因西部的体制改革滞后，计划经济色彩很浓，因而同东部的差距拉大。

4. 市场机制存在着局限性，单纯利用市场机制实施西部大开发是不全面的，在发挥市场机制作用的基础上需要特殊的政策支持进行调节。例如，服务于东部发展的西部产业发展重点使西部地区城乡污染严重，生态环境日益恶化。国家"七五"计划明确规定，中西部地区重点发展能源、原材料工业，有重点地开发矿产资源。在国家区域发展战略和发展政策的指引下，西部地区的工业发展实际上走上了以资源开发为主的发展道路，大规模的资源开发一方面为东部沿海地区的快速发展提供了廉价的能源、原材料支撑，另一方面也导致了西部地区的污染严重，生态环境日趋恶化，使有些地区已成为"生态极度贫困区域"。特别需要指出的是，由于西部地区缺乏发展资金，实际开发西部资源的经济主体主要是中央各部所属的大企业集团和公司。根据分税制原则，这些企业集团和公司的税收大部分由国家拿走，地方税收所剩无几。而国家由于执行优先发展东部地区的发展战略，财政收入中发展资金的大部分又投入东部沿海地区，这种转移支付实际上造成了"利益东部拿走，污染留给西部"的结果，严重损害了西部的生态环境利益。

二、政策支持的目标和制度基础重塑

1. 政策支持目标的设计。西部地区地方政府在政策支持目标设计方面可以考虑以下三个重点:(1)培育区域内新的经济增长点,从西部地区的发展来看,目前一方面工业基础非常薄弱,但另一方面土地价格低廉,资源丰富,气候温和,劳动力价格相对便宜,非常适合宇航、原子能、电子、生物工程等高新技术工业在西部"安家落户",培养和形成新的经济增长点。(2)从注重地区比较优势转变为培育企业竞争优势。企业是地区经济的主体,地方政府应采取措施扶助适合本地区发展的企业,尤其是中小企业的发展。在人力资源培训、财政、信贷、税收、政府有关法令、规章制度方面给予更多支持,帮助企业渡过难关。(3)地方政府重视加强企业市场意识的培育,促进思想观念的转变。地方政府还要作好经济信息的收集和整理,帮助企业作好产品市场的预测,减少盲目生产带来的损失。

2. 政策支持的内容。在政策设计的内容上,可以考虑以下五个重点:(1)尽快成立地方性的大开发组织协调和实施机构,专事西部大开发有关政策的贯彻落实。(2)抓紧制定地方性的投资优惠政策和投资指南,如土地政策、财税政策、金融政策等。(3)以转变政府管理职能为重点,努力创造良好的投资环境。最主要的是提高效率,规范部门管理行为,公开办事程序,减少办事环节,提高工作透明度,提供法律服务,创立各种中介服务组织等等。(4)加快改革和创新步伐,建立适应市场经济发展的机制,要以"三个有利于"为标准,大胆利用各种反映社会化生产的规律,创新开发机制,吸引各种生产要素投入开发。(5)加快经济结构的优化升级,创造西部大开发的产业基础,重点调整产品结构、产业结构和区域发展结构,在调整中发展特色经济,有选择地发展高科技产业,建立适应西部大开发的主导产业体系。

3. 创新政策支持的制度基础。这方面需要加深对区域经济政策本质的再认识。区域经济政策本质上要体现国家全面发展的方针与政策要求,因此,区域经济政策应是国家宏观经济政策的重要组成部分,但是另一方面,区域经济政策毕竟不同于国家其他类型的宏观经济政策,如货币政策和财政政策。这是因为:(1)区域经济政策的形成及其客观性是立足于各地区不同的区情而定的,所以,区域经济政策是针对某一或某几个地区的现实状况和发展需要而制定的,不是针对宏观经济,如特区经济政策、开放城市政策、贫困地区政策、民族地区政策等;(2)区域经济政策的可操作性要求相当高,政策本身制定得也比较详细、清楚,不像有的宏观经济政策那样抽象概括。从这两点我们可以看出,制定区域经济政策必须对特定地区的情况做深入细致的调查研究,这项工作的质量如何直接决定着区域经济政策的质量和实践价值,决定着区域经济政策的区域性、特殊性、可操作性的发挥。然而,我国区域经济政策的制定权和调整权长期以来是在中央政府,地方只有制定实施细则和对策的权利。从实践上看,由于区域经济政策的特殊性,根据市场经济体制中增强省市和区县自主权的客观要求,中央政府有必要下放区域经济政策的制定权和调整权。

4. 协调国家政策与地方政策关系配置的根本思路,是创新区域经济政策的制度基础。要按照分权制的思路来进行制度创新,具体构想是:(1)形成区域经济政策结构。把国家区域经济政策分为两大类:一类是横向效应比较突出,对全国大部分地区的经济社会发展都有直接影响的宏观区域经济政策;另一类是局部效应比较突出,对某一特定地区的经济社会发展有直接影响的地方区域经济政策。(2)分离政策制定权和调整权。宏观区域经济政策的制定权和调整权应归中央政府,地方性区域经济政策的制定权和调整权应归地方政府。(3)建立区域经济政策的协调机制。宏观区域经济政策是指导,地方区域经济政策是基础,二者应相互制约和补充。不同省区之间的地方区域经济政策的协调应通过政府干预和市场机制协调两种方式来完成。

三、政策支持的立法保障和体系创新

1. 尽快制定地区发展法。市场经济国家的经验表明,国家的地区政策和促进欠发达地区发展的措施必须有法律作为保障。如美国在 1961 年通过了"地区再开发法案",根据该法成立了"区域再开发局",对落后和衰退地区进行援助。这是因为,(1)市场经济是法治经济,地区政策在本质上是政府对区域经济发展的干预和调控,需要有相应的法律依据和法律保障。(2)中央政府的地方政策,必定要涉及中央政府对各地区之间的利益关系的调节。如果没有法律作为依据,则中央和各地方之间就容易陷入无休止的讨价还价之中,容易使中央与地方关系处于紧张状态,还有可能对政治体制和干部体制的改变造成掣肘。(3)地区政策如果仅仅停留在抽象的政策表述,诸如"优先安排项目""实行投资倾斜""加大支持力度"等等,那么就给具体实行时留下了很大的主观随意性和讨价还价的余地。只有以严密的法律明确界定中央协调地方利益的原则、方式和方法,才能避免上述弊端,使中央的地区发展政策具有权威性和相对稳定性。

在地区发展立法体系中,尤以建立地区发展政策的根本法和关于特定后进地区振兴的法律为当务之急。根本法要明确各级政府促进地区协调发展的责任和权利,以及地区协调发展的目标和原则。建立关于特定后进地区振兴的法律,可以考虑首先从《西部开发法》《贫困地区经济开发促进法》《西部区域投资保障法》《西部区域资源和市场保护法》《区域经济政策的基本原则》等入手。通过制定《西部开发法》等可以把国家实施西部大开发战略的总体方针、实施手段、各有关主体的责任和义务等重要问题予以明确的界定。制定地区发展的法律必然会遇到多方面的阻力。中央有关部门在 1999 年曾着手《地区协调发展法》和《国土综合开发整治法》的立法准备工作,但由于种

种原因而搁浅。现在应尽快恢复和进行这一工作。

2. 建立四种类型的政策调控区。由于西部地区面积广大,地形复杂,民族众多,与十几个国家毗邻,因此区内各省区市之间及其内部的发展极不平衡,不可能实行完全一样的政策,必须区别对待、分类指导,建立分类调控的西部发展政策体系,以提高国家区域政策的实施效果。根据现阶段我国西部地区经济社会发展的情况和特点,应当建立四种类型的政策调控区,即中心城市区、资源富集区、边境开放区、贫困地区。(1)对于城市中心区,可实行"基于增长极的适度扶持政策",即完善和加强中心城市的经济功能,帮助促进其主导产业的技术改造和升级,鼓励其发展高新技术产业;(2)对于资源富集区,重点是加强国家资源勘探开发的投入,优先安排国家资源开发投资项目,并制定相应的鼓励政策,吸引区内外各种资本参与投资开发;(3)对于边境开放区,应当依靠开放政策,以开发求发展,依托边境贸易吸引和积累资本,以增强自我发展的能力;(4)对于贫困地区,重点是加强扶贫制度的建设,尽快形成贫困人口持续增加收入的机制,迅速脱贫致富。

3. 建立支持西部大开发的融资机制和信用保证体系。当前,要加强财政与银行的配合联动,包括中央财政及金融协调支持、地方财政与金融协调支持、发挥市场机制、增强特色经济支持等。具体包含以下四个层次:(1)以中央财政为主,主要用于跨省区的铁路、公路、民航、交通基础设施、大型水利水电及一部分环保项目,近期看这类项目的还贷能力都不足。基本方式是:国家根据需要与可能,逐年投入财政或债券资金。开发银行根据市场发债筹资能力,扩大一定数额的长期贷款与之配合,以财政逐年新拨债券资金及地方资金还贷,把需多年才能办的事适当超前,先行建设,再逐年还贷,确保防范金融风险。(2)以地方财政为主,主要用于城市基础设施项目,这实质上是对市政府的信用关系问题。基本方式是:以市级政府为背景,以每年地方财政预算建设费用和各种规费收入为还款来源,以政府确定的法人机构把这类项目打捆,统一向开发银行贷款,并由同级人大予以批准,向开发银行统筹还贷,贷款期限可适当延长。(3)以普通贷款为主,主要用于地方特色经济的工业和农产品项目。其基本方式是:开发银行与当地商业银行合作,在严格挑选项目的基础上,开发银行向商业银行批发贷款,由商业银行具体落实和承担还贷。(4)对石油、天然气等大行业的项目,开发银行按正常风险原则提供长期贷款,用行业的收益还贷。

4. 区域发展战略必须从"效率优先,兼顾公平"转向"效率与公平兼顾"。我国90年代初提出的"区域协调发展战略"的基本思路可以概括为"效率优先,兼顾公平,充分发挥各地区的比较优势。"目前,这种提法的战略背景已经发生了很大的变化:一是市场已经成为资源配置的重要力量,政府在资源配置中的作用大大减弱。二是我国的综合国力大大增强,国家有可能拿出更多的力量来促进欠发达地区的发展。三是我国的地区间发展差距已经到了不容坐视的地步。基于这样的认识,国家在区域发展战略方面的基本思路应从"效率优先,兼顾公平"转为"效率与公平兼顾"。并且,随着市场化改革的进一步发展,还可以逐步转向"公平优先"。

四、"补偿"问题的提出及"补偿"政策设计

所谓西部开发的"补偿"问题,是指在西部大开发中东部沿海地区应该向西部地区进行利益补偿,补偿的原因在于我国优先发展东部沿海地区的区域倾斜发展战略和发展政策使西部的发展利益不仅相对受损,而且在一定程度上是绝对受损。当然,以全国的发展利益而言,优先发展东部沿海地区的发展战略和发展政策无可厚非,符合

全社会经济利益最大化原则,从实际执行的结果来看,"先东后西"的发展战略确实取得了较高的经济效益,大大提高了我国的整体经济实力。

根据以上分析,西部开发政策的基本思路应将"补偿"与发展联系起来,没有"补偿",仅仅依靠自有的、有限的资金,西部地区将难以发展,提出"补偿"要求是为了西部地区更快地发展。具体政策建议如下:(1)建立中国西部发展基金,其资金来源应以"补偿"为依据向东部沿海省区征收"西部发展税",征收期限不少于 15 年,基金的管理应在中央的统一协调下,由西部各省区的代表组成西部发展基金管理委员会。基金的使用主要用于治理环境污染、改善生态环境、水资源的开发和利用、黄土高原退耕还林还草的补偿以及老区建设和扶贫开发等。(2)加大中央财政向西部各省区转移支付的力度。为了支持西部地区的发展,建议国务院具体规定一定时期内向西部转移支付在中央政府支出中的递增比例,确保中央财政向西部各省区转移支付的份额。(3)应该取消西部地区为中央财政项目提供配套资金的要求。由于西部各省区财力有限,资金配套要求实际上限制了西部各省区争取到中央建设资金的能力,不利于西部的发展。从"补偿"的角度出发,对西部地区的资金配套要求应该撤销,项目建设资金应由中央财政全额转移支付。(4)在事关西部发展问题的决策上,尽可能多地听取西部的意见。目前,与东部地区相比,西部在争取项目、资金和优惠政策方面,实力不足,缺乏应有的影响力。因此,在西部大开发中,可适当考虑增加西部人选或长期在西部工作的领导、专家参与宏观论证和决策,以增强决策的针对性和可操作性,同时,也有利于中央关于西部大开发战略的顺利实施,有利于西部地区的稳定和发展。

参考文献：

［1］白永秀.关于西部大开发中政策支持的几个问题[J].经济体制改革,2000(1)。

［2］冯家臻.西部大开发:需要国家哪些政策支持[J].当代经济科学,2000(2)。

［3］陈元.深入研究开发西部的财政金融政策[J].中国市场经济报,2000-03-25。

［4］朱珊.关于我国区域发展政策战略调整对中西部地区影响问题的探讨[J].云南教育学院学报1999(3)。

［5］杜平等.西土取金——西部大开发的政策背景与商业机遇[M].北京:中国言实出版社,2000。

（原载于《中共中央党校学报》2000年第4期）

论先进生产力的创新模式与工业部门三分法

传统的经济学理论对于工业部门的划分是典型的"两分法",即把工业部门在大体上分成两个大的部门,一个是重工业,另一个是轻工业。随着世界性社会生产力的发展和工业生产方式的现代化进程,这种划分方法已经既不能准确地反映现代工业的结构关系,也不能准确反映先进生产力的发展规律和重点。为此,本文提出工业部门的"三分法"观点,并且主张在"三分法"理论的前提下,推行以发展装备制造业为核心的国家战略。

一、生产力要素与先进生产力的创新模式

1.生产力的内涵和属性。生产力也叫社会生产力,通常指人们改造自然和征服自然的能力。生产力是一个内涵非常丰富的范畴,具有自然属性和社会属性两方面。生产力的自然属性是自然科学和技术科学研究的问题。生产力的社会属性属于生产力经济学研究的对象。生产力经济学作为一门独立的学科,是由我国学术界提出的。1961年孙尚清先生提出了"生产力组织学"的问题,主张把生产力运动规律作为这门学科的独立研究对象。1962年于光远先生提出了建立"生产力经济学"的倡议。在国外,对生产力的研究则主要反映在工业区位理论当中[①]。

---

①中南财经大学:《经济科学学科辞典》[M].北京:经济科学出版社,1987。

2. 生产力的构成要素之间并不是平等的关系,各个要素在生产力当中的作用及其在影响国民经济整体结构当中的作用和功能也是有很大区别的。生产工具是最重要的生产力要素,因为他是生产力当中的动力机制,在现代化的条件下,劳动者在整体生产力的发展当中,已经从属于机器和设备了。虽然企业的发展也要讲劳动力和技术、管理人员,但是要知道,在现代工业企业的经济运行过程中,企业的人力资源或者人力资本要素在整体上也是从属于技术性质的生产线的。至于劳动对象、信息资源、管理体系等,一方面它们是现代工业发展必不可少的发展要素,但是,另一方面,它们所起的作用和功能却远远不及机器和设备。

3. 生产工具是先进生产力的关键构成要素。实际上,劳动资料中的生产工具,是生产力发展水平衡量的主要尺度,是划分社会经济时期的重要标志。为什么生产工具在生产力诸要素当中位居重要地位呢? 这是因为,生产是聚集先进技术和生产方式的载体,生产工具当中的自主知识产权是决定性因素。生产工具的知识产权是"行为主体以智力劳动的方法在科学、技术、文艺领域里创造的精神的专有权"①。关于知识产权的内容,在 1967 年 7 月的斯德哥尔摩签订的《建立知识产权组织公约》第二条八款规定了知识产权的内容,主要包括专利权、商标权和著作权。其中,专利权和商标权合称为工业产权。还有发现权、发明权及其他科学技术成果权。所以说,生产工具是先进生产力的总代表。

4. 先进生产力到底是什么? 实际上,不论是主张"两要素"还是主张是若干个要素,在生产力的诸构成要素当中,生产工具始终是最

---

①张卓元:《政治经济学大辞典》[M].北京:经济科学出版社,1998。

重要的构成要素,在生产力的发展中起着决定性的作用。生产工具实际上就是"先进生产力"问题。对于先进生产力问题,从 2001 年到现在我国已经研究了许多年,形成了比较一致的观点。比如,先进生产力就是在一定的经济社会发展时期,代表生产力发展方向和本质要求的生产力;先进生产力有时代性、相对性和综合性三个鲜明的特点;先进生产力具有智能化、全球化和集约化的发展趋势。当然了,还有从工业化阶段、生产力商品化程度、信息社会的角度进一步研究先进生产力的。

二、经济学传统:工业部门"两分法"的缺陷

1. 工业部门划分的依据。我国目前的工业部门划分理论和工业部门的实际名录,是在借鉴苏联的工业理论的基础上形成的。在 20 世纪 50 到 80 年代的我国工业部门的分类目录中,将整个工业分为 12 个大分类、44 个工业部门、160 个细分类。关于工业部门,国内绝大多数工业类词典和经济学辞典的解释基本是一致的,都认为,工业部门是"生产性质相同的许多工业企业的综合。"[1]工业部门的划分标准主要有三个:一是产品用途相同;二是使用的主要原材料相同;三是工艺过程的性质相同。也有观点认为,工业部门是"由社会分工分离出来的、专门生产同类产品的许多工业的综合"。[2]在 20 世纪 50 年代我国就已经正式把工业部门划分为重工业与轻工业两大部门,并且在理论上进行了权威性的诠释。

2. 工业两大部门的划分。我国目前出版和运用的经济学类词

---

①《简明工业企业管理词典》[M].天津:天津人民出版社,1980。
②《经济大辞典(工业经济卷)》[M].上海:上海辞书出版社,1983。

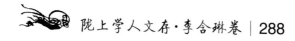

典、辞典和教科书中,对于工业部门的分类一般是按照工业品的最终用途作为划分标准的。①这样就可以把工业部门划分为生产生产资料的工业与生产消费资料的工业两大部门,"在生产生产资料的工业中,又可以进一步加以分类。如:可以分成为重工业部门生产生产资料的工业和为轻工业部门生产生产资料的工业","从工业原料的供求联系、加工深度以及劳动对象的性质来看,又可以把整个工业划分为采掘工业和加工工业两大类。"采掘工业主要包括采矿工业、采煤工业、石油天然气开采工业等。再如,"工业部门最重要的分类是按各部门产品的经济用途进行分类,即把整个工业分成生产生产资料的工业(甲类)与生产生活资料的工业(乙类)。通常也称为重工业和轻工业"。

3. 重工业与轻工业。把工业划分为重工业与轻工业的方法,与把工业划分为"甲类工业"与"乙类工业"的方法是相同的。什么是重工业?"主要是生产生产资料的各工业部门的总称,如燃料工业、电力工业、冶金工业、机械工业、建筑材料工业等。"什么是轻工业?"主要是生产生活资料的各工业部门的总称,如食品工业、纺织工业、皮革工业、造纸工业、文教体育用品工业等。"②《经济学辞典》等对于重工业与轻工业的划分方法与大多数辞典也是相同的。③由于把整个工业部门分成重工业与轻工业两大部门,因此,对于这两个部门的经济核算也提出了相应的指标,这就是轻工业产值和重工业产值的概念。"反映工业部门结构的指标主要有:重工业产品和轻工业产品在全部工

①赵贺春:《中国工业经济学》[M].合肥:安徽人民出版社,1986。
②《简明工业企业管理词典》[M].天津:天津人民出版社,1980。
③赵宝林、王化中:《经济学辞典》[M].北京:中国经济出版社,1990。

业产品中所占的比重。"①

4. 近年来关于工业部门的讨论。"两分法"既不能在理论高度上说明工业发展与生产力的关系问题，也不能很好地解释工业部门内部的结构关系。近年来,我国的经济学家们也试图创新工业部门的划分理论,但是,并没有提出有创新意义的观点,许多研究只是在现代工业与传统工业之间、信息工业与现代工业化之间、生产力的国际化、工业部门的发展主体转变等方面进行研究。比如,有学者认为,②工业部门的结构转变，是从以轻工业为主向以基础工业为主的重工业转移的。从工业部门结构转换来说,即从以原料为重心的重工业化阶段进入以加工组装为重心的高加工化阶段。工业资源结构,即劳动力、技术和资本的结合关系，也是与工业部门的结构转换同步进行的。因此,工业化过程又表现为劳动密集型工业、资本密集型工业、技术密集型工业的三个有序的发展阶段。

5. "两分法"的根本缺陷。把工业部门在整体上区分为重工业与轻工业两大部门,从形式看比较简洁,从内容上看比较清楚。但是,这种划分方法也存在严重的缺陷,这就是无法说明工业生产力的推动机制问题。也就是说,工业生产力的发展到底是由哪些部门主要推动的？工业生产力的创造和创新到底是从什么部门开始的？谁最能够代表工业生产力中的先进生产力发展方向？等等。我们现在所说的重工业与轻工业,在一定意义上是根据工业部门的投资规模、技术层次、生产特点、工艺流程等划分的,而这些划分方法主要只能说明各个工业部门的生产特点，而不能说明这些特点是由什么因素决定的。为

---

①《经济大辞典(工业经济卷)》[M].上海:上海辞书出版社,1983。
②姜睿:外国直接投资对中国工业结构的影响[J].《北方经济》,2006(6)。

此,需要重新认识工业部门的内部关系。

三、工业的部门结构及与"先进生产力"的内在联系

1. 工业生产力与工业生产效率是有明显区别的,这种区别是认识先进生产力与一般生产力的关键。生产力与生产效率之间有直接联系,但是也有区别,不能把二者简单混同。工业生产力与工业生产效率之间的区别:一是工业生产力应该是讲作为整体的工业生产力水平的推动机制问题,而工业生产效率则是讲工业生产过程中的产出效率问题;二是工业生产力是讲原因,而工业生产效率是讲结果;三是工业生产力是讲工业的生产过程是由什么手段和方式推动的,而工业生产效率则是讲整个工业的发展结果和对国家的贡献。

2. 工业的"先进生产力"是装备制造业,而不是其他类型的工业部门。不论从西方经济学理论来看,还是从我国的工业部门划分理论来看,装备制造业主要是指传统意义上的机械工业。机械工业主要包括:农业机械工业、工业设备制造业、交通设备制造业、建筑和筑路机械制造业、生产用其他机械制造业、生产用金属品工业、日用金属品工业、机械设备即金属品修理工业、其他机械工业等 11 个部门。机械制造业的这些部门和行业,实际上就是真正意义上的先进生产力。各类人才和科学技术创新了装备制造业技术和设备,这些技术和设备又武装了其他工业部门,提升了这些部门的生产率。

3. 重工业与轻工业当中也有技术创新问题,但是,这方面的技术创新与装备制造业的技术创新是有区别的。装备制造业的技术创新是本源性的技术创新,而重工业和轻工业中的技术创新则是派生性和部分性的技术创新。重工业和轻工业都不是先进生产力的第一推动力。第一推动力始终是装备制造业中的技术创新。所谓本源性的生产力,是指先进生产力发展过程中的第一性生产力问题,所谓派生

性的生产力,则是指非整体性、非本源性的生产力活动。所以说,在整个工业部门的划分当中,如果把全部工业部门划分为重工业与轻工业两个部门,则不能从工业生产力的第一性上思考工业的发展动力问题。

4. 工业部门的先进生产力实际上也是整个社会发展先进生产力的本源。对于工业部门当中的先进生产力问题,不能单纯认为是决定工业发展水平的生产力,而应该定位于全社会发展的直接生产力、本源生产力和推动生产力。工业当中的装备制造业(以机械工业为主)以其特殊的性质和功能,成为全社会生产力发展中最直接、最高效、最强大的推动机制。这是因为,不论是在工业还是在农业的发展过程中,不论是在经济还是社会的发展过程中,我们所使用的最多的推动机器和设备,都是由工业当中的装备制造业提供的,没有第二个提供者。这里需要强调的是,农业虽然不属于工业的范畴,但是,在现代农业经济的几乎全部的活动当中,所使用的主要机械和设备,都是由工业提供的,从这个意义上说,现代农业是工业在区域上的延伸。

四、工业部门"三分法"的划分方法和内在关系

关于工业部门三分法理论及其与先进生产力的内在关系,可以从下表的分析中看出。通过对此表的分析,我们可以得出以下几点重要观点。

1. 工业部门"三分法"的划分方法。划分方法是依据不同的工业部门在整个工业经济的运行全过程中的作用不同而划分的,这样,在现代工业部门的大框架下就可以把整个工业部门划分为四大部门:一是装备制造业,包括了机械制造、专用设备、专用生产线、大型生产工具、自动化设备、研究开发机构等主要行业;二是重加工业,包括了煤炭采掘业、石油和天然气采掘业、有色金属采掘业、黑色金属采掘

工业部门"三分法"与先进生产力的关系

现代工业部门分类	主要行业	基本生产功能	与先进生产力的关系	与自主战略的关系
装备制造业	机械制造、专用设备、专用生产线、大型生产工具、自动化设备、研究开发机构等	研究与开发、科技成果转化、各种机器设备、生产线、自动化设备、大型生产工具等	创造先进生产力	自主战略创新主体
重加工业	煤炭采掘业、石油和天然气采掘业、有色金属采掘业、黑色金属采掘业、冶炼业、重型机械加工等	开采矿石、冶炼矿石、发电供电力、生产建材、建设建筑、水利建设等	运用先进生产力	自主战略的实践者
轻加工业	纺织业、食品生产业、服装制造业、小商品制造业、皮革制造业、化肥制造业、农药制造业等	纺织品、小商品、农产品加工、零部件、农业机械、修理机械、电工电器、计算机、软件生产等	运用先进生产力	自主战略的实践者

业、冶炼业、重型机械加工等;三是轻加工业,包括了纺织业、食品生产业、服装制造业、小商品制造业、皮革制造业、化肥制造业、农药制造业等。

2. 工业部门"三分法"的具体内容。装备制造业的基本生产功能是研究与开发、科技成果转化、各种机器设备、生产线、自动化设备、大型生产工具等;重加工业的基本生产功能是开采矿石、冶炼矿石、发电供电力、生产建材、建设建筑、水利建设等;轻加工业的基本生产功能是纺织品、小商品、农产品加工、零部件、农业机械、修理机械、电工电器、计算机、软件生产等。需要说明的是,这些内容的划分是基本的,实际上的行业划分更复杂。

3. 工业部门"三分法"的功能区别。从现实来看,虽然工业各部门都有生产力和效率的问题,但是这三个部门之间是有很大区别的:一是从研究与开发的意义上看,装备制造业的研究与开发是面向全社会的,是最基础的研究与开发,而重加工业和轻加工业的研究与开发是改进已有设备功能和提高设备效率的。二是从与先进生产力的关系上看,装备制造业在创造生产力,而其他两个是运用和实践生产力。三是从促进先进生产力发展的规律性上看,装备制造业是主动推动生产力的发展,而其他两个则是被动地发展生产力。

4. 战略意义。根据本文提出的工业部门"三分法"的观点,实践国家的自主战略最重要的应该是推动先进生产力发展的基础工业、或者说是本源生产力工业,即装备制造业的发展速度和水平问题。建议:一是用工业部门的"三分法"取代"两分法",科学理解工业部门的内部关系,特别是与先进生产力的关系。二是国家的自主战略要突出装备制造业的重点发展问题,振兴装备制造业就是振兴先进生产力。三是把提高自主知识产权的重点放在装备制造业,是对装备制造业的投资政策、技术政策和人才政策进行调整,以适应突出发展装备制造业的客观需要。

(原载于《生产力研究》2009 年第 23 期)

论新动能的四个层次及其实践对策

党的十八大以来，中央领导同志多次讲到新动能的问题。2016年12月，习近平总书记在中共中央政治局会议以及随后的中央经济工作会议上均明确提出，要大力振兴实体经济，培育壮大新动能。在党的十九大报告中，总书记又进一步提出："我国经济已由高速增长阶段转向高质量发展阶段，正处在转变发展方式、优化经济结构、转换增长动力的攻关期，"要"在中高端消费、创新引领、绿色低碳、共享经济、现代供应链、人力资本服务等领域培育新增长点、形成新动能"。李克强总理在多个场合也特别强调培育新动能和发展新经济的问题。由此可见，新动能问题的重要性。本文试就新动能的层次和构成要素问题做些探讨。

一、新动能概念的提出及意义

早在 20 世纪 90 年代第三次工业革命的时候，"新经济"的概念就出现了，到了 21 世纪初期的第四次产业革命的时候，新经济和新动能作为一个经济运行系统，已经成为经济理论和政策研究的核心概念。在新经济发展模式中，发展动能必然出现新变化。传统发展动能主要是依靠土地、资本、劳动、能源资源等传统生产要素，以及制造业、房地产、银行等传统产业。而在第四次工业革命中，知识、信息、创新、决策则成为新生产要素，一大批颠覆性创新技术催生出高端制造、普适计算、智慧城市等新业态、新模式，共同构成了未来发展的新动能。

　　为此，我国中央领导人就特别重视新经济与新动能的协调推进问题。2015年10月，李克强总理在召开的政府会议中，对当时中国经济进行了初步判断："我国经济正处在新旧动能转换的艰难进程中"，"新旧动能"概念开始正式出现在国家领导人的讲话中。2015年12月，在我国的"十三五"规划纲要中，提出要拓展发展动力新空间，增强发展新动能。在2016年政府工作报告中有三处提及"新旧动能"，强调"新旧动能迭代更替"的过程。2017年1月20日，国务院办公厅印发了《关于创新管理优化服务培育壮大经济发展新动能加快新旧动能接续转换的意见》，是我国培育新动能加速新旧动能接续转换的第一份专门文件。

　　但是，尽管"新动能概念"自2015年开始多次出现在中央和地方政府主要领导的讲话和文件中，可是，对于新动能的概念内涵，并没有做严格的界定，我们只能从一系列政府文件中和领导讲话中进行侧面理解。一是"新动能"是发展"新经济"的重要措施，新动能主要是在新经济的前提下进行讨论；二是在不同时期"新动能"有不同的内涵，当前"新动能"的内涵更加广泛，需求端和供给端都能成为形成要素；三是新动能是与中国式产业革命或者说是中国制造、制造强国紧密联系在一起的，如新技术、新产业、新业态；四是在客观上存在一个"旧动能"向"新动能"转换的过程，实行产业转型升级和提升发展效率和质量，可转换为"新动能"；五是培育"新功能"成为各级政府推进我国供给侧结构性改革，决胜小康社会的核心战略之一。

二、新动能的四个层次

　　从理论与实践结合的角度看，所谓"新动能"可以理解成一个国家或者区域发展的能量、能力和能源，主要包括压力、动力、活力和张力等四个相互关联的层次。同时,在这四个基本的动能当中,又存在市场、利益、创新和开放等四个影响新动能的主要决定要素,由此形成四个完整的动能工作机制,这四个方面又形成一个完整的新动能架构。

1.“压力—市场”机制。市场体制和市场压力是新能量的最大源泉。在市场体制条件下,不论是企业、单位或者个人,都将面对来自市场的各种压力,如发展压力、生存压力、盈利压力、就业压力、收入压力、养家压力,买房压力、养老压力等。面对市场,所有的市场主体,无论是企业还是消费者、无论是个人还是单位,都必须是独立承担责任、权力、义务、风险和利益的行为主体。为了应对市场竞争,必须不断提高素质和能力。

2.“动力—利益”机制。利润最大化其实就是技术利益最大化,这是普遍规律。对单位来说是工作效率最大化,对企业来说是“利润最大化”,对民众来说是“收益最大化”。利益驱动对于所有的市场主体来说,都是必须面对的最实际的问题。如果社会各方面的利益驱动因素都能够充分地调动起来,就完全有可能很好地解决投入、增加收入和提高利润率的目的,也由此可以获得社会的认可和赞誉,受到重视和重用。

3.“活力—创新”机制。创新驱动是先进生产力的基本生成机制,也是所有发达国家的成功做法和基本经验。创新决定活力,不仅仅是指新产品、新技术和新工艺等关键科学技术的创新,还包括体制、机制、政策、模式等方面的创新。创新对于活力的支撑点在于:不断为各种发展要素提供营养、能源、机遇、条件和环境,在市场体制条件下,最佳的支撑机制就是:“人才+科技创新+装备制造业+加工业水平+出口+顺差”。

4.“张力—开放”机制。发展空间、弹性、伸缩度和市场应变能力等,完全取决于开放的思路、范围、层次和能力。从 20 世纪 90 年代以来,经济全球化已经成为世界上绝大多数国家发展的共同模式,各国争先恐后地发展国际贸易、FDI、境外投资等,开放已经成为"快速高质"发展新能量的主要标志。一个国家或者地区开放半径越大,开放的手段越多,发展张力就越强,如果不开放或者开放半径越小,手段落后,自然不能利用外力发展自己。

三、培育新动能的科学思路和关注点

当前,我国是世界第二经济体,人口众多,结构复杂,区域差异明显。为此,按照党的十九大报告精神,加快培育新动能、发展新经济,必须坚持实事求是、统筹兼顾、因地制宜和协调推进的原则,在思路和决策上关注和处理好如下问题。

1. 关注新旧动能的接续和转换。在我国,培育新动能的关键还是要处理好新兴产业的发展和传统产业改造升级之间的关系。发展新兴产业是增加新动能,改造提升传统产业,达到了一个新的高度以后,也是新动能的主要形式,不要把新动能片面地理解为只是新兴产业。事实上,所谓的经济新动能,说到底,就是在现有动能基础上新增加的动能。如果新兴产业发展的效率不高、起点不高、技术含量不高、市场竞争力不强,同样难以产生新动能。同时,那些原本已经出现很强竞争压力的传统企业,由于加快了技术创新步伐,加大了人才、技术投入和市场开拓的力度,仍然能够保持比较好的发展势头,形成了许多新的市场空间,产生很多新的经济动能,也能够成为经济企稳向好的重要力量。

2. 关注战略性技术创新的突破。当前,新一轮科技革命和产业变革正在全球范围内孕育兴起,世界各国纷纷抢占未来产业发展制高点。改革开放 30 多年来,我国制造业规模迅速扩大,已成为世界第

一制造大国,220 多种主要工业产品的产量居世界首位,具有工业体系完整、国内市场巨大、人力资源丰富等优势。但是,我国制造业又存在大而不强,自主创新能力不足,产品附加值不高,总体处于国际产业链和价值链的中低端的短板。与发达国家在工业 3.0 基础上迈向 4.0 不同,我国不仅要追赶工业 4.0,还要在工业 2.0、3.0 方面"补课"。因此,我们必须不断加深对新一轮经济技术革命和生产力发展的宏观思考,选择适宜的对策。

3. 关注先进生产力的培育。从发展规律看,生产力的提高主要源于三个方面,一是有非常充足的科技人才的供给,人才支撑机制非常完善;二是生产工具出现革命性变化,有创新先进设备的能力;三是伴随而来的生产方式和组织模式创新,企业和公司等实体经济的国际竞争力越来越强大。大量历史事实证明,一些引领性、标志性、颠覆性新技术、特别是新的机器设备、新的工艺和新的发展模式的出现,企业和产业集群的形成,会快速提升一个国家的生产效率和市场竞争力,从而对经济社会发展产生全局性、系统性的影响。也就是说,培育新动能实际上就是培育先进生产力。

4. 关注制造强国战略的实施。从英国产业革命到现在,制造方式发展也经历了等材制造、减材制造、增材制造等三个阶段。我国自然资源禀赋不足,人均占有量低于世界平均水平,如果能广泛应用增材制造方式,加大新能源和新材料的开发力度,积极推广绿色生产,就可以减少资源能源消耗,有力地推动发展方式的转变。因此,我们必须充分认识这些新技术、新变革、新趋势,遵循和把握规律,进一步解放和发展生产力,坚决贯彻落实中央提出的"中国制造""制造强国"的政策。在战略实施上突出装备制造业和加工业的"双管齐下",既有先进装备的生产能力,又有运用能力和转化能力。

5. 关注新经济与新动能的协调推进。需要注意的是,培育新动能只是个手段,不是目的,目的是发展新经济、培育新产业、形成新优势。所以,在当前培育新动能必须与国家关于推进供给侧结构性改革的举措结合起来,与大力发展战略性新兴产业结合起来,与大力发展现代农业结合起来,与建立新型开放体系结合起来,与实施"一带一路"倡议结合起来。只有这样,才能使得我国的经济发展形成一个不断地转型、升级的过程,收入水平不断提高的过程,实现我国经济发展的三大突破:一是实现产业结构优化的升级版;二是实现经济发展方式转变的完成版;三是实现市场经济发展的高级版。

6. 关注新经济增长极的培育。新动能一方面来自技术创新驱动的路径,主要解决以装备制造业为主的生产力水平,这是支撑全国未来经济发展的主动力。另一方面,新动能还包括培育新的经济增长极。新的经济增长极,既可以是新的经济业态,比如共享经济、信息产业、生态旅游、融资产业、物流产业等;也可以是新的消费业态,比如信息产品和消费、旅游休闲产品和消费、绿色产品和消费等;还可以是区域整体经济增长、经济增长园区、产业迈向中高端、发扬工匠精神等。因此,培育新的经济增长极,一定要从各地的实际条件出发,注重产业之间的差异性、互补性、连带关系的培育。

四、培育壮大新动能的对策

总之,培育新动能是当前我国宏观经济决策的一个新选择,现实意义重大,长远和战略意义更重要。社会各界、特别是政府决策层面,一定要高度重视这个问题,在正确理解新动能的内涵的基础上,科学选择实施对策。

1. 应对"压力—市场"的对策。一是必须坚持质量第一、效益优先,以供给侧结构性改革为主线,推动经济发展质量变革、效率变革、动力变革,提高全要素生产率。二是着力加快建设实体经济、科技创新、现代金融、人力资源协同发展的产业体系,着力构建市场机制有效、微观主体有活力、宏观调控有度的经济体制,不断增强我国经济创新力和竞争力。三是调整顶层发展决策的重点,把重大发展思路、战略、规划和项目,放到市场大环境中去考量。四是牢固树立市场体制和市场竞争理念,把适应市场和融入市场体系作为适应新时代、变压力为动力的核心问题。五是深入推进国企体制、科研体制、农村体制、外向体制、就业体制和收入体制等方面的改革,完善市场体系和运行机制。五是不断完善政府调节市场、稳定市场和优化市场结构的能力,解决好资源流动、就业选择、劳动保护、工资激励等。降低企业的成本负担,释放微观主体的发展活力。

2. 应对"动力—利益"的对策。一是必须在理念上牢固树立"利益—贡献"对等观点,坚决反对不劳而获,使利益与贡献直接挂钩。二是必须把发展经济的着力点放在实体经济上, 把发展实体经济的着眼点放在提高质量上,注重提高企业的成活率,扩大规模以上企业的数量,着力培育具有全球竞争力的世界一流企业。三是把提高供给体系质量作为主攻方向,显著增强我国经济质量优势,加快建设制造强国,加快发展先进制造业,推动互联网、大数据、人工智能和实体经济深度融合。四是必须深化政府体制和行政人员的配置方式改革,努力提高工作和劳动效率, 解决人浮于事的问题。五是坚持执行按劳分配、按贡献分配的原则,启动绩效工资改革。六是利用好利益杠杆,用工资、奖金、提拔、年薪、股票期权等多个手段,调动社会各方面的创造力,形成发展合力,减少阻力。

3. 应对"活力—创新"的对策。一是必须牢固树立"创新是引领发展的第一动力"的理念,加快建设创新型国家。二是以建立"创新中国"为主要目标,根据十九大的精神修正《中国制造 2025》,编制《中国科技创新长期发展规划(2018—2050)》《中国创新人才长期开发规划(2018—2050)》。三是推进工业化与信息化高度融合,构建以智能制造为重点的新型制造体系。四是加快推进创新市场化。做好创新机构企业化、创新成果商品化、创新交易市场化等项工作,尽快使大多数政府型研发机构实体化。五是为了落实打造"制造强国"的政策,需要编制《中国装备制造业的发展长期规划(2018—2050)》,支持落后地区发展装备制造业和加工业。六是努力提升中国制造的软实力。在加快推进制造强国的建设过程当中,要更加注重将工匠精神融入现代制造业生产和管理的实践中,与此同时,还要培养企业家精神,保护企业家,充分挖掘企业家队伍的聪明才干。

4. 应对"张力—开放"的对策。一是切实加快体制转型,特别是国企体制、政府体制、投资体制、税收体制等,缩短与发达国家、发达地区在市场体制方面的差距,打好体制基础。二是科学定位中国开放的战略方向,瞄准大国外交战略,拓展对外贸易,培育贸易新业态新模式,推进贸易强国建设。三是要以"一带一路"建设为重点,实行高水平的贸易和投资自由化便利化政策,大幅度放宽市场准入。特别中西部地区要集中解决好与丝路沿线国家之间的各种经济对接工作,坚持引进来和走出去并重,遵循共商共建共享原则,加强创新能力开放合作,形成陆海内外联动、东西双向互济的开放格局。四是实施产品标准提升工程,不论是工业品还是农产品,都要按照出口标准重新打造生产和加工基地。五是赋予自由贸易试验区更大改革自主权,探索建设自由贸易港,加快形成双向和多向贸易框架,逐步建立由商会和企业主导开放的机制。

参考文献:

[1]叶慧.培育经济发展新动能——浙江供给侧结构性改革综述,人民网–中国共产党新闻网 2016–04–20。

［2］黄茂兴."十三五"时期中国区域发展新理念、新空间与新动能,《区域经济评论》2017年第2期。

［3］姜巍.探求未来中国经济与企业发展的新动能,《中国发展观察》2016年13期。

［4］李伟.培育新动能,释放新红利,《新经济导刊》2017年第1-2期。

［5］新经济、新动能:阿里研究院解读政府工作报告,中国经济网2016-03-09。

［6］王忠宏.用"四新"思路推动战略性新兴产业和新动能培育,信息资源开发部:2017-07-17。

［7］中国经济"新动能"是什么?成长状况如何?中国投资咨询网2016-07-19。

［8］陈德好,徐志平.打造新业态,培育新动能——田园综合体综述,《福建农业》2017年06期。

［9］张辛欣,安娜,陈灏.新动能加快成长,新引擎不断发力,中央政府门户网站2017-08-19。

［10］新动能加快成长,新经济迸发活力,新华网2016-10-31。

（原载于《生产力研究》2018年第2期）

附录

李含琳先生主要论著目录

一、主要研究课题

（一）国家级社会科学基金课题

1.《西部贫困地区经济增长与财政供养人口适度比例研究》，主持人，2000 年国家哲学社会科学基金项目。

2.《甘肃陇南市灾后重建与人口迁移的现状和对策研究》，主持人，2009 年国家哲学社会科学基金项目。

3.《西北民族地区合作构建出口清真食品产业体系对策研究》，主持人，2015 年国家哲学社会科学基金项目。

4.《"三区三州"拓展国民义务教育典型案例与经验研究——以甘肃省临夏回族自治州为例》，主持人，2020 年国家哲学社会科学基金项目。

5.《中西方经济发展国家核心战略研究》，主持人，2014 年中共中央宣传部全国"四个一批"人才资助项目。

（二）省级社科规划和软科学课题

1.《中国贫困与反贫困经济学研究》，主持人，1995 年度甘肃省哲学社会科学规划重点项目。

2.《我国民族经济扶持政策体系的历史与实践基础》，主持人，2001 年度甘肃社会科学学术活动基金项目。

3.《构建经济体系是西部小城镇建设的关键》，主持人，2003 年度甘肃省哲学社会科学规划项目。

4.《甘肃民族地区分类建设小康社会的模式和对策研究》,主持人,2003 年度全国党校系统重点调研课题。

5.《科学发展观与甘肃资源型城市经济转型研究》,主持人,2004 年度全国党校系统重点调研课题。

6.《甘肃省人口与经济社会协调发展研究》,主持人,2007 年度甘肃省哲学社会科学规划项目。

7.《甘肃省"十一五"国民经济与社会发展规划总体思路研究》,主持人,2005 年度甘肃省软科学研究项目。

8.《甘肃省人口发展战略研究》,主持人,2006 年度甘肃省软科学研究项目。

9.《甘肃经济年度预测模型应用研究》,主持人,2006 年度甘肃省软科学研究项目。

10.《西部地区经济开放度评价及建立外向型发展模式研究》,主持人,2009 年度全国党校系统重点调研课题。

11.《甘肃节水型农业发展问题研究》,主持人,2010 年度甘肃省第二次全国农业普查重点项目。

12.《科学认识和实践我省区域发展新战略》,主持人,2011 年度甘肃省哲学社会科学规划委托项目。

13.《甘肃实施多极突破战略对策研究》,主持人,2012 年度甘肃省哲学社会科学规划重点项目。

14.《加快构建现代农业三大体系》,主持人,2017 年度甘肃省哲学社会科学规划项目。

15.《装备制造业应精准发力补短板》,主持人,2016 年度甘肃省哲学社会科学规划项目。

16.《中国农民与城市融合发展的演进》,主持人,2016 年度甘肃省哲学社会科学规划项目。

17.《黄河流域甘肃段生态保护和高质量发展研究》,主持人,2020年度甘肃省哲学社会科学规划重点项目。

18.《"十四五"时期做好国土资源空间区划工作的对策建议》,主持人,2021年度甘肃省哲学社会科学规划项目。

二、著作

1.《企业利益共同体概论》,合著,甘肃人民出版社,1990年1月版。

2.《城郊经济理论与对策》,合著,兰州大学出版社,1991年10月版。

3.《国有资产大流失》,专著,兰州大学出版社,1994年7月版。

4.《中国西部新兴工业城市经济社会对接研究》,编著,甘肃科技出版社,1995年7月版。

5.《中国资源流失研究》,专著,甘肃人民出版社,1995年7月版。

6.《市场经济体制国际比较》,合著,兰州大学出版社,1996年8月版。

7.《中国改革的成本分析》,合著,甘肃文化出版社,1997年6月版。

8.《贫困与反贫困经济学》,专著,甘肃人民出版社,1997年12月版。

9.《发展经济学》,合著,兰州大学出版社,1998年9月版。

10.《西部开发政策》,专著,甘肃人民出版社,2001年5月版。

11.《农村经济管理》,合著,甘肃人民出版社,2001年12月版。

12.《中国西部财政供养人口适度比例研究》,专著,人民出版社,

2003 年 4 月版。

13.《资源经济学》,专著,甘肃人民出版社,2003 年 9 月版。

14.《现代宏观经济政策学》,专著,兰州大学出版社,2004 年 5 月版。

15.《环境理论与环境保护》,合著,甘肃人民出版社,2004 年 6 月版。

16.《甘肃省人才队伍建设情况调研报告》,编著,甘肃人民出版社,2004 年 8 月版。

17.《中国统筹发展能力评估和提升对策》,合著,中共中央党校出版社,2004 年 12 月版。

18.《中国节能型经济发展与宏观调控》,专著,甘肃人民出版社,2004 年 12 月版。

19.《西部区域人口发展战略与规划》,专著,甘肃人民出版社,2006 年 9 月版。

20.《西部民族地区城镇化模式与应用对策》,合著,甘肃人民出版社,2006 年 11 月版。

21.《人口学基本理论与政策——党政干部读本》,专著,中国人口出版社,2008 年 7 月版。

22.《崛起之路——庆阳发展战略研究》,合著,甘肃人民出版社,2008 年 12 月版。

23.《农村政策面对面》,编著,甘肃人民出版社,2009 年 9 月版。

24.《农村实用人才开发与管理》,专著,甘肃文化出版社,2010 年 3 月版。

25.《陇南市灾后重建和人口迁移研究》,专著,甘肃人民出版社,2012 年 6 月版。

26.《多极突破与区域经济增长》,专著,甘肃人民出版社,2014

年5月版。

27.《中西方经济发展国家核心战略研究》,专著,中共中央党校出版社,2019年3月版。

28.《甘肃省十大绿色生态产业发展路径探索》,专著,甘肃人民出版社,2019年7月版。

29.《抢抓“一带一路”机遇　打造“五个制高点”》,编著,甘肃人民出版社,2021年6月版。

30.《甘肃与兄弟省份协同发展路径探论》,合著,兰州大学出版社,2021年7月版。

三、论文

（一）国家权威和核心报刊论文

1.《论我国农业人口与耕地问题》,《中国农村经济》,1978年第11期。

2.《论计划调节与市场调节的历史演变及合理配置》,《经济研究》,1990年第2期。

3.《论建立农村双层经营的内在经济机制》,《中国农村经济》,1991年第3期。

4.《我国产业结构趋同的成因剖析》,《中国工业经济研究》,1991年第4期。

5.《经济理论与经济政策的关系体系及其协调原则》,《学术月刊》,1991年第7期。

6.《中国农业资源配置与流失问题研究》,《农业经济问题》,1992年第9期。

7.《中国农村深化改革的思路比较与目标抉择》,《经济体制改革》1991年第1期。

8.《甘肃省中部干旱地区返贫现象和反贫困战略研究》,《农业经济问题》,1993 年第 6 期。

9.《论市场向市场经济的历史过渡》,《学习与探索》,1993 年第 3 期。

10.《论中国经济运行中的市场投机》,《财金贸易》,1994 年第 3 期。

11.《中西方宏观调控理论比较研究》,《江汉论坛》,1994 年第 6 期。

12.《论资源生产力与资源战略》,《生产力研究》,1995 年第 6 期。

13.《国有资产不等于国有经济》,《经济研究参考》,1996 年第 7 期。

14.《论当前我国引进外资的产业选择》,《科学·经济·社会》,1996 年第 4 期。

15.《对反垄断问题的认识偏差》,《光明日报》,1996 年 12 月 19 日。

16.《反贫困要研究十个重点问题》,《经济研究参考》,1997 年第 45 期。

17.《邓小平的贫困与反贫困思想探讨》,《农业经济问题》,1997年第 4 期。

18.《论政府行为与"空心投资"——我国银企不良债务关系形成的原因探讨》,《兰州大学学报》,1997 年第 3 期。

19.《资源弹性理论与西部资源开发战略》,《经济学家》,1997 年第 4 期。

20.《国有控股公司与股市的脱节及利益转移》,《中国工业经济》,1997 年第 9 期。

21.《国有企业无形资产流失形式及其治理》,《青海师范大学学报(哲学社会科学学报)》,1998 年第 1 期。

22.《消除政府贫困：对财政供养人口适度比例的探讨》,《中国贫困地区》,1998 年第 5 期。

23.《我国行政事业单位收费制度改革的基本思路》,《财会研究》,1998 第 7 期。

24.《常规增长和超常规增长条件下的区域国有企业改革》,《理论与改革》,1998 年第 4 期。

25.《区域经济增长机制转换：误区及矫正——兼谈甘肃经济增长及战略决策的新思路》,《甘肃社会科学》,1999 年第 5 期。

26.《论通过结构大调整实现西部大开发》,《甘肃社会科学》,2000 年第 3 期。

27.《论当前西部民族地区大开发的宏观环境和应对策略》,《民族研究》,2000 年第 3 期。

28.《论西部大开发中政策支持的制度基础和体系创新》,《中共中央党校学报》,2000 年第 4 期。

29.《甘肃民族地区大开发的总体思路和战略设计》,《民族研究》,2001 年第 2 期。

30.《如何科学理解基础设施概念》,《甘肃社会科学》,2002 年第 2 期。

31.《重新认识西部开发中的基础设施建设》,《光明日报》,2002 年 11 月 20 日。

32.《以煤代赈与西部贫困地区农村生态建设的保障机制探讨》,《农业现代化研究》,2003 年第 2 期。

33.《中国西部民族自治地方城镇化的形成与发展模式探讨——对甘肃省阿克塞哈萨克族自治县的调查与思考》,《民族研究》,2003 年第 5 期。

34.《构建经济体系是西部小城镇建设的关键》,《小城镇建设》,

2003 年第 6 期。

35.《甘肃草业生态经济产业开发的可行性分析》,《草业科学》,2004 年第 7 期。

36.《中国西部干旱贫困县教育移民调查报告——兼论教育移民的政策意义和可行性》,《中国人口科学》,2006 年第 4 期。

37.《民勤县生态环境状况及水资源评价——对甘肃省民勤县以水定人的调查和分析》,《人口与经济》,2006 年第 6 期。

38.《贫困县教育移民的政策意义和可行性研究——以西部地区四个干旱贫困县为例》,《人口与经济》,2007 年第 3 期。

39.《基于生态足迹模型的西部少数民族地区可持续发展定量评估——以青藏高原东南缘四川甘孜藏族自治州为例》,《干旱区资源与环境》,2008 年第 12 期。

40.《河南省 1987—2006 年人口重心与经济重心的空间演变及对比分析》,《农业现代化研究》,2009 年第 1 期。

41.《陇东黄土高原 PREE 系统可持续发展动态分析——以甘肃省庆阳市为例》,《经济地理》,2009 年第 1 期。

42.《改革开放以来甘肃经济发展动态分析——基于产业结构演进的角度》,《人文地理》,2009 年第 2 期。

43.《论先进生产力的创新模式与工业部门三分法》,《生产力研究》,2009 年第 23 期。

44.《地震重灾区陇南乡村债务现状和化解方式探讨》,《财会研究》,2010 年第 1 期。

45.《西北地区农业生产的水成本评价及政策意义》,《农业现代化研究》,2012 年第 1 期。

46.《国内外农业生产的水成本评价及宏观决策意义》,《中国农村水利水电》,2012 年第 2 期。

47.《发达国家的技术战略和收益结构革命》,《甘肃社会科学》,2012 年第 4 期。

48.《中国经济学本土化发展的创新基点》,《中国党政干部论坛》,2013 年第 6 期。

49.《我国节水农业发展的新思路和新路径》,《中国节水》,2015 年第 4 期。

50.《论新动能的四个层次及其实践对策》,《生产力研究》,2018 年第 2 期。

51.《变革生产方式是实施乡村振兴战略的基础工程》,《生产力研究》,2018 年第 5 期。

52.《"新土改"与打造实力型农村企业同步推进的有效模式——甘肃省临夏州八坊清河源公司的调查报告》,《生产力研究》,2019 年第 1 期。

53.《异地搬迁扶贫中的土地整治与产业打造联动模式创新——甘肃省河西走廊地区国家级深度贫困县古浪县的调查报告》,《生产力研究》,2019 年第 2 期。

54.《中国经济学本土化发展的创新基点》,《中国党政干部论坛》,2013 年第 6 期。

55.《装备制造业应精准发力补短板》,《经济日报》,2016 年 10 月 6 日。

56.《中国农民与城市融合发展的演进》,《光明日报》,2016 年 12 月 29 日。

57.《加快构建现代农业三大体系》,《经济日报》,2017 年 12 月 22 日。

58.《市场条件下经济主要矛盾问题研究三大理论评述》,《甘肃社会科学》,2020 年第 1 期。

59.《西北黄河流域生态保护理念创新及重点项目设计》,《生产力研究》,2020 年第 3 期。

60.《习近平"百年未有之大变局"重要论述的历史形成逻辑》,《甘肃社会科学》,2021 年第 1 期。

61.《易地扶贫搬迁移民的后续帮扶:政策取向与政策重点》,《生产力研究》,2021 年第 7 期。

62.《论构建中国特色农村级"1+3"立体型治理体系》,《兰州学刊》,2022 年第 10 期。

(二)中国人民大学书报资料中心"复印报刊资料"全文转载论文

1.《把农村经济商品经济发展推向新阶段》,刊登于《兰州学刊》1984 年第 2 期;中国人民大学复印报刊资料《农业经济》1984 年第 9 期全文转载。

2.《一部中国式的社会主义经济学——学习《邓小平文选》的体会》,刊登于《理论教育》1987 年第 7 期;中国人民大学复印报刊资料《政治经济学(社会主义部分)》1987 年第 9 期全文转载。

3.《深化对马克思关于经济时代划分标志理论的研究》,刊登于《攀登》1988 年第 4 期;中国人民大学复印报刊资料《政治经济学(总论部分)》1989 年第 3 期全文转载。

4.《论粮价改革》,刊登于《价格理论与实践》1989 年第 6 期;中国人民大学复印报刊资料《商业经济 商业企业管理》1989 年第 9 期全文转载。

5.《中国农村微观经济基础的重塑与组织创新》,刊登于《甘肃理论学刊》1989 年第 2 期;中国人民大学复印报刊资料《农业经济》1989 年第 4 期全文转载。

6.《商品经济的发展阶段界定及社会性分析》,刊登于《社会科学(兰州)》1990 年第 2 期;中国人民大学复印报刊资料《政治经济学

（总论部分）》1990 年第 6 期全文转载。

7.《论国有制与商品经济的兼容渗透》，刊登于《祁连学刊》1990 年第 4 期；中国人民大学复印报刊资料《政治经济学（社会主义部分）》1990 年第 5 期全文转载。

8.《论我国工业产品结构调整的大方略》，刊登于《甘肃理论学刊》1990 年第 5 期；中国人民大学复印报刊资料《工业经济》1990 年第 11 期全文转载。

9.《论社会主义有计划商品经济的基本规定性》，刊登于《贵州社会科学》1990 年第 11 期；中国人民大学复印报刊资料《政治经济学（社会主义部分）》1990 年第 11 期全文转载。

10.《双层经营中集体积累机制的构想》，刊登于《农经理论研究（廊坊）》1990 年第 6 期；中国人民大学复印报刊资料《农业经济》1991 年第 1 期全文转载。

11.《中国农业基本生产要素的配置理论与对策选择》，刊登于《青海师范大学学报（科社版）》1991 年第 1 期；中国人民大学复印报刊资料《农业经济》1991 年第 6 期全文转载。

12.《计划调节与市场调节综合配置论——兼评计划与市场的"两个全覆盖论"》，刊登于《经济体制改革》1991 年第 5 期；中国人民大学复印报刊资料《国民经济计划管理》1991 年第 11 期全文转载。

13.《我国现行经济政策及其运行机制问题》，刊登于《青海师范大学学报（哲学社会科学版）》1992 年第 1 期；中国人民大学复印报刊资料《国民经济计划管理》1992 年第 5 期全文转载。

14.《中国改革进程中的经济政策选择》，刊登于《青海社会科学》1992 年第 5 期；中国人民大学复印报刊资料《国民经济计划管理》1992 年第 11 期全文转载。

15.《中国农业资源游离问题研究》，刊登于《生产力研究》1993 年

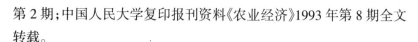

第 2 期；中国人民大学复印报刊资料《农业经济》1993 年第 8 期全文转载。

16.《中国农业劳动资源内向流失研究》，刊登于《青海师范大学学报（哲社版）》1993 年第 2 期；中国人民大学复印报刊资料《农业经济》1993 年第 8 期全文转载。

17.《论级差地租承包对我国农业总体开发的可行性》，刊登于《攀登》1993 年第 4 期；中国人民大学复印报刊资料《农业经济》1993 年第 10 期全文转载。

18.《关于贫困实质的七种观点及其简评》，刊登于《开发研究》1994 年第 3 期；中国人民大学复印报刊资料《农业经济》1994 年第 7 期全文转载。

19.《论邓小平的历史机遇意识与改革开放》，刊登于《青海师范大学学报（社科版）》1994 年第 1 期；中国人民大学复印报刊资料《毛泽东思想研究》1994 年第 5 期全文转载。

20.《保证宏观调控实效的关键是矫正政府行为》，刊登于《前进》1994 年第 1 期；中国人民大学复印报刊资料《农业政治》1994 年第 10 期全文转载。

21.《关于现代社会贫困实质的制度理论》，刊登于《农村经济与社会》1994 年第 5 期；中国人民大学复印报刊资料《社会主义经济理论与实践》1995 年第 1 期全文转载。

22.《论地方政府职能转换和机构改革中的扭曲行为》，刊登于《青海师范大学（哲学社会科学版）》1995 年第 3 期；中国人民大学复印报刊资料《中国政治》1995 年第 7 期全文转载。

23.《经济研究要慎提"接轨论"》，刊登于《经济学消息报》（成都）1995 年第 0818 期；中国人民大学复印报刊资料《社会主义经济理论与实践》1995 年第 9 期全文转载。

24.《论市场经济与资本负债经营模式》,刊登于《兰州大学学报
(社科版)》1995 年第 4 期;中国人民大学复印报刊资料《社会主义经
济理论与实践》1996 年第 1 期全文转载。

25.《国际金融市场模式及中国面临的新选择》,刊登于《财金贸
易》1996 年第 1 期;中国人民大学复印报刊资料《金融与保险》1996
年第 7 期全文转载。

26.《重新认识公有制与国有制的关系》,刊登于《青海师范大学
学报(哲学社会科学版)》1996 年第 1 期;中国人民大学复印报刊资
料《社会主义经济理论与实践》1996 年第 7 期全文转载。

27.《论国有制经济中的垄断权力结构》,刊登于《甘肃理论学刊》
1996 年第 1 期;中国人民大学复印报刊资料《社会主义经济理论与
实践》1996 年第 4 期全文转载。

28.《论经济运行中的第三种调节形式》,刊登于《江汉论坛》1996
年第 6 期;中国人民大学复印报刊资料《理论经济学》1996 年第 9 期
全文转载。

29.《论中国农村经济改革与运行中的成本结构》,刊登于《农业
经济问题》1996 年第 11 期,中国人民大学复印报刊资料《农业经济》
1997 年第 1 期全文转载。

30.《关于端正当前我国垄断和反垄断研究思路的几个问题》,刊
登于《兰州学刊》1997 年第 1 期,中国人民大学复印报刊资料《社会
主义经济理论与实践》1997 年第 4 期全文转载。

31.《我国运用 BOT 投资的可行性分析及对策选择》,刊登于《甘
肃理论学刊》1997 年第 2 期,中国人民大学复印报刊资料《投资与证
券》1997 年第 8 期全文转载。

32.《资源弹性理论与西部资源开发战略》,刊登于《经济学家》
1997 年第 4 期;中国人民大学复印报刊资料《国民经济理论与计划》

1997 年第 9 期全文转载。

33.《要准确认识和发展非公有制经济》,刊登于《兰州学刊》1998年第 1 期;中国人民大学复印报刊资料《社会主义经济理论与实践》1998 年第 6 期全文转载。

34.《中国扶贫资金来源结构及使用方式研究》,刊登于《农业经济问题》1998 年第 4 期;中国人民大学复印报刊资料《农业经济》1998 年第 9 期全文转载。

35.《论中国制度变迁中的成本分析方法——与樊纲、刘世锦等先生商榷》,刊登于《甘肃理论学刊》1999 年第 5 期,中国人民大学复印报刊资料《理论经济学》1999 年第 12 期全文转载。

36.《西部民族地区大开发中的资源供给能力分析》,刊登于《青海师范大学学报(哲学社会科学版)》2000 年第 2 期;中国人民大学复印报刊资料《中国地理》2000 年第 9 期全文转载。

37.《论西部大开发中国家政策与地方政策的协调》,刊登于《天水行政学院学报》2000 年第 3 期;中国人民大学复印报刊资料《社会主义经济理论与实践》2000 年第 11 期全文转载。

38.《论西部农业退耕计划的实施方略和政策支持》,刊登于《天水行政学院学报》2001 年第 1 期;中国人民大学复印报刊资料《农业经济学》2001 年第 8 期全文转载。

39.《中国小康社会建设的基础理论与实证分析》,刊登于《天水行政学院学报》2003 年第 4 期;中国人民大学复印报刊资料《社会主义经济理论与实践》2003 年第 11 期全文转载。

40.《西部民族县全面提升经济社会发展水平的模式与对策——甘肃省阿克塞、肃南、肃北三个民族自治县的调查报告》,刊登于《西北民族研究》2004 年第 1 期;中国人民大学复印报刊资料《民族问题研究》2004 年第 7 期全文转载。

41.《论乡镇企业向城镇搬迁聚集战略》,刊登于《甘肃理论学刊》2004 年第 4 期;中国人民大学复印报刊资料《乡镇企业、民营经济》2004 年第 9 期全文转载。

42.《西部民族地区分类建设小康社会的模型和对策研究》,刊登于《中南民族大学学报(人文社会科学版)》2005 年第 2 期;中国人民大学复印报刊资料《民族问题研究》2005 年第 5 期全文转载。

43.《核心技术控制权与我国国产化概念的科学界定》,刊登于《甘肃理论学刊》2008 年第 2 期;中国人民大学复印报刊资料《高新技术产业化》2008 年第 4 期全文转载。

44.《论经济增长冲动与经济增长陷阱》,刊登于《甘肃社会科学》2018 年第 6 期;中国人民大学复印报刊资料《国民经济管理》2019 年第 5 期全文转载。

(三)其他论文

1.《英国老年人的处境》,《西北人口》1981 年第 3 期,(译自英国《经济学家》周刊 1981 年 2 月 21—27 日号)。

2.《公元 2000 年后世界人口展望》,《西北人口》1982 年第 2 期(译自联合国人口活动基金杂志《POPULI》,1981 年第 2 期)。

3.《如何看待当前物价问题》,《理论学习》1982 年第 4 期。

4.《魁奈的再生产理论及其影响》,《理论学习》1983 年第 1 期。

5.《正确认识新时期知识分子地位和作用的指导性文献》,《理论学习》1983 年第 4 期。

6.《论刘少奇关于过渡时期经济结构的思想及其现实意义——学习刘少奇〈关于新中国的经济建设方针〉》,《理论学习》1983 年第 5 期。

7.《正确认识新时期知识分子地位和作用的指导性文献——学习〈邓小平文选〉的体会》,《甘肃教育》1983 年第 10 期。

8.《走有中国特色的社会主义经济建设道路——纪念毛泽东同

志诞辰九十周年》,《理论学习》1983 年第 6 期。

9.《马克思科学抽象法初探》,《兰州学刊》1983 年第 2 期。

10.《兰州市农业人口与耕地问题初探》,《甘肃经济论丛》1983 年第 4 期。

11.《浅谈当前农贷资金的投向问题》,《甘肃金融研究》1983 年第 11 期。

12.《计划工作的几个重要原则——学习周恩来同志关于经济计划工作的论述》,《理论学习》1985 年第 1 期。

13.《发展农村商品经济的得力助手》,《商经学刊》1985 年第 3 期。

14.《农村商品流通的一个重要补充形式——甘谷县农民贩运贸易的调查》,《社会科学》1986 年第 1 期。

15.《发展乡镇企业必须立足于农业——甘肃省河西三地区的调查》,《理论学习》1986 年第 1 期。

16.《所用资本和所费资本不等于固定资本和折旧》,《攀登》1986 年第 1 期。

17.《所有权与经营权长期分离会不会导致变相私有制》,《理论季刊》1986 年第 3 期。

18.《价值补偿和实物补偿不可分割——与宋涛等同志商榷》,《争鸣》1986 年第 4 期。

19.《关于确定适度的经济增长率问题——学习〈关于第七个五年计划的报告〉》,《理论学习》1986 年第 3 期。

20.《价格改革的目标模式》,《兰州学刊》1986 年第 4 期。

21.《对货币流通量规律补充公式的质疑》,《商经学刊》1986 年第 4 期。

22.《论我国第三产业价格标准的改革问题》,《商经学刊》1986年第 5 期。

23.《对马克思简单劳动和复杂劳动概念的理解》,《攀登》1986年第5期。

24.《关于劳动力商品和劳动力市场问题讨论综述》,《经济体制改革与研究信息》1986年。

25.《把马克思主义的方法论应用于经济改革理论的研究》,《理论教育》1986年第9期。

26.《试论国民财政与指导性计划的协调控制系统》,《甘肃财会》1987年第1期。

27.《平均利润率是价格调节社会总供求的基准》,《求真》1987年第2期。

28.《服务价值论若干问题辨析》,《商经学刊》1987年第4期。

29.《论我国西部财政结构及改革对策》,《财政研究资料(财政部)》1987年第1期。

30.《货币价值与商品价格》,《甘肃城市金融》1987年第3期。

31.《探讨货币和价格的关系需辨明的几个关系》,《攀登》1987年第4期。

32.《略议预算外资金的性质及财政资金的层次分割》,《甘肃财会》1987年第10期。

33.《发展甘肃乡镇企业之我见》,《开发研究》1987年第1期。

34.《论强化对国民财政的宏观调控机制》,《甘肃财会》1989年第1期。

35.《社会主义城市地租构成的理论》,《攀登》1988年第2期。

36.《论价值规律的作用机制》,《理论教育》1988年第10期。

37.《企业新技术开发的困境与对策》,《发展》1989年第3期。

38.《论利率操作的体制环境和条件序列》,《甘肃城市金融》1989年第3期。

39.《论农村改革的非经济障碍》,《经济与社会发展》1989 年第 6 期。

40.《经济体制改革的原因剖析和思路构想》,《甘肃理论学刊》1989 年。

41.《生产要素的组合机制与深化改革的思考》,《理论探索》1990 年第 1 期。

42.《关于农业规模经营及其道路的选择问题——兼与刘福垣同志商榷》,《长白学刊》1990 年第 1 期。

43.《公有制经济优势探源与重振》,《理论教育》1990 年第 7 期。

44.《贫困地区农村开发战略的失误及矫正》,《开发研究》1990 年第 3 期。

45.《中国农业规模经营的理性思考》,《开发研究》1990 年第 4 期。

46.《粮价改革的困难及战略对策》,《湖湘论坛》1990 年第 4 期。

47.《论我国工业产品结构调整的大方略》,《甘肃理论学刊》1990 年第 5 期。

48.《论计划导向型市场竞争》,《学习与探索》1990 年第 6 期。

49.《粮食购销价格的实证考查与改革思路》,《价格月刊》1990 年第 7 期。

50.《粮价改革有关问题之我见》,《成本与价格》1990 年第 6 期。

51.《端正研究社会主义优越性的思路和方法》,《理论教育》1990 年第 12 期。

52.《计划市场一体论》,《计划与市场》1990 年第 9 期。

53.《计划市场研究的理论矛盾和矫正思路》,《经济与计划研究》1990 年第 6 期。

54.《论货币流通量、币值与价格改革》,《甘肃经济管理干部学院学报》1990 年第 1 期。

55.《贫困地区农村开发战略的失误及矫正》,《开发研究》1990年第 3 期。

56.《论甘肃农村市场建设问题》,《发展》1990 年第 4 期。

57.《计划与市场操作运转的原则规定及其模拟形式探讨》,《理论与改革》1991 年第 3 期。

58.《我国产业结构趋同问题研究概略》,《甘肃理论学刊》1991 年第 3 期。

59.《论农村双层经营中集体经济的培育与管理问题》,《甘肃社会科学》1991 年第 6 期。

60.《产业政策的横向比较及其现实分析》,《理论教育》1991 年第 9 期。

61.《中国城郊产业结构问题探讨》,《经济管理研究》1991 年第 2 期。

62.《论弹性计划价格与市场价格的非均衡作用机制》,《兰州学刊》1992 年第 1 期。

63.《论分配的计划调节与市场调节》,《社科纵横》1992 年第 4 期。

64.《论对县经济运行的计划调节》,《甘肃理论学刊》1992 年第 2 期。

65.《论计划调节的涵义及层次结构》,《计划与市场》1992 年第 7 期。

66.《中国农村微观组织系统创新的战略构思》,《理论教育》1992 年第 11 期。

67.《论资源配置与结构调整的体制障碍》,《学习与探索》1992 年第 3 期。

68.《论商业计划调节与市场调节相结合》,《商经学刊》1992 年第 4 期。

69.《论计划投资与市场投资相结合》,《投资》1992 年第 2 期。

70.《论财政政策调节与市场调节的交融》,《财会研究》1992 年第 7 期。

71.《计划调节与市场调节的中观与微观涵义》,《经济与计划研究》1992 年第 11 期。

72.《论中国农村改革中的市场失衡》,《汉中师院学报(哲学社会科学版)》1992 年第 4 期。

73.《市场经济若干理论问题研究论纲》,《甘肃理论学刊》1993年第 1 期。

74.《中国农业开发中自然资源的价值补偿和再生机制》,《开发研究》1992 年第 4 期。

75.《论农村双层经营与商品经济原则》,《当代财经》1992 年第11 期。

76.《经济改革的思路调整与难点透视——析计划与市场模式的选择》,《浙江城市金融》1992 年第 10 期。

77.《商品经济中劳动主体的分配对象和分配原则新议》,《攀登》1992 年第 5 期。

78.《论国有大中型企业物资供应的改革》,《经济管理研究》1992 年第 4 期。

79.《中国农村市场取向改革的宏观思考》,《贵州社会科学》1992 年第 10 期。

80.《市场经济若干理论问题研究论纲》,《甘肃理论学刊》1993年第 1 期。

81.《评计划与市场的"两个全覆盖论"》,《榆林高等专科学校学报》1993 年第 1 期。

82.《正确处理新形势下农村工作中的几个关系》,《甘肃理论学刊》1993 年第 2 期。

83.《论市场向市场经济的历史过渡》,《学习与探索》1993 年第 3 期。

84.《甘肃中部干旱地区反贫困战略构思》,《开发研究》1993 年第 2 期。

85.《论中国特色的市场负债经营机制》,《财经贸易》1993 年第 8 期。

86.《中国农业改革阶段推进的市场价值与市场政策分析》,《青海社会科学》1993 年第 5 期。

87.《农村废弃耕地的经济潜力急需挖掘》,《国土经济》1993 年第 4 期。

88.《中西方宏观调控理论比较研究》,《江汉论坛》1994 年第 6 期。

89.《国有制经济产权转换研究中的理论误区》,《理论探索》1994 年第 1 期。

90.《非政府渠道农民负担的相关思考》,《甘肃农业》1994 年第 6 期。

91.《论甘肃农业资源择优配置的总思路》,《甘肃理论学刊》1994 年第 4 期。

92.《市场资源论》,《投资》1994 年第 6 期。

93.《论中国经济运行中的市场投机》,《财金贸易》1994 年第 3 期。

94.《国有制经济产权转换研究中的理论误区——关于当前企业改革与产权问题有关论点的评述》,《理论导刊》1994 年第 1 期。

95.《论当代世界经济总运行模式的大转换——二次大战后西方发达国家国有经济向私营经济的回归及其对全球改革的辐射》,《甘肃社会科学》1994 年第 1 期。

96.《论宏观改革与宏观调控》,《理论与改革》1994 年第 4 期。

97.《关于现代社会贫困实质的制度假说》,《青海社会科学》1994年第 5 期。

98.《用新政策新思维指导外资引进工作》,《市场经济研究》1994年第 3 期。

99.《论九十年代中国西部内陆沿边省区调整外资政策的大方略》,《开发研究》1995 年第 2 期。

100.《"金昌模式"与西部城市发展战略》,《兰州学刊》1995 年第 4 期。

101.《城市经济社会对接论——中国西部单元型工业城市发展战略研究》,《柴达木开发研究》1995 年第 4 期。

102.《东亚奇迹是真是假?》,《发展》1995 年第 8 期。

103.《2000 年前后中国贫困与反贫困研究展望》,《开发研究》1995年第 5 期。

104.《论中国市场改革与建设中的错位现象》,《甘肃社会科学》1995 年第 6 期。

105.《论社会主义市场经济条件下的失业问题》,《市场经济导刊》1995 年第 2 期。

106.《用宏观改革保证宏观调控》,《市场经济研究》1993 年第 4期。

107.《论国有制经济中的垄断行为与内部人控制》,《前进》1996年第 1 期。

108.《走出传统公有制概念的樊篱》,《发展》1996 年第 3 期。

109.《我国不发达地区人口发展中的逆向运动——甘肃省庆阳地区的调查与分析》,《西北人口》1996 年第 2 期。

110.《政府行为、空心投资与银企债务关系的调整》,《青海社会科学》1996 年第 3 期。

111.《我国资源中长期开发的思路与战略分析》,《兰州学刊》1996年第 3 期。

112.《中国西北地区缩小东西部差距与实现社会稳定对策研究（上）》,《柴达木开发研究》1996 年第 4 期。

113.《中国西北地区缩小东西部差距与实现社会稳定对策研究（下）》,《柴达木开发研究》1996 年第 5 期。

114.《对陇东农村贫困与反贫困实况的调查与思考》,《社科纵横》1996 年第 5 期。

115.《论农产品定价方式中的交易条件和交易成本》,《开发研究》1996 年第 5 期。

116.《中国外资进入的十大效应分析》,《青海师范大学学报（哲学社会科学版）》1996 年第 4 期。

117.《国企改革要注意培育区域优势》,《发展》1996 年第 11 期。

118.《中国资源游离问题研究》,《青海师专学报》1996 年第 4 期。

119.《我国不发达地区人口发展中的逆向运动》,《西北人口》1996 年第 2 期。

120.《汇率贬值的负效应及相关因素分析》,《甘肃金融》1996 年第 5 期。

121.《论国有制经济中的垄断权力结构》,《甘肃理论学刊》1996年第 1 期。

122.《农村富帮贫的基本形式和政策引导》,《甘肃农业》1997 年第 2 期。

123.《富帮贫要规范化和合理化》,《发展》1997 年第 3 期。

124.《国外直接投资的区域选择与西部地区的经济发展》,《贵州社会科学》1997 年第 2 期。

125.《市场经济与失业现象》,《发展》1997 年第 8 期。

126.《扶贫资金应由县扶贫基金会统一管理》,《发展》1997 年第 8 期。

127.《国有企业无形资产流失形式及其治理》,《青海师范大学学报(哲学社会科学学报)》1998 年第 1 期。

128.《我国运用 BOT 投资的可行性分析及对策选择》,《甘肃理论学刊》1997 年第 2 期。

129.《论国有资产、国有资本与国有财产——兼谈国有资产保值增值概念的有效性》,《前进》1998 年第 6 期。

130.《区际自由贸易条件下的净利益分配——兼谈区域保护的政策含义》,《甘肃理论学刊》1998 年第 5 期。

131.《我省国有资产重组面临的结构性矛盾及治理对策》,《甘肃税务》1999 年第 11 期。

132.《论国有资产重组的有效范围和有效方式》,《时代学刊》1999 年第 2 期。

133.《西北区域经济发展战略和政策取向》,《柴达木开发研究》1999 年第 5 期。

134.《区域经济增长机制转换:误区及矫正》,《甘肃社会科学》1999 年第 5 期。

135.《论买方市场条件下我国农业发展战略的调整》,《天水行政学院学报》2000 年第 1 期。

136.《论宏观经济政策调整中的民族地区差距及其成因——兼论西部大开发的制度性障碍》,《青海师专学报》2000 年第 2 期。

137.《通过结构大调整实现西部大开发》,《理论视野》2000 年第 2 期。

138.《论甘肃农业退耕计划的实施策略》,《甘肃理论学刊》2000 年第 2 期。

139.《西部民族地区大开发的思路整理》,《柴达木开发研究》2000年第 2 期。

140.《西部开发资本的形成及其运用策略》,《攀登》2000 年第 6 期。

141.《论西部问题与西部开发》,《西部论丛》2000 年第 2 期。

142.《甘肃农业可持续发展面临的挑战、机遇及对策》,《甘肃理论学刊》2000 年第 2 期。

143.《论西部开发资本的形成渠道及投融资的政策支持》,《甘肃金融》2000 年第 12 期。

144.《科技创新的新思路与新对策》,《甘肃日报》2000 年 11 月 12日。

145.《如何扩大我省利用外资的范围》,《甘肃经济日报》2000 年5 月 19 日。

146.《西部大开发需要深入研究的八个问题》,《甘肃理论学刊》2001 年第 5 期。

147.《建设中药大省的思路和对策》,《时代学刊》2002 年第 2 期。

148.《谈分成税制与西部中小企业的资产重组》,《甘肃税务》2002年第 12 期。

149.《十六大报告中新的经济思想和经济发展战略》,《经济与管理论丛》2003 年第 2 期。

150.《我国民族经济扶持政策的历史与实践基础》,《柴达木开发研究》2003 年第 2 期。

151.《中国 2000 年城乡小康社会指标实证分析与比较》,《甘肃理论学刊》2003 年第 3 期。

152.《中国实施统筹发展的十个瓶颈》,《前进》2004 年第 1 期。

153.《统筹发展的关键是要保证能量平衡和策略组合》,《中国民营科技与经济》2004 年第 12 期。

154.《中国分类建设小康社会的模型分析》,《重庆工商大学学报》2004 年第 4 期。

155.《西部民族地区实施统筹发展战略的数量模型研究》,《中共银川市委党校学报》2004 年第 3 期。

156.《中国小康社会建设的经济纲领》,《天水行政学院学报》2004 年第 4 期。

157.《西部地区民间资本启动机制及策略研究》重庆工商大学学报》2005 年第 4 期。

158.《西北地区统筹发展的能量评估和对策选择》,《社科纵横》2005 年第 2 期。

159.《民族地区制定"十一五"规划的十个导向问题》,《柴达木开发研究》2004 年第 6 期。

160.《青藏铁路贯通对西藏发展的影响及其应对策略》,《重庆工商大学学报》2006 年第 3 期。

161.《我国城乡经济实体的名称急需规范》,《前进》2006 年第 7 期。

162.《以煤代赈:西部生态环境建设的新探索》,《发展》2002 年第 3 期。

163.《甘肃小城镇经济体系构造新思路》,《发展》2003 年第 5 期。

164.《政府运作与县域工业园发展的有效途径》,《发展》2003 年第 10 期。

165.《构建甘肃省企业集群的策略》,《发展》2003 年第 8 期。

166.《市场有效性原理与中国产业结构评价的数量模型》,《甘肃理论学刊》2004 年第 1 期。

167.《对甘肃省项目建设的几点建议》,《甘肃内参》2004 年第 1 期。

168.《要充分认识构建民族县产业创新体系的重要性》,《甘肃内参》2004 年第 42 期。

169.《定西县域农业经济发展模式调研》,《发展》2004 年第 5 期。

170.《西藏城镇化发展的新思路》,《西部论丛》2006 年第 5 期。

171.《对民间资本的解读和估量》,《西部论丛》2005 年第 7 期。

172.《我国中长期发展保障能力的评估理论和方法》,《西部论丛》2005 年第 5 期。

173.《"十一五":西部开发的整型期》,《西部论丛》2005 年第 12 期。

174.《2000—2005:西部大开发战略的实施评估》,《西部论丛》2005 年第 6 期。

175.《对"内蒙古现象"的全方位思考》,《西部论丛》2006 年第 12 期。

176.《西部经济增长方式转变的战略对策》,《西部论丛》2006 年第 8 期。

177.《西部收入偏低亟待改革》,《西部论丛》2006 年第 9 期。

178.《推进甘肃省新农村建设的五点思路》,《发展》2006 年第 5 期。

179.《西部区域生态移民的科学性和运作模式》,《天水行政学院学报》2006 年第 5 期。

180.《研究资源型城市经济转型的十个前沿问题》,《甘肃理论学刊》2005 年第 1 期。

181.《论西部欠发达地区新农村建设的模式和对策》,《甘肃理论学刊》2006 年第 5 期。

182.《振兴我省装备制造业的战略选择(上、下)》,《甘肃日报》2007 年 3 月 21 日和 28 日。

183.《我省对外开放的新思路和战略选择》,《甘肃日报》2007 年 9 月 5 日。

184.《加工出口：中国农业产业化的高级形式》,《甘肃理论学刊》2007 年第 3 期。

185.《中国西部地方特色农产品加工出口的旱码头》,《开发研究》2007 年第 1 期。

186.《青藏铁路对西藏人口发展的影响和对策研究》,《重庆工商大学学报》2007 年第 1 期。

187.《为"海归"搭建创业平台》,《西部论丛》2007 年第 4 期。

188.《中国西部民族地区经济开放度评价及战略选择》,《天水行政学院学报》2007 年第 4 期。

189.《甘孜藏族自治州可持续发展能力分析》,《柴达木开发研究》2007 年第 6 期。

190.《1981—2005：中国经济增长拉动力的结构分析》,《重庆工商大学学报》2007 年第 5 期。

191.《科学发展关键在提高政府能力》,《甘肃日报》2008 年 2 月 6 日。

192.《政府债务控制研究》,《甘肃日报》2008 年 3 月 12 日。

193.《用开放战略振兴装备制造业》,《甘肃日报》2008 年 3 月 9 日。

194.《中国改革开放 30 年的成功模式》,《甘肃日报》2008 年 4 月 30 日。

195.《中国 30 年经济发展的成功模式与战略》,《甘肃日报》2008 年 5 月 7 日。

196.《继续解放思想重在创新发展战略》,《甘肃日报》2008 年 5 月 28 日。

197.《我省区域经济发展模式的成功转型》,《甘肃日报》2008 年

12 月 10 日。

198.《我省农村三十年改革发展回顾》,《甘肃日报》2008 年 12 月 24 日。

199.《对我国农民工返乡创业问题的经济学思考》,《青海师范大学学报》2008 年第 5 期。

200.《构建扶持农民工返乡创业的政策体系》,《柴达木开发研究》2008 年第 6 期。

201.《中国西部农民工返乡创业的现状和对策》,《天水行政学院学报》2008 年第 6 期。

202.《适应新的形势,调整劳务战略》,《甘肃日报》2009 年 3 月 11 日。

203.《科举:科技强国梦中的拦路虎》,《西部论丛》2009 年第 2 期。

204.《应对美国金融危机的战略视角》,《前进》2009 年第 4 期。

205.《和谐社会需要和谐的经济学用语》,《青海师专学报》2009 年第 1 期。

206.《基于工业生产力推动机制的工业部门划分设想》,《重庆工商大学学报》2009 年第 2 期。

207.《中国西部转变经济发展方式的成功范例》,《甘肃理论学刊》2009 年第 2 期。

208.《甘肃人力资源开发战略总结与宏观改进》,论文集,甘肃人民出版社 2009 年 5 月。

209.《甘肃省西端城市科学布局的依据和政策建议》,《甘肃社会科学》2009 年第 3 期。

210.《甘肃省民勤县生态移民研究报告》,人口发展论坛文集,中国人口出版社 2006 年 5 月。

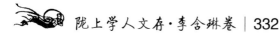

211.《西部民族县产业创新体系构建模式研究》,《甘肃行政学院学报》2006 年第 3 期。

212.《10 组数据勾勒 2007 发展图景》,《甘肃日报》2007 年 1 月 28 日。

213.《发展步入快车道》,《甘肃日报》2008 年 1 月 21 日。

214.《2009 年甘肃发展步伐更加坚定》,《甘肃日报》2009 年 1 月 14 日。

215.《甘肃洮商研究》,《甘肃日报》2009 年 7 月 15 日。

216.《拯救西部农村高中教育》,《西部论丛》2009 年第 9 期。

217.《中国藏区人口与经济协调发展的战略模式选择》,《柴达木开发研究》2009 年第 5 期。

218.《论直销农业是我国发展现代农业的高级形式》,《甘肃理论学刊》2009 年第 5 期。

219.《可持续发展考量政府执政能力》,《人民日报内部参考》2009 年 8 月 14 日。

220.《科学理解中心带动战略》,《甘肃日报》2009 年 11 月 11 日。

221.《科学实施结构调整提升战略》,《甘肃日报》2009 年 12 月 21 日。

222.《地震重灾区陇南市乡村债务现状和化解方式探讨》,《财会研究》2010 年第 1 期。

223.《中国藏族聚居区人口与经济协调发展水平评价》,《青海民族大学学报》2010 年第 1 期。

224.《领导干部要树立科学的任期观》,《前进》2009 年第 11 期。

225.《宏观经济政策变化对民族地区制定"十二五"规划的影响》,《柴达木开发研究》2010 年第 2 期。

226.《试论"产值分配率"概念及其重要意义》,《青海师范大学学报》2010 年第 2 期。

227.《西部大开发战略的经验总结与实践反思》,《甘肃理论学刊》2010 年第 3 期。

228.《陇南市灾后重建与人口迁移现状分析》,《天水行政学院学报》2010 年第 1 期。

229.《区域发展中三农战略的新选择》,《甘肃日报》2010 年 3 月 17 日。

230.《我省区域农业农村发展的新部署和新战略》,《甘肃日报》2010 年 2 月 10 日。

231.《实施发展战略要紧靠国家项目》,《甘肃日报》2010 年 1 月 6 日。

232.《我省总体小康进程的对策》,《甘肃日报》2010 年 5 月 11 日。

233.《中国农村人口流动性压力的形成及其化解基础》,《西部论坛》2010 年第 4 期。

234.《甘肃省循环经济总体规划思路和发展重点》,《西部论丛》2010 年第 8 期。

235.《科学制定十二五发展规划的政策依据》,《社科纵横》2010 年第 7 期。

236.《清洁能源建设是我省加快转变经济发展方式的重要途径》,《甘肃日报》2010 年 11 月 23 日。

237.《中国农村三大基本资源的"不值钱现象"分析》,《天水行政学院学报》2010 年第 5 期。

238.《培养造就高素质党政人才队伍》,《甘肃日报》2010 年 12 月 30 日。

239.《关键在于转变经济发展方式》,《甘肃日报》2011 年 1 月 15 日。

240.《对我省开发区发展决策的思考》,《甘肃日报》2011 年 4 月 18 日。

241.《我省文化产业发展的三个视角》,《甘肃日报》2011 年 11 月 28 日。

242.《论构建"酒海哈"国家级经济区的战略意义和可行性》,《柴达木开发研究》2011 年第 5 期。

243.《保水农业:西北民族地区发展节水农业的大方向》,《柴达木开发研究》2011 年第 2 期。

244.《当前国外节水农业技术的新进展及启示》,《天水行政学院学报》2011 年第 4 期。

245.《影响分配公平的四大非直接分配要素》,《前进》2011 年第 3 期。

246.《当前部分国家农业用水价格政策概述及启示》,《甘肃金融》2011 年第 10 期。

247.《国外节水农业的财政扶持政策及启示》,《财会研究》2011 年第 13 期。

248.《论当前我国国民收入的两次分配现状和政策建议》,《甘肃理论学刊》2011 年第 1 期。

249.《改革开放 33 年以来我党干部制度和领导理念的不断创新和难题消解》,甘肃省纪念中国共产党成立 90 周年理论研讨会论文集,甘肃人民出版社 2011 年 9 月。

250.《兰州文化产业发展的战略定位》,兰州日报 2011 年 12 月 8 日。

251.《西部农村的"文化缺口"现象和城乡互补发展模式》,《天水行政学院学报》2012 年第 2 期。

252.《甘肃实现跨越发展的四个重点》,《发展》2012 年第 4 期。

253.《甘肃省退耕还林还草后续产业开发的成功模式》,《发展》2012 年第 3 期。

254.《我国"三农"问题发展陷入新怪圈》,《甘肃农业》2012 年第 7 期。

255.《甘肃省草产业与畜牧业同步发展模式探讨》,《甘肃金融》2012 年第 4 期。

256.《新型农村金融机构经营情况调查》,《甘肃金融》2012 年第 7 期。

257.《西部退耕还林(草)后续产业财政扶持政策的实践创新》,《财会研究》2012 年第 9 期。

258.《改革农业水价政策是促进节水农业发展的重要举措》,《社科纵横》2012 年第 7 期。

259.《美国的国家技术战略和政策体系及启示》,《甘肃理论学刊》2012 年第 1 期。

260.《甘肃陇南市灾后重建与人口迁移的现状及对策》,《甘肃理论学刊》2012 年第 4 期。

261.《我国农村经济扶持政策体系亟待创新》,《甘肃农业》2012年第 9 期。

262.《西北地区旱作节水农业的技术支撑和策略优化》,《柴达木开发研究》2012 年第 1 期。

263.《直销农业的双重功能及其实施对策》,《前进》2012 年第 3 期。

264.《兴平路街道:"三民直通车"为民服务重实效》,《党的建设》2012 年第 2 期。

265.《最大矛盾是发展不足》,《甘肃日报》2012 年 2 月 29 日。

266.《"五大工程"规划文化大省建设新蓝图》,《甘肃日报》2012

年5月4日。

267.《提升开放水平　促进转型跨越》,《甘肃日报》2012年5月30日。

268.《跨越发展的几个重点问题探讨》,《甘肃日报》2012年3月5日。

269.《在政策机遇中挖掘发展潜力》,《甘肃日报》2012年3月21日。

270.《在区域联合中推进转型跨越发展》,《甘肃日报》2012年5月24日。

271.《破解发展难题　突出发展重点》,《甘肃日报》2012年1月10日。

272.《推动文化大发展大繁荣是个系统工程》,《甘肃日报》2012年6月12日。

273.《甘肃扶贫开发的新要求和新蓝图》,《甘肃日报》2012年8月17日。

274.《浙江经验对甘肃经济发展的启示》,《甘肃日报》2012年9月5日。

275.《十八大报告中的经济思想和决策理念》,《甘肃日报》2012年12月10日。

276.《继续深入实施"中心带动、两翼齐飞、组团发展、整体推进"的区域发展战略》,《甘肃省第十二次党代会精神学习辅导读本》,甘肃人民出版社2012年5月。

277.《促进政府与市场关系的科学配置是体制改革的重大任务》,《甘肃金融》2013年第1期。

278.《实施倍增计划的雄厚现实基础》,《柴达木开发研究》2012年第6期。

279.《破解甘肃缺水与用水难题需要新思维》,《甘肃日报》2013年2月8日。

280.《重现甘肃华夏文明的历史辉煌》,《甘肃日报》2013年3月6日。

281.《中国"三西"扶贫30年的光辉历程》,《甘肃农业》2013年第3期。

282.《十八大报告对中国特色社会主义经济学的创新发展》,《甘肃理论学刊》2013年第2期。

283.《西方世界国家战略的历史演变和启示》,《天水行政学院学报》2013年第1期。

284.《西部民族地区草产业与畜牧业同步推进模式探讨》,《柴达木开发研究》2013年第2期。

285.《试论全省金融业跨越式发展的科学决策》,《甘肃金融》2013年第4期。

286.《坚持计划生育是实现中国梦的重要条件》,《甘肃日报》2013年4月25日。

287.《旅游产业要与民生工程融合发展》,《甘肃日报》2013年6月24日。

288.《消除对计划生育政策的认识误区》,《柴达木开发研究》2013年第3期。

289.《金融业需要率先转型跨越发展》,《甘肃日报》2013年7月22日。

290.《陕甘宁革命老区振兴:六方融合》,《西部大开发》2013年第7期。

291.《创新领导干部管理制度的难题和政策建议》,《新经济》2013年第7期。

292.《生态文明建设的六个决策纬度》,《甘肃日报》2013 年 7 月 29 日。

293.《板块模式与甘肃经济增长极的整型培育》,《甘肃日报》2013 年 8 月 19 日。

294.《绚丽甘肃需要打造一大批经济强镇》,《甘肃日报》2013 年 11 月 6 日。

295.《贫困地区农村发展公司制农场的有效模式》,《甘肃农业》2013 年第 20 期。

296.《坚持科学调研》,《甘肃日报》2013 年 12 月 11 日。

297.《找准甘肃西向战略的经济对接口》,《甘肃日报》2013 年 12 月 13 日。

298.《富民产业的评价标准和现实优选》,《甘肃日报》2013 年 12 月 20 日。

299.《双层代理制:处理好政府与市场关系的新思路》,《甘肃日报》2014 年 3 月 3 日。

300.《贫困农村发展公司制农场的有效形式》,《甘肃日报》2014 年 6 月 27 日。

301.《公路畅通也是民生期待》,《甘肃日报》2014 年 6 月 25 日。

302.《甘肃整体融入丝路经济带建设的思考》,《甘肃日报》2014 年 1 月 31 日。

303.《中共十八届三中全会〈决定〉的经济思想和决策理念》,《柴达木开发研究》2014 年第 1 期。

304.《中国市场经济体制成熟定型的判断标志》,《天水行政学院学报》2014 年第 1 期。

305.《甘肃省新一轮经济改革的重点难点和举措》,《财会研究》2014 年第 2 期。

306.《论规划和实施甘肃"西向战略"》,《甘肃金融》2014年第2期。

307.《甘肃省小额信贷公司发展现状及对策探讨》,《甘肃金融》2014年第7期。

308.《准确领会"改革进入攻坚期和深水区"的内涵》,《社科纵横》2014年第3期。

309.《不断激发全社会的发展动力和创造活力》,《社科纵横》2014年第8期。

310.《生态环境保护与治理的顶层设计需要新理念》,《农业科技与信息》2014年第18期。

311.《陕甘宁革命老区如何融入丝路经济带建设》,《西部大开发》2014年第10期。

312.《贫困人口移民后的贫困延续现象和扶贫方式选择》,《甘肃农业》2014年第1期。

313.《对甘肃省培育新型职业农民的战略思考》,《甘肃农业》2014年第2期。

314.《建设河西走廊国家级节水农业示范区的研究》,《甘肃农业》2014年第3期。

315.《加快构建甘肃省新型农业经营体系的战略思考》,《甘肃农业》2014年第4期。

316.《论甘肃富民产业评价优选和战略导向》,《甘肃农业》2014年第5期。

317.《我国节水农业的技术成本和政策导向研究》,《甘肃农业》2014年第6期。

318.《甘肃省旱作节水农业运行模式研究》,《甘肃农业》2014年第7期。

319.《甘肃省设施农业发展现状和对策探讨》,《甘肃农业》2014年第 9 期。

320.《甘肃省发展林下经济的对策探讨》,《甘肃农业》2014 年第 10 期。

321.《甘肃省农业低炭发展现状和对策探讨》,《甘肃农业》2014 年第 11 期。

322.《甘肃省草食畜牧业发展现状和对策探讨》,《甘肃农业》2014 年第 12 期。

323.《双层代理制:解决政资政企分开的有效形式》,《中央党校内参》2015 年第 3 期。

324.《西部民族地区编制"十三五"规划的若干关键问题》,《柴达木开发研究》2014 年第 12 期。

325.《当前人才工作的六个"错位现象"》,《人事政策法规专刊》2015 年第 4 期。

326.《西部农村工商资本投资现代种养业的运作模式》,《开发研究》2015 年第 5 期。

327.《甘肃农垦农业发展现状和对策探讨》,《甘肃农业》2014 年第 20 期。

328.《甘肃省出口农业发展现状和对策探讨》,《甘肃农业》2014 年第 21 期。

329.《甘肃省农产品加工业发展现状和的探讨》,《甘肃农业》2014 年第 22 期。

330.《甘肃省制种农业发展现状和对策探讨》,《甘肃农业》2014 年第 24 期。

331.《新常态条件下西部民族地区产业基地的构建创新》,《柴达木开发研究》2015 年第 1 期。

332.《甘肃省"十三五"农业发展规划的编制思路和重点》,《农业科技与信息》2015 年第 6 期。

333.《甘肃省"十三五"时期民族地区经济快速发展的新选择》，《农业科技与信息》2015 年第 7 期。

334.《中国发展节水农业需要新思路和新路径》，《农业科技与信息》2015 年第 8 期。

335.《中国西部产业基地构建对策探讨》，《农业科技与信息》2015 年第 9 期。

336.《西部民族地区工商资本投资农村现代种养业的有效模式》，《甘肃理论学刊》2015 年第 3 期。

337.《毛泽东思想形成与发展的战略视角》，《天水行政学院学报》2015 年第 3 期。

338.《直销农业是增加农民收入的重要选择》，《西部大开发》2015 年第 5 期。

339.《甘肃省"十三五"规划的编制新思路和决策创新点》，《社科纵横》2015 年第 2 期。

340.《试论分类提升甘肃省产业基地建设水平问题》，《社科纵横》2015 年第 6 期。

341.《新常态下民族地区发展的挑战与机遇》，《甘肃日报》2015 年 1 月 26 日。

342.《构建新型农业经营体系的模式选择》，《甘肃日报》2015 年 3 月 9 日。

343.《盘活农村资源建立新型农业经营体系》，《甘肃日报》2015.2.2。

344.《新常态下经济效益增长的多极选择》，《甘肃日报》2015 年 8 月 3 日。

345.《决策我省"十三五"水战略的八个新纬度》，《甘肃日报》2015

年 8 月 24 日。

346.《分类提升我省产业基地的建设水平》,《甘肃日报》2015 年
8 月 31 日。

347.《增强智库竞争力在于提升智力资本》,《党政干部参考》2015
年第 12 期。

348.《"一带一路"战略给我省发展提供的重大机遇》,《党的建设》
2015 年第 6 期。

349.《小额信贷支持藏区农村产业发展的有效模式》,《甘肃金融》
2015 年第 9 期。

350.《试论社科理论界在智库建设中的重要职责》,《社科纵横》
2015 年第 9 期。

351.《甘肃优秀传统文化的辨识与当代价值开发》,《甘肃日报》
2015 年 10 月 12 日。

352.《打造中国发展模式的升级版》,《甘肃日报》2015 年 11 月 6
日。

353.《中国式农民与城市融合发展的三种基本模式》,《甘肃理论
学刊》2015 年第 5 期。

354.《试论农村建设现代企业制度的必要性》,《甘肃农业》2015
年第 22 期。

355.《西部贫困片区工商资本投资农村种养业的实践模式研究》,
《天水行政学院学报》2015 年第 5 期。

356.《贫困县要切实抓好高质量项目库建设》,《甘肃日报》2015
年 10 月 19 日。

357.《加快实施"小产品大产业"农业现代化战略》,《甘肃日报》
2015 年 11 月 1 日。

358.《兰州转型发展的新机遇》,《西部大开发》2015 年第 8 期。

359.《新常态视阈下甘肃省经济发展的六个阶段性特征及其决策应对》,《社科纵横》2015 年第 12 期。

360.《农业供给侧改革的关键是治理"产能过剩"》,《甘肃农业》2016 年第 5 期。

361.《甘肃省精准扶贫的实践模式探索》,《甘肃农业》2016 年到第 13 期。

362.《贫困人口集中片区供给侧的"短板"及其消解》,《甘肃农业》2016 年第 15 期。

363.《我国山地农村实施梯田改造升级工程的可行性分析》,《天水行政学院学报》2016 年第 4 期。

364.《推进我省供给侧改革的重点和路径》,《党的建设》2016 年第 5 期。

365.《甘肃省金融扶贫的现状和运作模式创新》,《甘肃金融》2016 年第 2 期。

366.《"数"说中国"十三五"时期的若干奋斗目标》,《社科纵横》2016 年第 2 期。

367.《2016 年我省经济工作十大重点分析》,《甘肃日报》2016 年 3 月 7 日。

368.《供给侧改革要聚焦消解"产能过剩"》,《甘肃日报》2016 年 3 月 28 日。

369.《我省装备制造业"补短板"对策选择》,《甘肃日报》2016 年 6 月 27 日。

370.《去产能要注意分类指导精准施策》,《甘肃日报》2016 年 11 月 7 日。

371.《多角度把握和培育我省城镇化的"新"》,《甘肃日报》2016 年 11 月 14 日。

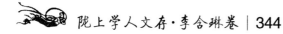

372.《实施"五水战略",破除最大制约》,《甘肃日报》2016年1月22日。

373.《发展直销农业 普惠城乡民众》,《甘肃日报》2016年2月15日。

374.《做合格党员必须读好书补足"钙"》,《甘肃日报》2016年6月29日。

375.《构筑从展会到产业的转型纽带》,《甘肃日报》2016年7月29日。

376.《构建我省经济基础的六个新体系》,《甘肃日报》2016年11月25日。

377.《构建制度建党的新框架新机制》,《甘肃日报》2016年12月2日。

378.《甘肃省优化国土空间开发格局的思路与对策》,《甘肃理论学刊》2016年第5期。

379.《中国农业提早防治"产能过剩"问题刍议》,《柴达木开发研究》2016年第5期。

380.《论中国式攻坚期改革重在提升制度竞争力》,《甘肃理论学刊》2017年第3期。

381.《党的十九大报告对中国特色社会主义经济学的创新发展》,《甘肃理论学刊》2017年第6期。

382.《敦煌市升格为地级市的可行性构想》,《开发研究》2017年第3期。

383.《加强对农村金融扶贫的风险防范工作迫在眉睫》,《甘肃金融》2017年第7期。

384.《结构优化重在提高技术创新能力》,《前进》2017年第9期。

385.《牛羊副产品深加工是个大产业》,《甘肃农业》2017年第

11 期。

386.《加强易地扶贫迁出区荒芜土地整治势在必行》,《甘肃农业》2017 年第 12 期。

387.《民族地区农业供给侧改革防范产能过剩刍议》,《柴达木开发研究》2017 年第 2 期。

388.《全面深化改革中政府权力重组的五条主线》,《天水行政学院学报》2017 年第 1 期。

389.《略论敦煌国际文博会与向西开放的关系层次》,《丝绸之路》2017 年第 10 期。

390.《推进精准扶贫一定要念好"四经"》,《党的建设》2017 年第 10 期。

391.《加速提升我省未来发展的软实力》,《甘肃日报》2017 年 1 月 13 日。

392.《激发改革与创新的动力活力》,《甘肃日报》2017 年 12 月 15 日。

393.《夯实县域经济基础的六大战略》,《甘肃日报》2017 年 2 月 10 日。

394.《分类推进我省实体经济的发展》,《甘肃日报》2017 年 5 月 17 日。

395.《移风易俗是精准扶贫的重要补充》,《甘肃日报》2017 年 7 月 12 日。

396.《着力培育我省发展的六种新动能》,《甘肃日报》2017 年 7 月 31 日。

397.《努力打造经济发展新格局》,《甘肃日报》2017 年 1 月 10 日。

398.《我省中长期经济发展战略决策的聚焦点》,《甘肃日报》2017 年 2 月 24 日。

399.《甘肃攻坚改革的六个突破口》,《甘肃日报》2017 年 4 月 21 日。

400.《实力扶贫是建立精准扶贫长效机制的关键》,《甘肃日报》2017 年 3 月 29 日。

401.《着力提升县域经济的发展层次》,《甘肃日报》2017 年 6 月 13 日。

402.《打造中国特色民生工程的升级版》,《甘肃日报》2017 年 12 月 1 日。

403.《中国特色人口学研究与人口战略的新选择》,《社科纵横》2018 年第 10 期。

404.《我国不同区域农业三大体系构建战略探讨》,《甘肃理论学刊》2018 年第 3 期。

405.《论中国制造就是中国先进生产力》,《天水行政学院学报》2018 年第 2 期。

406.《坚持在发展中化解社会主要矛盾》,《甘肃日报》2018 年 2 月 2 日。

407.《加快培育我省工业发展的新动能》,《甘肃日报》2018 年 1 月 26 日。

408.《构建"农业三大体系"是实施乡村振兴战略的关键》,《甘肃农业》2018 年第 2 期。

409.《甘肃省生态敏感区与深度贫困高度耦合问题探讨》,《甘肃农业》2018 年第 1 期。

410.《我国实施规划和项目建设"大部委制"改革势在必行》,《开发研究》2019 年第 1 期。

411.《论构建西部区域创新体系的现实基础和有效模式》,《天水行政学院学报》2019 年第 2 期。

412.《论甘肃省中长期经济发展规划与战略决策的若干重大问

题》,《社科纵横》2019 年第 2 期。

413.《论矛盾经济现象与矛盾经济学的价值》,《社科纵横》2019 年第 5 期。

414.《习近平对马克思主义生产力理论的新发展》,《甘肃理论学刊》2019 年第 5 期。

415.《甘肃省农业农村中长期十大工程的战略设计》,《甘肃农业》2019 年第 10 期。

416.《财政金融与农村绿色产业协同发展的对接点》,《甘肃金融》2019 年第 9 期。

417.《坚定脱贫攻坚的信心不动摇》,《党的建设》2019 年第 4 期。

418.《壮大农村企业是发展扶贫车间的关键》,《甘肃日报》2019 年 3 月 5 日。

419.《中国农村中长期改革与发展战略决策的八个新问题——与黄少安先生商榷及讨论拓展》,《社科纵横》2020 年第 4 期;《社会科学文摘》2020 年第 9 期转载。

420.《总量与结构:当前我国经济发展的主要矛盾问题》,《开发研究》2020 年第 2 期。

421.《市场经济条件下经济矛盾的基本类型》,《天水行政学院学报》2020 年第 2 期。

422.《谋划推进我省黄河流域生态保护和高质量发展》,《甘肃日报》2020 年 3 月 27 日。

423.《我省农业"十四五"战略决策的八个重点》,《甘肃日报》2020 年 6 月 4 日。

424.《甘肃国土资源空间布局的新思考》,《甘肃日报》2020 年 8 月 21 日。

425.《我国国情适宜实施"农药扶农"政策》,《甘肃农业》2020 年第 8 期。

426.《"十四五"时期我国农业农村政策体系的十个创新点》,《甘肃农业》2020 年第 10 期。

427.《做实做大黄河文章》,《甘肃日报·智库建言》2020 年 7 月 10 日。

428.《加快形成新产业新模式新业态》,《甘肃日报》2020 年 10 月 27 日。

429.《准确理解和实施高质量发展战略》,《甘肃日报》2020 年 11 月 25 日。

430.《"五水共抓"破解发展难题》,《甘肃日报》2020 年 3 月 9 日。

431.《马克思主义主要矛盾理论的历史演变与时代创新》,《社科纵横》2021 年第 11 期。

432.《中国哲学与文化融合发展的五个重要时期》,《天水行政学院学报》2021 年第 3 期。

433.《中国共产党人的人民观》,《甘肃日报》2021 年 8 月 20 日。

434.《构建甘肃沿黄多极化发展战略布局》,《甘肃日报》2021 年 10 月 15 日。

435.《坚定实施做强甘肃经济的四大行动》,《甘肃日报》2022 年 1 月 7 日。

436.《大力提升甘肃发展软实力》,《甘肃日报》2022 年 1 月 21 日。

437.《"五量"齐抓推动甘肃经济提档增速》,《甘肃日报》2022 年 2 月 18 日。

438.《巩固壮大甘肃实体经济根基》,《甘肃日报》2022 年 3 月 22 日。

439.《努力探索实现"五个提升"的有效途径》,《甘肃日报》2022 年 6 月 10 日。

《陇上学人文存》已出版书目

第一辑

《马　通卷》马亚萍编选　　　《支克坚卷》刘春生编选
《王沂暖卷》张广裕编选　　　《刘文英卷》孔　敏编选
《吴文翰卷》杨文德编选　　　《段文杰卷》杜琪　赵声良编选
《赵俪生卷》王玉祥编选　　　《赵逵夫卷》韩高年编选
《洪毅然卷》李　骅编选　　　《颜廷亮卷》巨　虹编选

第二辑

《史苇湘卷》马　德编选　　　《齐陈骏卷》买小英编选
《李秉德卷》李瑾瑜编选　　　《杨建新卷》杨文炯编选
《金宝祥卷》杨秀清编选　　　《郑　文卷》尹占华编选
《黄伯荣卷》马小萍编选　　　《郭晋稀卷》赵逵夫编选
《喻博文卷》颜华东编选　　　《穆纪光卷》孔　敏编选

第三辑

《刘让言卷》王尚寿编选　　　《刘家声卷》何　苑编选
《刘瑞明卷》马步升编选　　　《匡　扶卷》张　堡编选
《李鼎文卷》伏俊琏编选　　　《林径一卷》颜华东编选
《胡德海卷》张永祥编选　　　《彭　铎卷》韩高年编选
《樊锦诗卷》赵声良编选　　　《郝苏民卷》马东平编选

第四辑

《刘天怡卷》赵　伟编选　　　　《韩学本卷》孔　敏编选

《吴小美卷》魏韶华编选　　　　《初世宾卷》李勇锋编选

《张鸿勋卷》伏俊琏编选　　　　《陈　涌卷》郭国昌编选

《柯　杨卷》马步升编选　　　　《赵荫棠卷》周玉秀编选

《多识·洛桑图丹琼排卷》杨士宏编选

《才旦夏茸卷》杨士宏编选

第五辑

《丁汉儒卷》虎有泽编选　　　　《王步贵卷》孔　敏编选

《杨子明卷》史玉成编选　　　　《尤炳圻卷》李晓卫编选

《张文熊卷》李敬国编选　　　　《李　恭卷》莫　超编选

《郑汝中卷》马　德编选　　　　《陶景侃卷》颜华东　闫晓勇编选

《张学军卷》李朝东编选　　　　《刘光华卷》郝树声　侯宗辉编选

第六辑

《胡大浚卷》王志鹏编选　　　　《李国香卷》艾买提编选

《孙克恒卷》孙　强编选　　　　《范汉森卷》李君才　刘银军编选

《唐　祈卷》郭国昌编选　　　　《林家英卷》杨许波　庆振轩编选

《霍旭东卷》丁宏武编选　　　　《张孟伦卷》汪受宽　赵梅春编选

《李定仁卷》李瑾瑜编选　　　　《赛仓·罗桑华丹卷》丹　曲编选

第七辑

《常书鸿卷》杜　琪编选　　《李焰平卷》杨光祖编选
《华　侃卷》看本加编选　　《刘延寿卷》郝　军编选
《南国农卷》俞树煜编选　　《王尚寿卷》杨小兰编选
《叶　萌卷》李敬国编选　　《侯丕勋卷》黄正林　周　松编选
《周述实卷》常红军编选　　《毕可生卷》沈冯娟　易　林编选

第八辑

《李正宇卷》张先堂编选　　《武文军卷》韩晓东编选
《汪受宽卷》屈直敏编选　　《吴福熙卷》周玉秀编选
《蹇长春卷》李天保编选　　《张崇琛卷》王俊莲编选
《林　立卷》曹陇华编选　　《刘　敏卷》焦若水编选
《白玉岱卷》王光辉编选　　《李清凌卷》何玉红编选

第九辑

《李　蔚卷》姚兆余编选　　《郝慧民卷》戚晓萍编选
《任先行卷》胡　凯编选　　《何士骥卷》刘再聪编选
《王希隆卷》杨代成编选　　《李并成卷》巨　虹编选
《范　鹏卷》成兆文编选　　《包国宪卷》何文盛　王学军编选
《郑炳林卷》赵青山编选　　《马　德卷》买小英编选

第十辑

《王福生卷》孔　敏编选　　　《刘进军卷》孙文鹏编选

《辛安亭卷》卫春回编选　　　《邵国秀卷》肖学智　岳庆艳编选

《李含琳卷》邓生菊编选　　　《李仲立卷》董积生　刘治立编选

《李黑虎卷》郝希亮编选　　　《郭厚安卷》田　澍编选

《高新才卷》何　苑编选　　　《蔡文浩卷》王思文编选